Holt German Level 2

Komm mit!®

Listening Activities

HOLT, RINEHART AND WINSTON

Harcourt Brace & Company

Austin • New York • Orlando • Atlanta • San Francisco • Boston • Dallas • Toronto • London

Contributing Writer

Grit Liebscher

Cover Photo/Illustration Credits
Background pattern: Copyright ©1992 by Dover Publications, Inc.
Girl: Michelle Bridwell/Frontera Fotos; boy: George Winkler/HRW Photo; accordion: Image Club Graphics ©1997 Adobe Systems; CD player: Sam Dudgeon/HRW Photo

KOMM MIT! is a registered trademark licensed to Holt, Rinehart and Winston.

Printed in the United States of America

ISBN 0-03-052923-9

1 2 3 4 5 6 7   066   03 02 01 00 99

Contents

Student Response Forms for Textbook Listening Activities and Additional Listening Activities

Scripts and Answers for Textbook Listening Activities and Additional Listening Activities

Scripts and Answers for Testing Program

To the Teacher

The *Listening Activities* book presents many of the listening activities available for use with Level 2 of **Komm mit!** Here, presented in one book and packaged together by chapter for ease of access, use, and review, you will find the materials needed to include listening practice at every point in your lesson cycle. The recordings for all the activities in this book can be found on the **Komm mit!** *Audio Compact Discs.*

What will you find in the Listening Activities book?

- **Textbook Listening Activities, Student Response Forms, Scripts and Answers**
  The listening activities in the **Komm mit!** *Pupil's Edition* are designed to practice and develop listening comprehension skills in real-life contexts. The Textbook Listening Activities, which are indicated in the *Pupil's Edition* with a listening icon, feature a wide variety of situations and tasks, such as phone messages, exchanges in a store or restaurant, or conversations between friends about school and free-time activities. Many of the activities are art-based, and in some cases, students will need to look at the art on the corresponding page of the *Pupil's Edition* as they complete the activity on the Student Response Form. Copying masters of the Student Response Forms for each chapter's listening activities are included here. Each copying master is referenced by page number to the corresponding page in the *Pupil's Edition*. In addition, this book contains the scripts and answers to all Textbook Listening Activities, also organized by chapter.

- **Additional Listening Activities, Songs, Copying Masters, Scripts and Answers**
  Six Additional Listening Activities per chapter, two for each **Stufe,** provide further listening comprehension practice. The purpose of these Additional Listening Activities is to develop, reinforce, and refine listening skills, using contexts that simulate real-life settings. Students hear conversations, announcements, advertisements, radio broadcasts, weather reports, and so on. The Additional Listening Activities are thematically related to each chapter and focus on the target vocabulary and grammar points, but also contain some new and unfamiliar material. For further practice, each chapter of Additional Listening Activities also includes one or more songs. This *Listening Activities* book contains the copying masters for the Additional Listening Activities and song lyrics, organized by chapter. Also included are the scripts and answers to each Additional Listening Activity.

- **Quiz and Test Listening Scripts and Answers** The *Listening Activities* book also contains the scripts and answers for the listening sections in each **Stufe** quiz and chapter test of the **Komm mit!** *Testing Program,* as well as the scripts and answers to the Midterm and Final Exams. The listening sections of the quizzes and tests are brief, contextualized activities that test both discrete-point and global listening skills. The emphasis is on evaluating students' ability to recognize target vocabulary and structures in a variety of real-life contexts.

How can you use the materials in the Listening Activities book?

The goal of **Komm mit!** is the development of proficiency in all four skills. To develop proficiency in aural comprehension, the program facilitates incorporation of listening activities into all phases of the lesson cycle, from presentation, to practice and expansion, to review and assessment. The materials gathered together in the *Listening Activities* book

---

allow you to familiarize yourself quickly with the many listening options available to you and your students with this program, and to incorporate these materials easily into your lesson. All the recordings feature a wide variety of native speaker voices, thus allowing students to experience and become familiar with a range of authentic German accents that they may encounter while studying or traveling in the German-speaking countries.

- **Using the Textbook Listening Activities** In each chapter, there are different kinds of Textbook Listening Activities, each appropriate for use at specific points in the lesson cycle. Icons in the *Pupil's Edition* indicate listening activities. First, you may use the listening activity following a **So sagt man das!** or **Wortschatz** presentation to develop students' recognition of new material. Second, as students move from recognition to production, you may use subsequent Textbook Listening Activities, as well as the **Anwendung** listening activities, to develop more global listening skills and to reinforce the language students are beginning to produce. The Textbook Listening Activities are also excellent preparation for the listening sections on the quizzes and tests.

- **Using the Additional Listening Activities** The Additional Listening Activities are ideal for developing global listening skills, and may be best used toward the end of a **Stufe** or chapter. The fact that these activities contain some unfamiliar material helps students to learn an invaluable lesson in developing listening proficiency: they need not understand every word in order to comprehend the main idea. These activities may also be used to review for the test, and to offer the faster-paced students a challenge and the opportunity to experience language that is slightly ahead of their level. The songs may be used at any time. Teachers use songs in many ways: as part of a culture lesson or "fun" day; to present or reinforce certain vocabulary or structures; or to practice listening comprehension by turning the song lyrics into a cloze or matching activity.

- **Using the Quiz and Test Listening Scripts and Answers** The anxiety many students feel when faced with a listening section on a quiz or test may affect their performance. To help lower anxiety, remind students that the tasks they are asked to do on the quizzes and tests, as well as the voices they will hear, are very similar to what they have done and heard in the Textbook Listening Activities and the Additional Listening Activities. Many teachers find it preferable to administer the listening portion of the quiz or test first, and then have students proceed with the other sections. You may have students complete the listening portion of the quiz or test on one day, and then administer the rest of the test the next day. You may also play the recording once and ask students just to listen, and then replay it and have students complete the task.

Student Response Forms for Textbook Listening Activities
and
Additional Listening Activities

Activity 6: Hör gut zu! p. 9

Welche Beschreibung passt zu welchem Foto? Schreib den Buchstaben des Fotos, das zur Beschreibung passt! (Die Fotos befinden sich auf Seite 9 deines Buches.)

1. _____

2. _____

3. _____

4. _____

5. _____

Activity 10: Hör gut zu! p. 11

Vier deutsche Schüler und Schülerinnen erzählen über sich selbst. Mach dir Notizen, damit du über einen Schüler berichten kannst!

	Name/Alter	wie groß	Haare/Augen	Eigenschaft	Interessen
1. Schüler					
2. Schüler					
3. Schüler					
4. Schüler					

Activity 20: Hör gut zu! p. 15

Hör zu, was diese Schüler über sich sagen! Mach dir Notizen!

	Alter	Schule	Fächer: gern	Fächer: nicht gern
Erika				
Walter				
Jörg				

Name _____ Klasse _____ Datum _____

Student Response Forms

Activity 24: Hör gut zu! p. 15

Zwei Schüler beschreiben ihr Zimmer. Schreib auf, welche Möbel jeder in seinem Zimmer hat! (Write the adjectives you hear the two students mention next to the correct piece of furniture.)

	Jörg	Erika
Schrank		
Tisch		
Lampe		
Bett		
Stereoanlage		
Stuhl		
Fenster		
Sessel		
Couch		

Activity 34: Hör gut zu! p. 19

Du brauchst ein paar Klamotten. Da hörst du zufällig eine Reklame im Radio für Sachen, die du gern haben möchtest. Schreib vier Dinge auf, die du dir gern kaufen möchtest!

	Klamotten	Preis	Sonstiges: Farbe, Stoff
1.			
2.			
3.			
4.			

Student Response Forms

Activity 36: Hör gut zu! p. 23

Drei Schüler erzählen, was sie alles am Samstag tun. Schreib auf, was jeder zwischen drei Uhr und fünf Uhr macht!

	Petra	Sven	Martina
3.00			
3.30			
4.00			
4.30			

Activity 42: Hör gut zu! p. 24

Zwei Schüler sprechen über Dinge, die in den Fotos auf Seite 24 abgebildet sind. Schreib den Buchstaben des Fotos, das zu dem Gespräch passt!

1. _____

2. _____

3. _____

4. _____

5. _____

Activity 43: Hör gut zu! p. 25

Hör noch einmal die Schüler von Übung 42 an! Schreib jetzt auf, was jeder sagt, wenn er etwas bestellt oder kauft!

1. _____

2. _____

3. _____

4. _____

5. _____

Student Response Forms

SONG TEXTS

Bruder Jakob

Bruder Jakob
Bruder Jakob
Schläfst du noch?
Schläfst du noch?
Hörst du nicht die Glocken?
Hörst du nicht die Glocken?
Ding, dang, dong.
Ding, dang, dong.

O du lieber Augustin

O du lieber Augustin, Augustin, Augustin,
O du lieber Augustin, alles ist hin!
Geld ist weg, Mäd'l ist weg, alles weg, alles weg!
O du lieber Augustin, alles ist hin!
Geld ist weg, Mäd'l ist weg, alles weg, alles weg!
O du lieber Augustin, alles ist hin!

Additional Listening Activities

■ Erste Stufe

1-1 Listen as Jana describes two friends, Julia and Anke. They are identical twins, but that doesn't mean they are exactly the same. Determine what Jana says about their positive and negative characteristics and fill in the chart below. How are the two the same or different?

	Positive Eigenschaften	**Negative Eigenschaften**
Julia		
Anke		

1-2 Claudia is describing four people from her class, Frank, Michael, Klaus, and Thomas. Two of these people are identical twins. Based on Claudia's description, determine which of the people she mentions are twins. In the spaces provided, take notes about what they are wearing, their physical characteristics, and their interests.

Frank _____

_____

_____

_____

Michael _____

_____

_____

_____

Name _____ Klasse _____ Datum _____

 Additional Listening Activities

Klaus   _____

  _____

  _____

  _____

Thomas   _____

  _____

  _____

  _____

_____ und _____ sind Zwillinge.

▇ Zweite Stufe

1-3 Annette and her friend Brenda from the United States are preparing for a special occasion. Listen to their conversation and answer the questions that follow.

1. Die Party bei Claus ist
   - **a.** eine Geburtstagsparty.
   - **b.** eine Faschingsparty.
   - **c.** der Geburtstag seiner Oma.

2. Brenda denkt an Mardi Gras, weil
   - **a.** es ihr dort nicht gefallen hat.
   - **b.** sie noch nie in New Orleans war und gern dort sein möchte.
   - **c.** der Fasching in Deutschland sie an Mardi Gras erinnert.

3. Der Hut, den Brenda aufprobiert,
   - **a.** hat die Farbe Rot und passt ihr gut.
   - **b.** ist grün, und sie mag ihn nicht.
   - **c.** ist rot und ist ihr viel zu groß.

4. Annette gibt Brenda außerdem
   - **a.** eine Halskette, die rot ist.
   - **b.** eine Halskette, die grün und blau ist.
   - **c.** ein Armband, das grün ist.

5. Annette zieht zur Party ... an.
   - **a.** einen kurzen, grünen Rock aus Leder
   - **b.** einen weiten, blauen Rock
   - **c.** einen kurzen, braunen Rock aus Leder

6. Annette möchte außerdem ... tragen.
   a. einen gelben Schal
   b. einen grün-gelb gepunkteten Schal
   c. einen grün-gelb gestreiften Schal

7. Brenda möchte außerdem ...
   a. blaue Ohrringe.
   b. gelbe Ohrringe.
   c. rote Ohrringe.

1-4 Lisa and Martha meet on the way home, and Lisa tells Martha about a great sale they are having at the C&A department store. As you listen to their conversation, fill in the chart below with the items mentioned and the prices. What does Martha want to buy?

Was hat sie gekauft oder gesehen?	**Was hat es gekostet?**
Lisa _____	_____
_____	_____
_____	_____
_____	_____
_____	_____
_____	_____

Martha möchte _____ kaufen.

■ Dritte Stufe

1-5 Jochen and Holger have finished school for the day and are heading over to Holger's house to have something to eat. Listen to their conversation and decide whether the statements that follow are **a)** true (**stimmt**) or **b)** false (**stimmt nicht**). If a statement is false, correct it in the blank provided.

_____ 1. Holger's mother sometimes cooks the midday meal before she goes to work.

_____

_____ 2. When they look in the refrigerator they see the soup that Holger's mother made yesterday.

_____

Additional Listening Activities

_____ **3.** The soup was too salty because Holger's mother put too much salt in it.

_____

_____ **4.** Jochen ate a bowl of soup yesterday.

_____

_____ **5.** Jochen's mother ate the soup in the evening and thought it tasted good.

_____

_____ **6.** Holger and Jochen can't cook any spaghetti because they don't have any at home.

_____

1-6 Julia, Mike, and Heiko are at school and are discussing their gym class. Determine if the statements that follow are **a)** true (**stimmt**) or **b)** false (**stimmt nicht**). If a statement is false, correct it in the blank provided.

_____ **1.** Heiko, Mike, and Julia have gym class at the end of the day.

_____

_____ **2.** Heiko and Mike thought gym class was great, especially since it was so hot outside.

_____

_____ **3.** During gym class the boys ran the hundred meter dash, did the long jump, threw the discus, and then ran for 10 minutes.

_____

_____ **4.** The girls were playing handball inside.

_____

_____ **5.** On Friday the girls will be outside doing the shot-put and hurdles.

_____

_____ **6.** Heiko and Michael want to play handball in the afternoon.

_____

Student Response Forms

Activity 5: Hör gut zu! p. 33

Schüler erzählen, was sie so zu Hause alles machen müssen. Mach dir Notizen! (Schreib auf, wer was macht!)

Jutta	Rolf	Franz	Christiane

Activity 11: Hör gut zu! p. 34

You will hear four brief conversations. In each one, someone is being invited somewhere. Determine who accepts and who declines the invitation.

	invited to	accepts	declines
1.			
2.			
3.			
4.			

Activity 18: Hör gut zu! p. 36

Drei Schüler beantworten die Frage: Sag mal, wie kann ich dir helfen, oder was kann ich für dich tun? — Schreib auf, was jeder Schüler tun kann und für wen!

1. für Cordula	2. für Ulrich	3. für Lutz

Student Response Forms

Activity 24: Hör gut zu! p. 40

Zwei Schüler haben Küchendienst. Sie sagen, was sie heute einkaufen müssen und wo sie alles kaufen!

	was?	wo?
1. Bruno		
2. Heidi		

Activity 27: Hör gut zu! p. 42

Der Gemüsemann kommt auch heute noch mit seinem Kombi in viele Wohngegenden und ruft mit lauter Stimme seine Ware und die Preise aus. Schreib fünf Artikel auf, die du kaufen willst!

produce	price	description

Komm mit! Level 2, Chapter 2

Student Response Forms

Activity 29: Hör gut zu! p. 42

Vier Schüler sagen, was sie gekauft haben, in welchen Geschäften sie waren und warum sie dort eingekauft haben. Mach dir Notizen!

	was?	wo?	warum?
1. Gabi			
2. Wolfgang			
3. Udo			
4. Ursula			

Activity 31: Hör gut zu! p. 45

Vier Schüler brauchen Geschenke. Sie sagen, was sie schenken möchten und wem. Mach dir Notizen! Schreib auf, was für ein Geschenk jeder Schüler kauft, und wem er es schenkt!

	was?	für wen?	für welchen Anlass?
1. Volker			
2. Rüdiger			
3. Anja			
4. Christa			

Activity 34: Hör gut zu! p. 46

Drei Schüler sagen, was sie mögen und was sie nicht mögen. Mach dir Notizen!

	hat gern	hat nicht gern
1. Renate		
2. Tanja		
3. Konrad		

Student Response Forms

Activity 37: Hör gut zu! p. 47

Vier Schüler sagen, was sie lieber mögen und was sie am liebsten mögen. Mach dir Notizen! Vergleiche dann deine Notizen mit den Notizen von deinem Partner!

	mag nicht	hat lieber	hat am liebsten
1. Otto			
2. Hans			
3. Inge			
4. Monika			

Activity 40: Hör gut zu! p. 48

Vier Schüler sind beim Essen. Wer mag mehr? Wer mag nichts mehr? Welche Gründe geben sie an? Mach dir Notizen!

	noch mehr	nichts mehr	warum?
1. Sabine			
2. Thomas			
3. Silke			
4. Markus			

SONG TEXTS

Als wir jüngst in Regensburg waren

Als wir jüngst in Regensburg waren,
sind wir über den Strudel gefahren;
da war'n viel Holden,
die mitfahren wollten.
Schwäbische, bayrische Dirndel, juchheirassassa!
muss der Schiffsmann fahren.
Schwäbische, bayrische Dirndel, juchheirassassa!
muss der Schiffsmann fahren.

Additional Listening Activities

■ Erste Stufe

2-1 Steffen and Klaus are brothers. Steffen's school vacation has just begun. Klaus is in his last year of high school (**Gymnasium**) and still has final exams (**Abschlussprüfungen**) to take before his vacation begins. Listen to their conversation and decide if the statements that follow are true (**stimmt**) or false (**stimmt nicht**). If a statement is false, correct it in the blank provided.

_____ 1. Die Chemieprüfung übermorgen ist Klaus' erste Prüfung.

   _____

_____ 2. Steffen möchte für Klaus die Garage aufräumen.

   _____

_____ 3. Steffen will das Moped nur putzen, Klaus möchte aber, dass er es auch poliert.

   _____

_____ 4. Normalerweise geht Steffen freitagnachmittags für seine Mutter einkaufen.

   _____

_____ 5. Klaus nennt Steffen ein Schlitzohr, weil Steffen seine Hilfe anbietet, aber dafür die nächsten drei Tage Klaus' Moped fahren will.

   _____

2-2 During their morning break, Dora and Hartmut are talking about their plans for Saturday. Hartmut makes a great suggestion, but Dora has too much to do. Listen to their conversation and answer the questions that follow.

1. Dora und Hartmut sprechen
   a. am Samstag, und das Wetter ist leider schlecht.
   b. am Freitag, wenn sie beide frei haben.
   c. am Freitag, und das Wetter ist sehr schön.

2. Dora sagt
   a. ihr geht es nicht gut, weil sie schwimmen war.
   b. ihr geht's zwar gut, aber sie hat viel zu tun.
   c. ihr geht's schlecht, und sie will nicht nach Hause.

3. Dora muss
   a. die Wäsche waschen, trocknen und auch legen.
   b. die Wäsche nur waschen und trocknen.
   c. die Wäsche nur trocknen, weil ihre Mutter diese Woche die Wäsche gewaschen hat.

4. Harry sagt, dass
   a. er zu Hause immer die Wäsche wäscht.
   b. sein Bruder immer die Wäsche wäscht.
   c. seine Mutter immer die Wäsche wäscht.

Additional Listening Activities

5. Doras Mutter
   a. kommt in zwei Wochen von Doras Großvater zurück.
   b. kommt am Sonntag von Doras Großvater zurück.
   c. ist seit zwei Wochen krank.

6. Eine Hausarbeit, die Dora **nicht** erwähnt (*mentions*), ist
   a. den Müll wegtragen.
   b. einkaufen gehen.
   c. Staub wischen.

7. Dora und Hartmut einigen sich (*agree to*) zum Schluss, dass sie noch am selben Tag
   a. Wäsche waschen.
   b. Doras Zimmer aufräumen.
   c. schwimmen gehen.

■ Zweite Stufe

2-3 Mike is going shopping. Listen to his conversation with a salesperson and fill in the chart with the items Mike buys, and the quantity and price of each item. When you have listed all his purchases, figure out how much he spent.

item requested	quantity purchased	price of item

Insgesamt hat das _____ gekostet.

2-4 Jannett is writing an article for the student newspaper and is interviewing some of her classmates. Listen to an interview she has with Claudia and answer the questions that follow.

1. Worüber soll Jannett den Artikel schreiben?

   _____

2. Welche Obstsorten erwähnt (*mentions*) Claudia? Welche isst sie gern? Was isst sie besonders gern?

   _____

   _____

   _____

Additional Listening Activities

3. Welches Gemüse mag Claudia, welches nicht?

_____

_____

4. Was sagt Claudia über Kochen mit Rezepten (*recipes*)?

_____

_____

5. Wie gern isst Claudia Fleisch und Fisch? Wie oft isst sie beides?

_____

_____

6. Glaubst du, dass Claudia gesund isst? Warum glaubst du das? Oder warum nicht?

_____

_____

_____

■ Dritte Stufe

2-5 Listen to the conversation between Anke and Martina, and then answer the questions that follow.

1. Wo sind Anke und Martina?
   a. im Schreibwarenladen
   b. im Schuhladen
   c. in der Buchhandlung
   d. im Sportladen

2. Martina ist dort, weil sie
   a. sich mit Anke zum Einkaufen verabredet hat.
   b. einen Tennisschläger kaufen will.
   c. Tennisschuhe kaufen will.
   d. Klamotten für sich kaufen will.

3. Anke spielt in ihrer Freizeit
   a. Handball und Basketball.
   b. meistens Handball.
   c. nur Tennis.
   d. Volleyball.

4. Anke ist in dem Laden, weil sie
   a. sich neue Sportschuhe kaufen will.
   b. Turnschuhe für ihren Bruder zum Geburtstag kaufen will.
   c. ihrem Vater zum Geburtstag Sportschuhe zum Tennisspielen kaufen will.
   d. nichts zu tun hat.

5. Welche Schuhgrößen haben Anke und Martina?
   a. Anke hat 39 und Martina hat 37.
   b. Anke hat 43 und Martina hat 41.
   c. Anke hat 37 und Martina hat 39.
   d. Anke hat 40 und Martina hat 37.

Additional Listening Activities

6. Ankes Bruder ist nicht dabei, weil er
   a. keine Turnschuhe braucht.
   b. kein Geld hat.
   c. im Moment wenig Zeit hat.
   d. keine Lust hat, dem Vater ein Geschenk zu kaufen.

7. Wie sehen die Schuhe aus, die Anke kauft?
   a. weiß mit blauen Streifen
   b. weiß mit bunten Streifen
   c. weiß ohne bunte Streifen
   d. rot mit schwarzen Streifen

2-6 Jana is asking Karin for advice on the best gifts to buy for several of her family members. Karin makes several suggestions. Listen to their conversation and decide if the statements that follow are true (**stimmt**) or false (**stimmt nicht**). If a statement is false, correct it in the blank provided.

_____ 1. Jana und Karin reden miteinander gegen Ende Oktober.

_____

_____ 2. Janas Mutter und ihr Onkel haben beide am 2. Oktober Geburtstag.

_____

_____ 3. Karin hat ihrem Vater letztes Jahr einen Wecker zum Geburtstag geschenkt.

_____

_____ 4. Jana will ihrem Onkel keinen Wecker schenken.

_____

_____ 5. Jana will ihrem Onkel ein Kunstbuch schenken, weil er sich sehr für Kunst interessiert.

_____

_____ 6. Jana will ihrer Mutter kein Kochbuch schenken, weil ihre Mutter nicht gern kocht.

_____

_____ 7. Jana will ihrer Mutter eine Kette aus Gold schenken.

_____

Name _____ Klasse _____ Datum _____

Activity 5: Hör gut zu! p. 57

Vier Schüler haben sehr aktive Ferien gehabt und berichten darüber. Schreib von jedem Schüler drei Dinge auf, die er gemacht hat!

Schüler 1	Schüler 2	Schüler 3	Schüler 4

Activity 15: Hör gut zu! p. 63

Schüler erzählen, wo sie in den Ferien waren. Schreib dir auf, wo sie waren! Wer ist am meisten gereist?

Schüler 1	Schüler 2	Schüler 3	Schüler 4

_____ ist am meisten gereist.

Student Response Forms

COPYING MASTERS

Activity 25: Hör gut zu! p. 68

Vier Schüler sprechen über ihre Ferien. Wo waren sie? Wem hat es gefallen? Wem hat
es nicht gefallen? Warum wohl? Mach dir Notizen! Vergleiche dann deine Notizen mit
den Notizen eines Partners!

	Gefallen oder nicht gefallen?	**Warum hat es ihm/ihr gefallen oder nicht gefallen?**
Schüler 1	_____	_____ _____
Schüler 2	_____	_____ _____
Schüler 3	_____	_____ _____
Schüler 4	_____	_____ _____
Schüler 5	_____	_____ _____

Anwendung Activity 5 p. 75

Listen to the reports and decide what they are all about. Match each report to one of
these summaries.

_____ **a.** description of a town or area

_____ **b.** description of sightseeing in a town

_____ **c.** description of activities one can undertake

_____ **d.** description of a hotel

Student Response Forms

Anwendung Activity 6 p. 75

Listen to these people talking about a trip they recently took. Find out where they were and how they liked it.

Wo war er oder sie?	Wie hat es ihm oder ihr gefallen?

1. _____   _____

_____

2. _____   _____

_____

3. _____   _____

_____

4. _____   _____

_____

Student Response Forms

SONG TEXTS

Es, es, es und es

1. Es, es, es und es, es ist ein harter Schluss,
   weil, weil, weil und weil, weil ich aus Frankfurt muss!
   So schlag ich Frankfurt aus dem Sinn
   und wende mich, Gott weiß, wohin.
   Ich will mein Glück probieren, marschieren.

2. Er, er, er und er, Herr Meister, leb' er wohl!
   Er, er, er und er, Herr Meister, leb' er wohl!
   Ich sag's ihm grad' frei in's Gesicht,
   seine Arbeit die gefällt mir nicht.
   Ich will mein Glück probieren, marschieren.

■ Erste Stufe

3-1 Susanne and Michaela just ran into each other after summer vacation. Susanne is telling Michaela about her trip. Listen to their conversation and decide if the statements that follow are true (**stimmt**) or false (**stimmt nicht**). If a statement is false, correct it in the blank provided.

_____ 1. Susanne war in den Ferien in Berlin.

_____

_____ 2. Michaela war noch nie in Berlin.

_____

_____ 3. Susanne hat Videoaufnahmen von Berlin gemacht.

_____

_____ 4. Susanne weiß, wie eine Videokamera funktioniert.

_____

_____ 5. Michaelas Eltern haben eine Videokamera.

_____

_____ 6. Michaela und Susanna sind beide auf die Fete von Klaus eingeladen, aber Susanne geht nicht.

_____

_____ 7. Michaela hat noch nie eine Videokamera benutzt (*used*).

_____

_____ 8. Sven fand es nicht so lustig, dass Mike Cola auf dem Teppich verschüttet (*spilled*) hat.

_____

3-2 Jannett is writing an article for the student newspaper about what some of her class-mates did during vacation. Listen to her interviews with Julia, Hans, and Michaela. Take notes about what each of them did during their vacation. Then decide who would have most likely made the statements that follow. In the blanks provided, write the name of the person who probably made each statement.

Julia	**Hans**	**Michaela**
_____	_____	_____
_____	_____	_____
_____	_____	_____
_____	_____	_____
_____	_____	_____
_____	_____	_____

Additional Listening Activities

_____ 1. Ich bin schwimmen gegangen.

_____ 2. Ich habe viel für den Fotoklub fotografiert.

_____ 3. Ich habe Freunde besucht.

_____ 4. Ich bin spazieren gegangen.

_____ 5. Ich bin ins Kino gegangen und habe Tennis gespielt.

_____ 6. Ich habe Bücher gelesen und gefaulenzt.

_____ 7. Ich habe ein bisschen im Garten gearbeitet.

_____ 8. Ich habe mit der Videokamera viele Aufnahmen gemacht.

■ Zweite Stufe

3-3 Jane and Paul are exchange students from the United States visiting Germany. Their friend, Martin, just returned from a trip to two German cities and is showing them a video he made while visiting there. Listen to their conversation and fill in the chart below with the required information.

Städte	1. _____	2. _____
Orte / Gebäude	_____	_____
	_____	_____
	_____	_____
	_____	_____

3-4 You will hear part of a statement made by a tour guide about several cities the bus tour will be visiting. Listen to what is said and answer the questions that follow.

1. The area in which this tour takes place is
   a. Berlin.
   b. Bayern.
   c. Thüringen.
   d. Eisenach.

2. Two of the cities, Weimar and Erfurt, have many
   a. mountains.
   b. modern hotels.
   c. old-style houses.
   d. donkeys.

3. According to the tour guide, Goethe and Schiller lived in
   a. Weimar.
   b. Erfurt.
   c. Eisenach.
   d. Berlin.

4. Erfurt has
   a. two universities.
   b. a large museum.
   c. a university and a cathedral.
   d. a Martin Luther museum.

5. The tour guide mentions that there is a zoo in
   a. Berlin.
   b. Erfurt.
   c. Weimar.
   d. Eisenach.

6. The tour guide mentions that there is a castle (**Burg**) in
   a. Frankfurt.
   b. Weimar.
   c. Eisenach.
   d. Erfurt.

7. In this castle tourists will find
   a. a bookstore and a restaurant.
   b. expensive boutiques.
   c. big trees.
   d. a museum and a restaurant.

■ Dritte Stufe

3-5 Andreas, Klaus, and Dieter just returned from a class trip. They have a class with Mrs. Müller, who is especially curious about what they liked during their trip.

1. Die Klasse ist auf Klassenfahrt nach ... gefahren.
   a. Frankfurt
   b. Dresden
   c. Berlin

2. Etwas, was dem Andreas besonders gefallen hat, ist
   a. der Zoo.
   b. der Main.
   c. die Oper.

3. Dieter hat Dresden nicht besonders gefallen. Er meint,
   a. alles war dort zu teuer.
   b. er mag Museen nicht besonders.
   c. die Stadt liegt nicht am Fluss.

4. Die Klasse hat in ... übernachtet.
   a. einer Pension
   b. einem Privathaus
   c. einer Jugendherberge

5. Klaus war am meisten ... begeistert (*enthusiastic*).
   a. vom Fluss
   b. vom Essen
   c. von den Museen

6. Dieter fand es toll, dass
   a. sie jeden Abend im Zimmer Musik hören konnten.
   b. jeden Abend Disko war.
   c. ihre Klasse die einzige Schulklasse in der Jugendherberge war.

Additional Listening Activities

3-6 Jane just received a letter from her German pen pal, Katrin, who recently got back from vacation. Listen as Jane reads the letter, and then answer the questions that follow.

1. Where did Katrin go during her vacation, and whom did she visit?

   _____

   _____

   _____

2. She visited two different cities. What negative or positive things did she say about her stay in the first city she visited?

   _____

   _____

   _____

3. What did she do in the first city she visited? What places did she visit? Where did she go, and with whom?

   _____

   _____

   _____

4. What did Katrin say about the second city she visited? What positive or negative things did she say about her stay there?

   _____

   _____

   _____

5. What did she do during her stay in the second city she visited? What places did she visit? Where did she go, and with whom?

   _____

   _____

   _____

6. During her stay in the second city, she and her friend took a trip outside the city to the **Sächsische Schweiz**. What did she and her friend do there? What type of landscape do you think you would find there?

   _____

   _____

   _____

COPYING MASTERS

Student Response Forms

Activity 8: Hör gut zu! p. 88

Der Gesundheitsmuffel: ein Muffel ist ein Mensch, der sich für nichts interessiert. Ein Gesundheitsmuffel ist also jemand, der sich wenig für seine Gesundheit interessiert. Hör mal zu, wie ein Muffel beschreibt, was er alles gegen seine Gesundheit macht! Schreib eine Liste von seinen Lastern (*vices*)!

Was macht er?	Was trinkt er oder isst er?

Activity 12: Hör gut zu! p. 89

Hör zu, wie verschiedene Schüler einem Freund erzählen, was sie machen oder nicht machen, um gesund zu bleiben. Schreib für jedes Gespräch auf, ob der Freund positiv oder negativ darauf reagiert!

	positiv	negativ
1.		
2.		
3.		

Student Response Forms

Activity 16: Hör gut zu! p. 90

Herr Dingsda erzählt seinen Freunden ganz stolz, was er für seine Gesundheit tut. Hör gut zu und schreib auf, was er macht, dass er sich so wohl fühlt!

Welchen Sport macht er?	Was isst er oder trinkt er?	Was isst er oder trinkt er nicht?

Activity 23: Hör gut zu! p. 93

Du hörst gerade im Radio eine Sendung über Sport, und es kommen Statistiken darüber, wie oft Deutsche verschiedene Sportarten treiben und wie viel Prozent der Bevölkerung an diesen Sportarten teilnimmt. Mach dir Notizen! Schreib dann mit einer Partnerin die Informationen in eine Tabelle um! Glaubst du, dass diese Tabelle auch für Amerikaner stimmt? Warum? Warum nicht?

	Fußball	Aerobic	Jazztanz	Bodybuilding
Wie oft?				
Wie viel Prozent?				

Student Response Forms

Activity 27: Hör gut zu! p. 95

Hör gut zu, wie Simone, eine Studentin in Krefeld, über die Fitnessgewohnheiten der Deutschen redet. Lies zuerst die englische Zusammenfassung unten, dann hör zu und versuche, die Zusammenfassung zu ergänzen!

1. According to Simone, most Germans _____ in order to stay healthy.

2. Simone says that Germans also enjoy playing _____ and

   _____, because _____

   _____ .

3. Although Germans don't _____ ,

   they are often _____ .

4. Today, Germans avoid _____ more and more, because

   _____ .

Activity 31: Hör gut zu! p. 97

Schüler erzählen, was sie gern und was sie nicht gern essen und warum. Mach dir Notizen! Vergleiche deine Notizen mit den Notizen eines Partners!

	Was isst er oder sie gern oder nicht gern?	Warum isst er oder sie das gern?
Schüler 1		
Schüler 2		
Schüler 3		

Activity 34: Hör gut zu! p. 98

Schüler in Deutschland erzählen, was sie nicht machen dürfen. Hör gut zu! Welche Aussage passt zu welchem Bild auf Seite 98?

_____ a.

_____ b.

_____ c.

_____ d.

Student Response Forms

Anwendung Activity 1 p. 102

You will hear four radio ads trying to persuade you to do different things for your health and fitness. Match each of the summary statements below with one of the ads that you hear.

_____ **a.** Du sollst so oft wie möglich Sport machen!

_____ **b.** Man soll jeden Tag Obst und Gemüse essen!

_____ **c.** Du sollst jeden Tag mindestens sieben Stunden schlafen!

_____ **d.** Rauchen ist nicht gesund!

Anwendung Activity 5 p. 102

You work as an assistant in a clinic. A student who hasn't been feeling well calls you to seek your advice. As he describes his symptoms, you fill out the following form for your records.

> Name: _____
>
> Alter: _____
>
> Beruf: _____
>
> Beschwerden: _____
>
> _____
>
> Diagnose: _____
>
> _____
>
> Empfehlung: _____
>
> _____
>
> Unterschrift _____

SONG TEXTS

Freut euch des Lebens

Freut euch des Lebens, weil noch das Lämpchen glüht;
pflücket die Rose, eh' sie verblüht!
Man schafft so gerne sich Sorg' und Müh',
sucht Dornen auf und findet sie,
und lässt das Veilchen unbemerkt,
das uns am Wege blüht.
Freut euch des Lebens, weil noch das Lämpchen glüht;
pflücket die Rose, eh' sie verblüht!

Komm mit! Level 2, Chapter 4

■ Erste Stufe

4-1 Martin is at a health fair (**Gesundheitsmesse**) where people can find out information about health issues such as nutrition. He is stopped by a reporter who asks him several questions. Listen to their conversation and answer the questions that follow.

1. Der Interviewer, der Martin auf der Messe anspricht, ist
   a. von der Zeitung.
   b. vom Radio.
   c. vom Fernsehen.
   d. von der Schule.

2. Martin ist auf dieser Messe, weil
   a. er seinen Freund sucht.
   b. er Obst kaufen will.
   c. er joggen gehen will, um sich fit zu halten.
   d. er da Tips bekommt, wie er gesund leben kann.

3. Um sich fit zu halten, macht Martin Folgendes:
   a. Er geht am Wochenende immer joggen.
   b. Er fährt Rad.
   c. Er geht morgens und manchmal auch abends joggen.
   d. Er isst nur vegetarisch.

4. Martin
   a. raucht manchmal, aber mag keinen Alkohol.
   b. raucht nicht und trinkt nicht.
   c. raucht nicht, aber trinkt manchmal auf Partys.
   d. raucht jeden Tag, und trinkt sehr viel auf Partys.

5. Martin isst
   a. viel Obst und Gemüse, manchmal aber auch Schokolade und Fleisch.
   b. viel Obst und Gemüse, aber keine Schokolade.
   c. kein Fleisch und keine Butter.
   d. nur Obst und Gemüse.

6. Martin findet es schade, dass
   a. die Informationen auf der Messe nicht gut waren.
   b. es nichts zu essen gab.
   c. so viele Leute auf der Messe waren.
   d. nicht viele Leute auf der Messe waren.

7. Die Messe
   a. wird es im nächsten Jahr nicht mehr geben.
   b. fand in diesem Jahr zum ersten Mal statt.
   c. fand in diesem Jahr zum zweiten Mal statt.
   d. ist schon zwanzig Jahre alt.

Additional Listening Activities

4-2 You will hear three students (Martin, Jana, Petra) describing their eating and health habits. Take notes in the blanks provided about what each of them says. Then determine who has the healthiest habits and justify your answer.

1. Martin _____

   _____

   _____

2. Jana _____

   _____

   _____

3. Petra _____

   _____

   _____

_____ ist am gesündesten, weil _____

_____

_____

_____

■ Zweite Stufe

4-3 Michael and Jana are classmates and are discussing a health fair they recently had at their school. Listen to their conversation and answer the questions that follow.

1. What does Michael say about his eating habits?

   _____

   _____

   _____

2. What does Jana say about Michael's eating habits?

   _____

   _____

Additional Listening Activities

3. What does Michael do to stay fit?

_____

_____

4. Michael claims that he does a lot to stay fit, but Jana disagrees with him. Why does she disagree? What reasons does she give?

_____

_____

_____

5. What would you say about Michael: does he have a healthy lifestyle?

_____

_____

6. What does Jana suggest they do on Saturday?

_____

_____

Does Michael agree?

_____

4-4 Claudia and Anke are friends. They are talking about what they do to keep fit. Listen to their conversation and answer the questions that follow.

1. Claudia sleeps
    a. 8 hours a night.   **c.** 7 hours a night.
    b. 9 hours a night.   **d.** 10 hours a night.

2. Anke sleeps ... a night.
    a. 9 to 10 hours   **c.** 8 to 9 hours
    b. 5 to 6 hours   **d.** 11 to 12 hours

3. Anke eats
    a. a lot of fruits and vegetables.   **c.** only meat.
    b. chocolate often.   **d.** only fruit.

4. Claudia eats
    a. lots of vegetables.   **c.** lots of fruit.
    b. too much meat.   **d.** almost no chocolate.

5. Anke does all of the following except
    a. eat a lot of fruit and vegetables.   **c.** smoke almost every day.
    b. eat almost no chocolate.   **d.** sleep between 8 to 9 hours.

Additional Listening Activities

■ Dritte Stufe

4-5 Kali and Hans are meeting after school and talking about what they would like to eat. Listen to their conversation and decide if the statements are true (**stimmt**) or false (**stimmt nicht**).

_____ 1. Hans hat in der Schule eine Matheprüfung geschrieben.

_____ 2. Hans will keine Spaghetti kochen, weil Hans und Kali das erst letzte Woche gekocht haben.

_____ 3. Kali ist dick und macht deshalb Diät.

_____ 4. Katrin ist Kalis neue Freundin.

_____ 5. Kali meint, dass Rindfleisch und Huhn zu viel Fett haben.

_____ 6. Die zwei wollen Blumenkohl und Reis kochen.

4-6 Andrea is going shopping for her family. Listen to her conversation with the salesperson and answer the questions that follow.

1. Andrea kauft in einem ... ein.
   a. Lebensmittelladen
   b. Supermarkt
   c. Obst- und Gemüseladen

2. Andreas Mutter meint, dass ...
   a. sie bislang zu fett gegessen haben.
   b. nicht so viel Obst und Gemüse essen sollen.
   c. Obst zu viele Kalorien hat.

3. Andrea kauft ...
   a. ein Kilo Brokkoli.
   b. keinen Brokkoli.
   c. 3 Pfund Brokkoli.

4. Andrea kauft außerdem ...
   a. ein Kilo rote Äpfel.
   b. ein Kilo gelbe Äpfel.
   c. ein Pfund rote und ein Pfund gelbe Äpfel.

5. Zu kaufen gibt es
   a. Erdbeeren, aber keine Blaubeeren.
   b. Erdbeeren und Blaubeeren.
   c. keine Erdbeeren und keine Blaubeeren.

6. Andrea kauft auch noch
   a. ein Kilo schwarze Kirschen.
   b. ein Kilo rote Kirschen.
   c. ein Kilo Aprikosen.

7. Andrea bezahlt zusammen
   a. 15,27 DM.
   b. 14,02 DM.
   c. 15,72 DM.

Student Response Forms

Activity 6: Hör gut zu! p. 112

Vier Schüler kaufen sich in der Pause etwas zu essen und zu trinken. Schreib auf, was jeder kauft und was das kostet! Wie viel hat jeder Schüler ausgegeben?

	Was?	Wie viel?	insgesamt
1.			
2.			
3.			
4.			

Activity 9: Hör gut zu! p. 113

Listen as four children ask their parents about what there is to eat in the refrigerator. Write down which children are satisfied with the parent's answer (and decide to have something else), and which are not.

	asks for	is offered	satisfied? yes no
Michi			
Evi			
Gretchen			
Ulli			

Student Response Forms

Activity 12: Hör gut zu! p. 115

Three students are asking their friends about the snacks they brought to school. Each also asks his or her friends about their eating habits. Match each of the friend's eating habits with the most appropriate photo on page 115 of your book.

	Strudel	Wurst	Eis	Obst	Fischbrötchen
Richard					
Claudia					
Gerhard					

Activity 16: Hör gut zu! p. 118

Was haben die Schüler gewöhnlich auf ihrem Pausenbrot? Schreib die Namen von den Schülern auf, und schreib neben den Namen, was jeder Schüler auf seinem Pausenbrot hat!

Name	Was gibt es auf dem Pausenbrot?

Name _____   Klasse _____   Datum _____

Activity 20: Hör gut zu! p. 121

Hör die folgenden Gespräche während der Pause im Schulhof an! Entscheide für jedes Gespräch, ob der Schüler mit einem Freund, zwei Freunden oder einer älteren Person spricht!

	mit einem Freund	mit zwei Freunden	mit einer älteren Person
1.			
2.			
3.			
4.			
5.			

Activity 26: Hör gut zu! p. 123

Im Schulhof sprechen einige Schüler über Essen und Trinken. Schreib auf, wer was lieber oder am liebsten isst, wem was besser oder am besten schmeckt!

	Isst lieber was?	Isst am liebsten was?	Was schmeckt besser?	Was schmeckt am besten?
Ilse				
Ulf				
Uwe				
Anja				

Student Response Forms

Anwendung Activity 1 p. 126

Bernd und seine Familie sind heute Abend im **Café an der Elbe** zum Abendessen. Sie haben die Speisekarte gelesen und wollen bestellen. Hör ihrem Gespräch gut zu und schreib auf, was jedes Familienmitglied (Bernd, Vater, Mutter, Bernds Schwester Annette) mag, nicht mag, lieber mag und am liebsten mag! Füll diese Tabelle aus, und dann beantworte die Fragen!

	mag	mag nicht	mag lieber	mag am liebsten
Bernd				
Vater				
Mutter				
Annette				

1. Wer mag nur vegetarische Gerichte?

   _____

2. Wer trinkt wohl zu Hause am liebsten Saft? Was meinst du?

   _____

3. Glaubst du, dass die Annette auch Krabben mag? Warum oder warum nicht?

   _____

4. Glaubst du, dass Bernds Vater ein Stück Kuchen mit Sahne zum Nachtisch möchte? Warum oder warum nicht?

   _____

SONG TEXTS

Froh zu sein bedarf es wenig

(4-voice round)
(1) Froh zu sein be-
(2) darf es wenig,
(3) und wer froh ist,
(4) ist ein König.

Doktor Eisenbart

Ich bin der Doktor Eisenbart, widewidewid, bum bum.
kurier die Leut' nach meiner Art; widewidewid bum bum.
kann machen, dass die Blinden gehen, widewidewid juchheirassa,
und dass die Lahmen wieder sehen, widewidewid bum bum.

Additional Listening Activities

■ Erste Stufe

5-1 Jana is visiting her friend Mike at his house after school. Mike wants to offer Jana something to eat and drink, but something is wrong. First listen to their conversation and determine if the statements that follow are true (**stimmt**) or false (**stimmt nicht**). If a statement is false, try to correct it in the blank provided.

_____ 1. Mike möchte gern Kakao trinken.

_____

_____ 2. Der Kühlschrank ist voll mit Joghurt, aber Jana mag keinen Joghurt.

_____

_____ 3. Mike und seine Eltern essen vegetarisch.

_____

_____ 4. Jana mag Quark, aber Mike hat keinen Quark mehr zu Hause.

_____

_____ 5. Jana weiß nicht, was Tofu ist.

_____

_____ 6. Mike und Jana wollen Brötchen mit Käse essen, aber Mike hat keine Brötchen im Haus.

_____

_____ 7. Jana mag keine Cola trinken, sie trinkt lieber Wasser.

_____

_____ 8. Sie sprechen an einem Donnerstag.

_____

_____ 9. Mike sollte einkaufen gehen, weil seine Mutter krank ist.

_____

_____ 10. Normalerweise geht Mike immer Donnerstagvormittag einkaufen.

_____

Additional Listening Activities

5-2 At Michael's school there is a vendor who sells snacks to students during breaks. Michael is at the snack stand trying to order something. Listen to his conversation with the vendor and answer the questions that follow.

1. Michael
   a. kommt oft zu spät zum Pausenstand.
   b. ist sonst immer pünktlich.
   c. ist heute das erste Mal am Pausenstand.

2. Als Getränk nimmt Michael
   a. Milch, weil er die lieber mag.
   b. Milch, weil der Kakao ausverkauft ist.
   c. Kakao, weil es keine Milch mehr gibt.

3. Belegte Brötchen
   a. gibt es nur noch in kleiner Auswahl.
   b. gibt es gar nicht mehr.
   c. gab es noch nie am Stand, weil sie immer nur belegte Brote haben.

4. Michael kommt so spät zum Stand, weil
   a. er einen Brief zu seiner Mutter bringen musste.
   b. er eine Mathearbeit nachschreiben musste.
   c. der Mathelehrer so lange mit ihm gesprochen hat.

5. In der letzten Mathearbeit hat Michael
   a. eine sehr schlechte Note geschrieben.
   b. viel Obst gegessen.
   c. eine sehr gute Note geschrieben.

6. Am Stand gibt's
   a. kein Schinkenbrot mehr, nur noch Wurst und Käse.
   b. nur noch Schinkenbrot.
   c. nur noch Käsebrot.

7. Michael nimmt
   a. Aprikosenjoghurt, weil das die einzige Sorte ist, die es noch gibt.
   b. Erdbeerjoghurt, weil ihm der besser schmeckt als Blaubeerjogurt.
   c. Aprikosenjoghurt, weil ihm der besser schmeckt als Erdbeerjoghurt.

8. Es gibt am Stand außerdem noch
   a. Eiersalat, aber Michael mag keine Eier.
   b. Fleischsalat mit Ei, aber Michael mag keine Eier.
   c. Salat, den Michael probieren will.

9. Michael bezahlt insgesamt
   a. 3 Mark 70.
   b. 2 Mark 57.
   c. 2 Mark 75.

■ Zweite Stufe

5-3 Thomas and Jörg are at a birthday party where the hosts serve a rich buffet. Listen to the conversation and place check marks in the column "Buffet" to identify what Thomas and Jörg see at the buffet. Listen to the conversation again and decide what each of them eats. Write **ja** if one of the boys takes the food item, **nein** if not, and an **x** if it is not clear from the conversation.

	Buffet	Thomas	Jörg
Lachs			
Quark mit Schnittlauch			
Tofu			
Sojasprossen			
Salat mit Pilzen und Ei			
grüner Salat			
Blumenkohl			
Rindfleisch			
Schweinefleisch			
Hähnchen			
Karpfen			
Blaubeeren			
Erdbeeren			
Kirschen			

5-4 Heiko und Torsten sit next to each other in their class. During a break they have a conversation. A. Decide whether the statements below are true or false. B. Answer the question: Why does Heiko apologize at the end?

A. 1. Als Torsten vom Pausenstand zurückkommt, kann er sein Pausenbrot nicht finden.

_____

2. Torstens Pausenbrot war helles Brot mit Himbeermarmelade. _____

3. Heiko hat noch kein Pausenbrot gegessen. _____

4. Heiko hat auch dunkles Brot mit Camembert Käse. _____

5. Torsten mag Camembert lieber als Tilsiter Käse. _____

B. 6. Why does Heiko apologize? _____

_____

Additional Listening Activities

■ Dritte Stufe

5-5 Tina and Claudia are making vacation plans. You will find out shortly what their plans are. As you listen to them discuss what they are going to eat on their trip, fill in the chart below.

	Claudia mag	**Tina mag**
zum Frühstück		
Suppe		
Gemüse		

Einkaufszettel: _____

_____

5-6 Karin wants to visit Tante Erna during her vacation. A few days before the vacation Tante Erna calls Karin. What does she want to discuss with her? Listen to their conversation and answer the questions that follow.

1. Tante Erna ruft an, weil
   a. sie wissen will, was Karin gern und nicht gern isst.
   b. sie einen Plan machen will, in welche Restaurants sie mit Karin gehen will.
   c. sie Karin sagen will, dass sie nur vegetarisch isst.

2. Karin isst meist Obst und Gemüse, weil
   a. sie nur vegetarisch isst.
   b. sie Fleisch überhaupt nicht mag.
   c. sie sich gesund und fit halten will.

3. Karin isst
   a. Schweinefleisch lieber als Rind; Lammfleisch mag sie überhaupt nicht.
   b. überhaupt kein Fleisch.
   c. nur Schweinefleisch, aber Rind und Hammelfleisch gar nicht.

4. Die Tante kocht
   a. nie Karpfen.
   b. jeden Sonntag Karpfen.
   c. keinen Karpfen, wenn Karin da ist, weil Karin Karpfen nicht mag.

5. Ein Gemüse, das Karin nicht mag, ist
   a. Möhren.   b. Brokkoli.   c. Sojasprossen.

6. Karin mag
   a. Blumenkohl sehr gern.   b. Blumenkohl nur in der Suppe.   c. Blumenkohl überhaupt nicht.

7. Bei der Tante gibt es keine
   a. Tomatensuppe.   b. Blutwurst, Pommes frites und Fischstäbchen.   c. Nudelsuppe.

Student Response Forms

Activity 6: Hör gut zu! p. 136

Vier Schüler erzählen, wie sie sich fühlen. Mach dir Notizen, dann beantworte die folgenden Fragen!

Jürgen
Karin
Stefan
Ulrike

a. Wer hat Halsschmerzen? _____

b. Wer hat hohes Fieber? _____

c. Wer muss in die Apotheke gehen? _____

d. Wer fühlt sich heute wohl? _____

Activity 15: Hör gut zu! p. 142

Was ist mit diesen Leuten los? Schau die Bilder auf Seite 142 an und hör gleichzeitig die Kassette an! Welches Bild passt zu welcher Beschreibung?

	a.	b.	c.	d.
Rosi				
Jan				
Sandra				
Tobias				

Student Response Forms

Activity 23: Hör gut zu! p. 147

Ein Schüler kann heute nicht zur Schule kommen, weil er krank ist. Hör zu, als ein Freund ihn anruft und fragt, wie es ihm geht! Schreib dann auf, was dem Schüler fehlt, was er machen soll und wie sein Freund ihm helfen will!

Was fehlt ihm? _____

Was soll er machen? _____

Wie will ihm sein Freund helfen? _____

Activity 27: Hör gut zu! p. 148

Nach dem großen Fußballspiel am Samstag sprechen drei Schüler über das Spiel und die Verletzungen. Hör zu und schreib auf, über wen sie reden und welche Schmerzen diese Personen haben! Welche Personen drücken auch Hoffnungen aus?

über wen?	über welche Schmerzen?	drückt Hoffnungen aus

Student Response Forms

Anwendung Activity 1 p. 150

Einige Leute erzählen, was sie haben, was ihnen fehlt und was sie brauchen. Wo muss jeder hingehen, um das zu bekommen, was er braucht? (Zum Beispiel: Wenn man Brot braucht, muss man zur Bäckerei.) Schreib auf, wo jeder hingehen muss!

1. **Sonja:** _____

   _____

2. **Melanie:** _____

   _____

3. **Ute:** _____

   _____

4. **Jörg:** _____

   _____

Student Response Forms

COPYING MASTERS

SONG TEXT

Nun ade, du mein lieb Heimatland

1. Nun ade, du mein lieb Heimatland, lieb Heimatland, ade!
   Es geht jetzt fort zum fremden Strand, lieb Heimatland, ade!
   Und so sing ich denn mit frohem Mut,
   wie man singet, wenn man wandern tut,
   lieb Heimatland, ade!
   und so sing ich denn mit frohem Mut,
   wie man singet, wenn man wandern tut,
   lieb Heimatland, ade!

2. Wie du lachst mit deines Himmels Blau, lieb Heimatland, ade!
   Wie du grüßest mich mit Feld und Au, lieb Heimatland, ade!
   Gott weiß, zu dir steht stets mein Sinn;
   doch jetzt zur Ferne zieht's mich hin,
   lieb Heimatland, ade!
   Gott weiß, zu dir steht stets mein Sinn;
   doch jetzt zur Ferne zieht's mich hin,
   lieb Heimatland, ade!

3. Begleitest mich, du lieber Fluss, lieb Heimatland, ade!
   Bist traurig, dass ich wandern muss, lieb Heimatland, ade!
   Vom moos'gen Stein am wald'gen Tal,
   da grüß ich dich zum letzten Mal,
   mein Heimatland, ade.
   Vom moos'gen Stein am wald'gen Tal,
   da grüß ich dich zum letzten Mal,
   mein Heimatland, ade.

Additional Listening Activities

■ Erste Stufe

6-1 Heiko and Martin are at a sports facility waiting for Uwe, so they can finally begin something. What do they want to start? After you have figured that out, answer the following questions.

1. Heiko und Michael reden von einem
   a. Fußballspiel, wofür sie 11 Spieler brauchen.
   b. Hockeyspiel, wofür sie 11 Spieler brauchen.
   c. Fußballspiel, wofür sie 10 Spieler brauchen.

2. Heiko und Martin können nicht verstehen,
   a. warum Uwe nicht gern Fußball spielt.
   b. warum Uwe noch nicht da ist.
   c. warum Uwe nie pünktlich ist.

3. Sie entscheiden sich (*decide*) endlich,
   a. auf Uwe noch eine halbe Stunde zu warten.
   b. Uwes Bruder Hennes anzurufen.
   c. Uwe zu Hause anzurufen.

4. Was erwähnt (*mentions*) Frau Müller NICHT, als sie über Michael spricht?
   a. Fieber
   b. Husten
   c. Halsschmerzen

5. Uwe kann nicht zum Spiel kommen;
   a. das macht aber nichts, weil er sowieso kein guter Spieler ist.
   b. Ines kann aber für ihn spielen, und sie spielt sowieso besser als Uwe.
   c. das ist schade, weil Uwe ein guter Spieler ist.

6-2 A virus epidemic seems to have struck the school. Quite a few students are not feeling well and need various things from the teacher. Listen and write down what is wrong with each student and what the teacher tells each of them to do.

	Was fehlt dieser Person?	**Wohin schickt der Lehrer diese Person?**
Matthias	_____	_____
	_____	
Anke	_____	_____
	_____	
Janett	_____	_____
	_____	

Additional Listening Activities

■ Zweite Stufe

6-3 Heike, Tanja, and Sabine are doing their usual workout. However, it's anything but their lucky day. Listen to what happens, and then decide whether the statements below are true (**stimmt**) or false (**stimmt nicht**). If a statement is false, correct it in the blank provided.

_____ 1. Tanja, Heike und Sabine trainieren den 100-Meter-Lauf.

_____

_____ 2. Sabine hat sich verletzt.

_____

_____ 3. Sabine tut der rechte Knöchel weh.

_____

_____ 4. Sabine ist gleich am Anfang auf der Bahn gestürzt.

_____

_____ 5. Heike denkt, dass Sabine sich den Knöchel verstaucht, vielleicht auch gebrochen hat.

_____

_____ 6. Sabine hat sich auch den rechten Arm verletzt.

_____

_____ 7. Heike will den Arzt anrufen, und Tanja bleibt bei Sabine und will den Knöchel kühlen.

_____

6-4 An unfortunate thing happened to Jens this morning. Listen to the conversation between Jens and his doctor. Then answer the multiple choice questions that follow.

1. Jens hat sich verletzt, weil er
   a. in der Schule die Treppe hinuntergefallen ist.
   b. zu Hause aus dem Bett gefallen ist.
   c. zu Hause die Treppe hinuntergefallen ist.

2. Kurz bevor der Unfall passierte, wollte Jens
   a. sich kämmen.
   b. sich waschen und die Zähne putzen.
   c. sich schnell anziehen.

3. Jens muss beim Arzt
   a. das T-Shirt, die Schuhe und die Socken ausziehen.
   b. nur das T-Shirt ausziehen.
   c. gar nichts ausziehen.

4. Jens hat
   a. leichte Kopfschmerzen und Rückenschmerzen.
   b. Halsschmerzen und Rückenschmerzen.
   c. starke Kopfschmerzen.

5. Was Jens sich nicht verletzt hat, ist
   a. die Schulter.
   b. die Hüfte.
   c. der Knöchel.

6. Zum Schluss macht der Arzt
   a. gar nichts. Er schickt Jens nach Hause.
   b. Röntgenbilder (*x-rays*) vom Knöchel und von der Schulter.
   c. ein Röntgenbild von Jens' Rücken.

■ Dritte Stufe

6-5 Listen to a conversation between Heiko, his mother, and his Aunt Trude who is visiting for the day. Then mark the sentences below as true (**stimmt**) or false (**stimmt nicht**).

_____ 1. Heiko fühlt sich nicht wohl.

_____ 2. Heiko will zum Arzt gehen.

_____ 3. Heiko hat keinen Hunger.

_____ 4. Heiko hat etwas Fieber.

_____ 5. Heiko hat einen Sonnenbrand.

_____ 6. Heikos Mutter hat vergessen, Heiko Sonnenmilch mitzugeben.

Additional Listening Activities

6-6 We asked three students how often they are ill and which illnesses they have already had. As you listen to the tape, indicate by making check marks in the chart which student has already had what illnesses or injuries.

	Maja	Andre	Claudia
Erkältung			
Husten/Schnupfen			
Fieber			
Kopfschmerzen			
Halsschmerzen			
Arm gebrochen			
Bein gebrochen			
Knie verstaucht			
Knöchel verstaucht			
Schulter verstaucht			
Rücken verletzt			

Komm mit! Level 2, Chapter 6

Student Response Forms

Activity 9: Hör gut zu! p. 165

In der Radiosendung „Guten Morgen!" diskutieren zwei Zuhörer über das Thema: Stadt oder Land? Vorteile und Nachteile. Schreib die Vorteile und Nachteile auf, die diese Leute für jeden dieser Orte erwähnen!

	Vorteile	Nachteile
Stuttgart (Großstadt)		
Bietigheim (Kleinstadt)		
Esslingen (Vorort)		
Schönaich (Dorf)		

Student Response Forms

Activity 14: Hör gut zu! p. 169

Hör zu, was sich diese Schüler wünschen! Wer wünscht sich was? Schreib zuerst die Namen auf, die du hörst! Dann schreib neben jeden Namen, was sich diese Person wünscht!

Namen	wünscht sich was?
1.	
2.	
3.	
4.	

Activity 20: Hör gut zu! p. 174

Zwei Schüler, Markus und Ute, sprechen über den Lärm in ihrer Stadt. Markus nennt einige Probleme, und Ute macht Vorschläge (*suggestions*), wie man das Problem lösen (*solve*) kann. Wie reagiert Markus auf Utes Vorschläge? Hör dem Gespräch zweimal zu! Schreib zuerst die Probleme auf, die Markus erwähnt! Dann schreib Utes Vorschläge auf und wie Markus darauf reagiert!

die Probleme von Markus	die Vorschläge von Ute	Wie reagiert Markus?

COPYING MASTERS

Student Response Forms

Anwendung Activity 1 p. 178

Ein paar Leute sagen, wo sie lieber wohnen und warum. Füll die Tabelle unten aus!

Person	wo?	warum?
1. Olaf		
2. Sigrid		
3. Heidi		
4. Fred		

Student Response Forms

SONG TEXTS:

Kein schöner Land

1. Kein schöner Land in dieser Zeit,
   als hier das unsre weit und breit,
   wo wir uns finden
   wohl unter Linden
   zur Abendzeit,
   wo wir uns finden
   wohl unter Linden
   zur Abendzeit.

2. Da haben wir so manche Stund
   gesessen da in froher Rund
   und taten singen,
   die Lieder klingen,
   im Eichengrund,
   und taten singen,
   die Lieder klingen,
   im Eichengrund.

■ Erste Stufe

7-1 Jane finally received a letter from her friend Anja, who lives in Germany. Anja had not written for quite some time, and Jane had thought that Anja might be ill. Listen as Jane reads the letter aloud to her mother. First write the actual reason why Anja had not written for such a long time, and then indicate whether the statements that follow are true (**stimmt**) or false (**stimmt nicht**).

1. Anja had not written for so long because _____

_____

Richtig oder falsch?

_____ 2. Anja ist von einer Kleinstadt in eine Großstadt gezogen.

_____ 3. Anjas Vater hat bei einer Computerfirma Arbeit bekommen.

_____ 4. Thale liegt an einem Fluss.

_____ 5. In Thale ist weniger Verkehr, und der Lärm ist geringer als in Hamburg.

_____ 6. Anja mag Hamburg lieber, zum Beispiel wegen dem Meer, und weil mehr los ist als in Thale.

_____ 7. Anja mag den Wald und die schmutzige Luft in Thale nicht.

_____ 8. Anja möchte später lieber in einer ruhigen Kleinstadt leben.

7-2 Where do teenagers want to live one day? That's the topic of a talk show for teenagers. The host asks several young people in the audience this question, including Ines and Thomas. Listen to what they have to say. Then identify the arguments they make and indicate who says each argument, Ines or Thomas.

1. Ein Vorteil in einer Kleinstadt ist, dass
   a. man da mehr Freunde treffen kann.
   b. der Lärm geringer und die Luft besser ist.
   c. man öfter ins Kino geht.

   Das sagt _____.

2. Ein Nachteil der Großstadt ist
   a. der Lärm und der viele Verkehr.
   b. die langweilige Umgebung.
   c. die vielen Menschen, die man da kennt.

   Das sagt _____.

Additional Listening Activities

3. Ein Vorteil der Großstadt ist
   a. die bessere Luft.
   b. die vielen Jobs.
   c. die vielen öffentlichen Verkehrsmittel.

   Das sagt _____.

4. Wenn man in einem Vorort lebt, hat man den Vorteil, dass
   a. man weniger für die Wohnungen bezahlt.
   b. da weniger Lärm ist, aber man nicht weit von der Stadt weg ist.
   c. die öffentlichen Verkehrsmittel billiger sind.

   Das sagt _____.

5. Das Leben in der Großstadt ist besser als in der Kleinstadt, weil
   a. da mehr los ist und man ins Theater oder ins Kino gehen kann.
   b. es mehr Restaurants gibt.
   c. es mehr Leute und mehr Wohnungen gibt.

   Das sagt _____.

6. Wenn man in einer Stadt lebt, die an einem Fluss liegt,
   a. kann man Boot fahren.
   b. ist es langweilig.
   c. kann man schwimmen gehen.

   Das sagt _____.

■ Zweite Stufe

7-3 Tanja was on vacation in a house with her parents. She was delighted with the house and tells her friend Heike about it. Listen to the description of the house and decide which of the three pictures below corresponds to the description.

Tanja beschreibt das Haus in Bild Nr. _____.

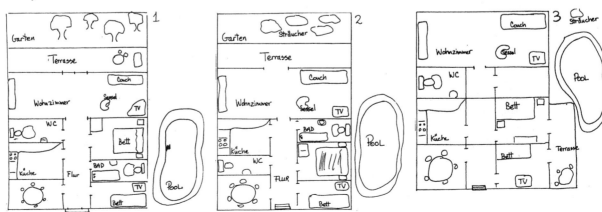

7-4 Heiko, Tara, Jana und Michael werden auf der Straße von einem Reporter für eine Radiosendung in Deutschland angehalten. Sie sollen sich vorstellen, dass sie drei Wünsche frei hätten. Welche drei Wünsche hat jeder von ihnen?

	Heiko	Tara	Jana	Mike
ein schönes Auto				
ein Haus mit Garten				
ein eigenes Badezimmer				
saubere Umwelt				
großes gemütliches Haus				
einen guten Job				
ein ruhiges Leben				
eine nette kleine Wohnung				
keinen Krieg				
keine Armut, keinen Hunger				
einen tollen Job				
neues Fahrrad				

■ Dritte Stufe

7-5 Campsites in Germany are often quite small, and the neighbors are often very close to you. Arno und Jens are at such a campsite. Listen to their conversation, and then decide whether the following statements are true (**stimmt**) or false (**stimmt nicht**).

Richtig oder Falsch?

_____ 1. Arno macht der Großstadtlärm nichts aus, aber Jens mag das Dorf lieber, weil es da ruhiger ist.

_____ 2. Arno schlägt vor, baden zu gehen, aber Jens will erst das Zelt aufbauen.

_____ 3. Jens mag sich nicht in die Sonne legen.

_____ 4. Arno stört der laute Radiolärm nicht.

_____ 5. Jemand schlägt die Autotür leise zu, und Jens möchte, dass man die Autotür lauter zumacht.

_____ 6. Arno will dem Vogel zuhören, der so schön singt, als laute Motorräder kommen.

_____ 7. Arno und Jens wollen ihr Zelt zusammenpacken und zu einem anderen Campingplatz fahren.

Additional Listening Activities

7-6 Janas Mutter will mit Jana etwas Wichtiges besprechen. Was es ist, werdet ihr im Gespräch zwischen Jana und ihrer Mutter erfahren. Hört zu und beantwortet dann die folgenden Fragen!

1. Jana und ihre Mutter wohnen in
   a. Dresden.
   b. Berlin.
   c. Frankfurt.

2. Die Mutter redet mit Jana über
   a. Janas Probleme in der Schule.
   b. den möglichen Umzug in eine andere Stadt.
   c. eine Reise.

3. Die Mutter will gern
   a. an der Uni in Dresden unterrichten.
   b. gar nicht unterrichten und zu Hause bleiben.
   c. an der Uni in Berlin unterrichten.

4. Jana gefällt
   a. Dresden besser als Berlin.
   b. Berlin besser als Dresden.
   c. Berlin genauso gut wie Dresden.

5. In Dresden gibt es
   a. mehr öffentliche Verkehrsmittel als in Berlin.
   b. weniger öffentliche Verkehrsmittel als in Berlin, zum Beispiel keine U-Bahn.
   c. eine neue U-Bahn.

6. Karin will sich ein Auto kaufen, weil
   a. ihr Mofa immer kaputt ist.
   b. ihr Mofa zu langsam ist.
   c. sie kein Mofa kaufen will, sondern gleich ein Auto.

7. Jana will sich ein Auto kaufen, und die Mutter denkt, dass
   a. das eine gute Idee ist.
   b. es keine gute Idee ist, weil sie mit dem Mofa viel besser in Berlin fahren kann.
   c. es keine gute Idee ist, weil auf den Straßen in Berlin immer Stau ist und Jana dann mit dem Mofa oft im Stau steht.

8. Am Ende des Gesprächs
   a. ist Jana einverstanden, in eine andere Stadt zu ziehen.
   b. ist Jana mit dem Plan ihrer Mutter überhaupt nicht einverstanden.
   c. ist Jana einverstanden, sich alles zu überlegen und am nächsten Tag mit der Mutter noch mal darüber zu sprechen.

COPYING MASTERS

Student Response Forms

Activity 7: Hör gut zu! p. 189

Ein Schüler beschreibt die Kleidung von vier neuen Klassenkameraden. Mach dir Notizen (zum Beispiel Adjektive) über die verschiedenen Kleidungsstile! Wer von den Klassenkameraden kleidet sich a. modisch? b. sportlich? c. witzig? d. konservativ?

Lutz
Karin
Silke
Udo

	wer?
a. modisch	
b. sportlich	
c. witzig	
d. konservativ	

Activity 11: Hör gut zu! p. 190

Hör zu, wie Erik ein Outfit von seinem Freund Otto beschreibt! Otto trägt nämlich gern ganz verrückte Klamotten. Mach eine Skizze von Ottos Outfit, in Farbe natürlich! Vergleiche dann deine Skizze mit denen deiner Mitschüler! Wer hat den schönsten Otto gezeichnet?

Student Response Forms

Activity 17: Hör gut zu! p. 194

1. Schüler berichten über ihre Interessen. Hör dir die Berichte zweimal an!
   a. Schreib zuerst auf, welche Interessen jeder Schüler hat!
   b. Dann schreib die Gründe neben die Interessen der einzelnen Schüler!

2. Such dir dann einen Schüler aus und erzähl deinem Partner von ihm!

	Interessen	Gründe
1. Miriam		
2. Axel		
3. Tina		
4. Beate		

Activity 26: Hör gut zu! p. 197

Schüler sprechen über ihre Einkäufe. Wer von diesen Schülern will sich etwas kaufen und wer nicht? Warum? Warum nicht? Mach dir Notizen!

	Wer kauft etwas?	Warum?	Wer kauft nichts?	Warum nicht?
Elke				
Sylvia				
Tina				

Komm mit! Level 2, Chapter 8

Student Response Forms

Activity 32: Hör gut zu! p. 199

Listen as four different students talk about what they like to do and under what conditions they usually do this. For each description you hear, match the activity with the condition the student mentions.

1. Doro _____

2. Roland _____

3. Anita _____

4. Holger _____

Anwendung Activity 1 p. 202

Katrin sagt ihren Freunden Judith und Boris, was sie kaufen und nicht kaufen sollen. Sie gibt auch Gründe dafür. Hör gut zu und schreib auf, was Judith und Boris kaufen und nicht kaufen sollen, und aus welchen Gründen!

	Kauf!	Kauf nicht!	Gründe dafür
Boris			
Judith			

Student Response Forms

SONG TEXTS:

Die Lorelei

1. Ich weiß nicht, was soll es bedeuten,
   dass ich so traurig bin,
   ein Märchen aus uralten Zeiten,
   das kommt mir nicht aus dem Sinn.
   Die Luft ist kühl und es dunkelt,
   und ruhig fließt der Rhein,
   der Gipfel des Berges funkelt
   im Abendsonnenschein.

2. Die schönste Jungfrau sitzet
   dort oben wunderbar,
   ihr goldnes Geschmeide blitzet,
   sie kämmt ihr goldenes Haar.
   Sie kämmt es mit goldenem Kamme
   und singt ein Lied dabei,
   das hat eine wundersame,
   gewalt'ge Melodei.

3. Den Schiffer im kleinen Schiffe
   ergreift es mit wildem Weh,
   er schaut nicht die Felsenriffe,
   er schaut nur hinauf in die Höh.
   Ich glaube, die Wellen verschlingen
   am Ende Schiffer und Kahn,
   und das hat mit ihrem Singen
   die Lorelei getan.

Additional Listening Activities

■ Erste Stufe

8-1 Vacation is over and everyone is back at school. Andreas and Heiko strike up a conversation before class. What are they talking about? Sebastian joins the conversation—and Andreas and Heiko see that there is definitely something different about him! Listen to the conversation, and then write in the blank what the topic of the conversation is. Then indicate with check marks in the chart which of the items mentioned belong to which person. Finally, answer the question about Sebastian.

1. Andrea and Heiko are talking about _____

	Heiko	Andreas	Sebastian
Jeansweste			
rote Hose			
rot-grün kariertes Hemd			
rote Krawatte mit grünen Punkten			
bunter Anorak			
weißes Jeanshemd			

2. How did Sebastian explain his change in style to his mother?

_____

8-2 Ihr hört jetzt eine Ansage eines bekannten Kaufhauses in Deutschland. Welches Kaufhaus ist es? Es werden Sonderangebote vorgestellt. Füllt beim Zuhören die Lücken in der Tabelle unten aus.

Sonderangebote des Kaufhauses C&A

Artikel	Beschreibung	Preis

Additional Listening Activities

■ Zweite Stufe

8-3 Andrea und Heike sehen sich einen Katalog an und suchen sich Klamotten aus dem Katalog aus. Hört ihrem Gespräch zu, das sie beim Aussuchen führen. Entscheidet danach, ob die Sätze unten richtig oder falsch sind.

Richtig oder Falsch?

_____ 1. Heike gefällt die ärmellose weiße Bluse mit den blauen Punkten.

_____ 2. Heike mag Blau sehr gern.

_____ 3. Heike will einen gemusterten kurzen Rock.

_____ 4. Heike bestellt eine Bluse und eine kurze Hose.

_____ 5. Andrea gefällt der mehrfarbige geblümte Blazer, aber Heike findet, dass das unsportlich ist.

_____ 6. Andrea will sich einen braun-weiß-grün karierten Blazer und eine grüne Hose bestellen.

_____ 7. Andrea zieht nicht gern Schuhe mit flachen Absätzen an.

8-4 In der Schule soll eine Modenschau stattfinden. In der Pause unterhalten sich einige Schüler darüber. Hör zuerst dem Gespräch zu, dann beantworte die folgenden Fragen!

1. Welche Klamotten trägt Karin nicht zur Modenschau?
   a. Schuhe mit hohen Absätzen
   b. eine ärmellose Bluse
   c. einen rot-weiß gestreiften langen Rock

2. Was für Schmuck trägt Karin zur Modenschau?
   a. eine silberne Kette
   b. silberne Ohrringe
   c. goldene Ohrringe

3. Was trägt Julia nicht auf der Modenschau?
   a. eine lange Jeanshose
   b. eine kurze, abgeschnitte Jeanshose
   c. eine Lederjacke

4. Kati findet Julias Klamotten
   a. fetzig.
   b. langweilig.
   c. cool.

Additional Listening Activities

5. Thorsten
   a. kommt nicht zur Modenschau, weil er sich nicht für Mode interessiert.
   b. hat keine Zeit, zur Modenschau zu kommen.
   c. interessiert sich eigentlich nicht für Mode, aber kommt trotzdem zur Modenschau, weil Publikum gebraucht wird.

6. Heinz
   a. ist ein Mode-Freak, und kommt zur Modenschau.
   b. ist kein Mode-Freak, aber kommt trotzdem zur Modenschau.
   c. ist kein Mode-Freak, und kommt auch nicht zur Modenschau.

■ Dritte Stufe

8-5 Marion works for a mail-order business, taking orders over the telephone. A customer, Anke, calls and orders various items. Listen to their conversation and fill in the order numbers and the name of the items Anke wants to order.

Artikel	ja/nein	Nummer
Baumwollbluse, bedruckt		
Baumwollbluse, einfarbig, rot		
langer Rock, dunkelblau		
Faltenrock, dunkelblau		
Blouson mit Kapuze, Reißverschluss, grün		
Blouson mit Kapuze, Druckknöpfen, grün		
Blouson mit Kapuze, Druckknöpfen, Brusttasche, grün		
Träger-Shirt, einfarbig, gelb		
Träger-Shirt, einfarbig, rot		
Träger-Shirt, gelb-rot, bedruckt, Blumenmuster		

Name _____ Klasse _____ Datum _____

 Additional Listening Activities

8-6 Jana is attending her first fashion show. She is taking good notes because she wants to organize a fashion show at her school. She has asked you to help her so that she does not miss anything. When you hear the comments made by the announcer at the show, take notes by filling in the chart below. Fill in the kinds of clothes the models are wearing, the colors, the patterns, and any other items that are mentioned.

| Blazer Steghose Turnschuhe Kapuze Schuhe mit hohen Absätzen Seidenhemd Sakko Hose Träger-Shirt Strümpfe Blouson | hell hellrot dunkelrot mehrfarbig dunkel hellgelb gestreift gepunktet kurz weiß |

Name	Kleidungsartikel	Beschreibung Farbe	Muster	Andere Artikel erwähnt
Sabine				
Jochen				
Michael				

Komm mit! Level 2, Chapter 8

Student Response Forms

Activity 6: Hör gut zu! p. 212

Hör dir die Beschreibung von jedem der sieben Ferienangebote an! Welches Angebot passt zu welchem Foto?

```
┌─────────────────────────────────────────────┐
│              1 0 %   R A B A T T !           │
│                                              │
│   1. _____│
│                                              │
│   2. _____│
│                                              │
│   3. _____│
│                                              │
│   4. _____│
│                                              │
│   5. _____│
│                                              │
│   6. _____│
│                                              │
│   7. _____│
│                                              │
└─────────────────────────────────────────────┘
```

Activity 14: Hör gut zu! p. 217

Einige Leute unterhalten sich über ihre Pläne für die Ferien und drücken dabei Zweifel (*doubts*) aus. Schreib zuerst auf, woran sie zweifeln und danach, ob ihre Gesprächspartner zustimmen oder eine andere Meinung haben!

	zweifelt daran:	Gesprächspartner stimmt zu	Gesprächspartner hat andere Meinung
1. Tanja			
2. Dirk			
3. Marita			
4. Nina			

Student Response Forms

Activity 16: Hör gut zu! p. 219

Einige Freunde von Sandra haben angerufen und eine Nachricht auf dem Anruf-beantworter hinterlassen. Rufen sie aus dem Ferienort an oder auf dem Weg dahin? Mach dir Notizen!

	aus dem Ferienort	auf dem Weg dorthin
Katja		
Bernd		
Pinar		
Boris		

Activity 22: Hör gut zu! p. 221

Du hörst drei Kurzbeschreibungen von einem Rundgang durch Bietigheim. Schau auf die Stadtkarte und schreib auf, wo sich der Tourist am Ende der Beschreibung befindet!

1. _____

2. _____

3. _____

Student Response Forms

Anwendung Activity 1 p. 226

The German exchange student who lived with your family last summer calls you early one morning and tells you about her trip to Austria. Take notes so that you can tell the rest of your family about her vacation.

Student Response Forms

SONG TEXTS:

Komm, lieber Mai

Komm, lieber Mai, und mache die Bäume wieder grün
und lass mir an dem Bache die kleinen Veilchen blühn!
Wie möcht ich doch so gerne ein Blümchen wieder sehn,
ach, lieber Mai, wie gerne einmal spazieren gehn.

Additional Listening Activities

■ Erste Stufe

9-1 Heike, Jens, and Claus are traveling together during their vacation. They want to take a train to the North Sea. They need to make a connection in Kassel, but they run into a problem. Listen to the conversation at the train station, and then answer the questions that follow.

1. Ihr Problem ist, dass
   a. der Zug nach Hamburg schon abgefahren ist.
   b. Heike etwas im Zug vergessen hat.
   c. sie das Flugzeug nach Hamburg verpasst haben.

2. Sie wollen nicht mit dem Flugzeug nach Hamburg fliegen, weil
   a. es keinen Flugplatz in Kassel gibt.   c. das Fliegen teurer als die Bahn ist.
   b. sie einen Interrail-Pass für die Bahn haben.

3. Der nächste Zug kommt
   a. erst am nächsten Tag.   b. in 6 Stunden.   c. in 4 Stunden.

4. Heike möchte am liebsten
   a. ins Kino gehen.   c. einen Tennisschläger kaufen gehen.
   b. auf dem Bahnhof auf den nächsten Zug warten.

5. Was steht nicht auf der Informationstafel?
   a. das Hallenbad   b. die Tennisplätze   c. der Zoo

6. Der Vergnügungspark ist
   a. wegen Ferien geschlossen.   b. erst am Abend geöffnet.   c. zur Zeit ganz geschlossen.

7. Die drei entscheiden sich am Ende, dass sie
   a. auf dem Bahnhof warten und gar nicht weggehen.
   b. in den Zoo gehen.
   c. Tennis spielen.

9-2 Doris und ihre Freundin Jana unterhalten sich über Doris' Pläne für die Sommerferien. Doris ist weniger begeistert als Jana, aber am Ende haben sie eine Idee, die die Ferien vielleicht interessanter macht. Hör dem Gespräch zu! Dann entscheide dich, ob die folgenden Fragen richtig oder falsch sind.

Richtig oder Falsch?

_____ 1. Doris macht mit ihren Eltern in diesem Jahr zum siebten Mal Urlaub an der Nordsee.

_____ 2. Jana war noch nie an der Nordsee, aber schon an der Ostsee.

_____ 3. Doris wohnt im Urlaub mit ihren Eltern in einem Hotel in Stauffenhagen.

_____ 4. In Stauffenhagen gab es letztes Jahr einen Zirkus.

_____ 5. Doris hat im Urlaub nicht Tennis gespielt, weil es in Stauffenhagen keinen Tennisplatz gibt.

_____ 6. Es gibt in Stauffenhagen auch eine Disko und ein Hallenbad mit Wasser aus der Nordsee, das aber weniger salzig ist als Nordseewasser.

_____ 7. Doris will ihre Eltern fragen, ob ihre Freundin Jana mit in den Urlaub an die Nordsee kommen kann.

Additional Listening Activities

■ Zweite Stufe

9-3 Ingo and his parents are vacationing at the seashore. He and his dad disagree about the plan for the day's activities. Do they reach a compromise?

Listen to their conversation and place check marks in the chart to indicate who says what. When you have finished filling out the chart, answer the questions that follow.

Activity	Vater ja	Vater nein	Ingo ja	Ingo nein
Golf spielen				
windsurfen				
angeln				
tauchen				
Boot fahren				

Who suggests playing golf? _____

Which activity does Ingo suggest? _____

What reasons does his father give for not doing Ingo's suggested activity?

_____

What other activities does Ingo's father suggest?

_____

Is there one activity that Ingo and his father might agree to do? _____

9-4 While Katrin and Ulrike are planning their vacation, Ulrike's brother Martin joins the discussion. They study several brochures and try to determine which hotel is the best one. Listen to their discussion and fill in the chart below. (Note: It may help you to look at the chart before listening to the conversation.) If something is listed in the chart that was not part of their discussion, circle the question mark (?). Also determine which country Ulrike and Katrin want to visit and what they want to do there.

	Hotel Neptun	Hotel Aurora	Hotel Flamingo
Preis pro Person pro Woche			
Wie weit vom Strand/Meer?			
Golfplatz	ja / nein / ?	ja / nein / ?	ja / nein / ?
Liegewiese	ja / nein / ?	ja / nein / ?	ja / nein / ?
Sauna	ja / nein / ?	ja / nein / ?	ja / nein / ?
Whirlpool	ja / nein / ?	ja / nein / ?	ja / nein / ?
Pool	ja / nein / ?	ja / nein / ?	ja / nein / ?
Fitnessraum	ja / nein / ?	ja / nein / ?	ja / nein / ?
Tennisplätze	ja / nein / ?	ja / nein / ?	ja / nein / ?
Fernsehraum	ja / nein / ?	ja / nein / ?	ja / nein / ?
Diskothek	ja / nein / ?	ja / nein / ?	ja / nein / ?

Katrin und Ulrike wollen _____

Komm mit! Level 2, Chapter 9

COPYING MASTERS

■ Dritte Stufe

9-5 Touristen machen eine Stadtbesichtigung in Meiningen. Meiningen ist eine Stadt in Thüringen, bekannt vor allem durch ein Theater mit langer Tradition. Ihr hört jetzt einen Teil der Stadtbesichtigung: Erklärungen des Stadtführers und Antworten auf die Fragen der Touristen. Hör gut zu! Dann beantworte die folgenden Fragen!

1. Die Touristengruppe befindet sich
   a. auf dem Parkplatz.
   b. auf dem Marktplatz.
   c. auf der Hauptstraße.

2. Die Marienkirche auf dem Marktplatz
   a. ist immer noch kaputt.
   b. war während des Krieges zum Teil kaputt.
   c. war nach dem Krieg ganz kaputt.

3. Auf dem Marktplatz vor der Kirche ist
   a. ein Brunnen aus dem 14. Jahrhundert.
   b. ein Stadttor.
   c. ein Brunnen aus dem 15. Jahrhundert.

4. Gegenüber der Kirche, auf dem Marktplatz, befindet sich
   a. das Schloss.
   b. das Rathaus und die Post.
   c. das Theater.

5. Die erste Person, die eine Frage stellt, will wissen,
   a. wo sich ein bestimmtes Fachwerkhaus befindet.
   b. aus welchem Jahrhundert das Fachwerkhaus stammt.
   c. wie man zu einem bestimmten Fachwerkhaus gelangen kann.

6. Das Theater befindet sich
   a. gleich neben dem Metzger.
   b. zwischen dem Rathaus und der Post.
   c. auf der Hauptstraße.

Additional Listening Activities

9-6 Listen as the receptionist in a hotel tells two tourists how to find two different places. First decide if the two persons are asking about something within the hotel or outside the hotel. Then look at the phrases you will hear in the two conversations and place them in the correct order.

Person 1 asks about something
    a. within the hotel.
    b. outside the hotel.

Person 2 asks about something
    a. within the hotel.
    b. outside the hotel.

Place the phrases in the order in which you hear them.

Gespräch 1:

_____ auf der linken Seite eine Tür

_____ rechts um die Ecke

_____ zwischen dem Fitnessraum und dem Fernsehraum

_____ die Treppe hinunter

Gespräch 2:

_____ auf der Hauptstraße

_____ rechts um die Ecke

_____ durch die Innenstadt

_____ links um die Ecke

_____ die Hauptstraße entlang

Fill in words from the box to complete the receptionist's statements about where different places are located.

> vor dem Rathaus Daneben (neben dem Fachwerkhaus) dem Stadttor gegenüber
> an der Westseite des Marktplatzes Neben dem Rathaus

1. Das Stadttor steht _____.

2. Der Brunnen steht _____.

3. _____ ist ein Fachwerkhaus.

4. _____ ist das Stadttor.

5. Der Eingang zum Park ist genau _____.

COPYING MASTERS

Student Response Forms

Activity 6: Hör gut zu! p. 239

Für welche Fernsehsendungen interessieren sich diese Leute und warum? Mach dir Notizen! Vergleiche dann deine Notizen mit den Notizen deiner Mitschüler!

	interessiert sich für?	Warum?
1. Veronika		
2. Axel		
3. Patrick		
4. Tina		

Activity 15: Hör gut zu! p. 247

Rolf has just bought himself a new entertainment system with all the latest features. Draw the outlines of a **Fernseh- und Videowagen** in the box below. Then listen to Rolf's description and sketch what you hear. Draw in all the equipment and features he mentions and pay attention to where the features are located.

Student Response Forms

Activity 24: Hör gut zu! p. 251

Zwei Leute beschreiben ihre Autos. Mach dir Notizen! Welche Extras haben beide Autos? Welche Extras hat ein Auto, die das andere nicht hat?

	Welche Extras?
Tills Auto	
Silkes Auto	

Welche Extras haben beide Autos? _____

Welche Extras hat ein Auto, die das andere nicht hat? _____

_____

Activity 27: Hör gut zu! p. 252

Zwei Schüler unterhalten sich übers Fernsehen und über Autos. Hör ihrem
Gespräch gut zu, und schreib nur die Dinge auf, die jeder ganz bestimmt
machen wird!

Jürgen	**Sven**

Anwendung Activity 3, p. 254

Listen to the Bauer family discuss the evening lineup on TV. As you listen, fill in the grid below. You will need to look at the schedule on page 242 to find out which channels are showing the programs mentioned.

	Fernsehprogramm	Sender
18.00		
19.00		
20.00		
21.00		
22.30		

Student Response Forms

SONG TEXTS

An die Freude

Freude, schöner Götterfunken,
Tochter aus Elysium,
wir betreten feuertrunken,
Himmlische, dein Heiligtum!
Deine Zauber binden wieder,
was die Mode streng geteilt.
Alle Menschen werden Brüder,
wo dein sanfter Flügel weilt.

Additional Listening Activities

■ Erste Stufe

10-1 In Jens' Familie will jeder etwas anderes im Fernsehn sehen, und das zur gleichen Zeit. Ob das wohl gut geht? Hört euch das Gespräch zwischen Jens,
seinem Vater und seiner Mutter an, und beantwortet danach die Fragen!

Richtig oder Falsch?

_____ 1. Der Vater will eine Fußball-Sportübertragung sehen.

_____ 2. Jens will einen Abenteuerfilm sehen.

_____ 3. Letzten Freitag wollte auch jeder etwas anderes sehen: Mutti die
Komödie, Vati den Krimi und Jens den Wildwestfilm.

_____ 4. Letzten Freitag haben alle geguckt, was Mutti wollte, nämlich das
Lustspiel.

_____ 5. Die Mutter will jetzt eine Natursendung sehen.

_____ 6. Mutti entscheidet sich, den Film nicht zu sehen. Sie geht in die Küche
und bereitet das Essen vor.

_____ 7. Jens' Film und Vaters Sportübertragung fangen zu derselben Zeit an.

_____ 8. Jens ruft seinen Freund an und fragt, ob er zum Fernsehen kommen
kann.

_____ 9. Der Vater schaut seine Sportübertragung zu Hause an.

10-2 Glenn ist amerikanischer Austauschstudent, der seit zwei Wochen in Deutschland
bei Mike zu Gast ist. Sie haben fast jeden Tag zusammen etwas unternommen.
Deswegen wollen sie heute mal zu Hause bleiben und einen Fernsehtag machen.
Sie lesen die Programmzeitung und suchen Sendungen aus, für die sie sich interessieren. Welche Sendungen wollen Glenn und Mike sehen? Hör das Gespräch an
und trag dann die fehlenden Informationen in die Tabelle ein! (In die erste Zeile sollst
du auch den Tag eintragen, an dem das Gespräch stattfindet.)

Fernsehprogramm für _____

Zeit	Sender	Titel	Art der Sendung
	ARD	Die Tagesschau	
14.35		Der Preis ist heiß	
	ZDF		
		Die Cowboys im Wilden Westen	
		Die Sportschau	
18.20			
	ARD		
		Was darf's denn sein?	

Additional Listening Activities

■ Zweite Stufe

10-3 Omas Geburtstagsgeschenk soll etwas ganz Besonderes sein! Jens wird von der Familie losgeschickt, um sich einiges anzusehen. Du hörst ein Gespräch zwischen ihm und dem Verkäufer in einem Radio- und Fernsehgeschäft. In die Tabelle unten sollst du eintragen, was die Familie von Jens kaufen will, was sie vielleicht kaufen will und was sie nicht kaufen will.

	ja	vielleicht	nein
Schwarz-Weiß-Fernseher			
Farbfernsehgerät			
Stereo-Farbfernsehgerät			
Stereo-Kopfhörer			
Fernbedienung mit Lautstärkeregler			
Zimmerantenne			
Videorekorder			
Fernseh- und Videowagen mit Ablagefach für Videokassetten			

10-4 Eine Überraschung für Oma! Was es ist, wirst du im folgenden Gespräch zwischen Oma, ihrem Enkelsohn Jens, und dem Vater von Jens erfahren. Beantworte danach die Fragen.

1. Oma bekommt zum Geburtstag
   a. einen Videorekorder.
   b. einen neuen Schwarz-Weiß-Fernseher.
   c. einen Farbfernseher.

2. Jens' Familie schenkt Oma
   a. einen Fernseher mit Dachantenne.
   b. einen Fernseher mit Stereokopfhörer.
   c. einen Fernseher mit Fernbedienung.

3. Die Oma will
   a. Jens die Fernbedienung zeigen.
   b. die Fernbedienung selbst bedienen.
   c. die Fernbedienung gar nicht benutzen.

4. An dem Abend, an Omas Geburtstag, kommt
   a. Omas Lieblings-Talkshow.
   b. eine Tiersendung.
   c. Omas Lieblings-Spielshow.

5. Sonntags sieht Oma immer
   a. eine Talkshow.
   b. eine Familiensendung.
   c. eine Ratesendung.

6. Dienstags sieht Oma immer
   a. einen Krimi im ARD.
   b. die Tiersendung im ZDF.
   c. eine Komödie im ARD.

■ Dritte Stufe

10-5 Hör dir das Gespräch zwischen André und Berndt an, in dem es um ein besonderes Auto geht. Entscheide nach dem Zuhören, ob die Sätze unten richtig oder falsch sind!

Richtig oder Falsch?

_____ 1. Der Tag, an dem sie reden, ist der erste Mai.

_____ 2. Berndt hat sich ein neues Auto gekauft.

_____ 3. Berndt ist in 2 Monaten 18 und will dann seinen Führerschein machen.

_____ 4. Das Auto, von dem Berndt erzählt, hat keine Klimaanlage.

_____ 5. Die Scheibenwischer des Autos, von dem Berndt erzählt, gehen von allein an, wenn es regnet.

_____ 6. André findet Berndts Auto nicht toll, weil man dann gar nichts mehr bedienen muss und das Fahren keinen Spaß mehr macht.

Additional Listening Activities

10-6 Annette und Heike schauen sich die Programmvorschau im Fernsehen an. Leider wechselt auf dem Monitor das Bild viel zu schnell. Deswegen machen sie beim Lesen einige Fehler. Schreib in die letzte Spalte, ob Annette und Heike das Program richtig oder falsch gelesen haben. Schreib den richtigen Satz daneben! (If they are correct, place a check mark in the last column. If not, write the correct information there.)

	Zeit	Sender	Titel der Sendung	Art der Sendung	richtig oder falsch?
	PROGRAMMVORSCHAU				
1.	12.50	ARD	Die Dinosaurier kommen	Spielshow	
2.	17.20	Pro 7	Detektiv Schlitzohr	Komödie	
3.	20.15	ARD	Eine lange Fahrt	Kriminalfilm	
4.	18.20	ZDF	Die Tante im Gemüse	Lustspiel	
5.	21.15	ZDF	Die schwarze Spinne	Abenteuerfilm	
6.	22.15	ARD	Rudis Gäste	Talkshow	

Student Response Forms

Activity 7: Hör gut zu! p. 266

Einige Schüler erzählen, für welche kulturellen Veranstaltungen sie sich interessieren und warum. Wähle für jede Beschreibung eine Aktivität aus dem Wortschatzkasten auf Seite 265 aus, die dieser Person besonders gefallen würde!

	Aktivität
1. Simone	
2. Arno	
3. Jutta	

Activity 10: Hör gut zu! p. 267

Verschiedene Schüler versuchen, mit Freunden Pläne zu machen. Die Schüler machen einige Vorschläge. Für jedes Gespräch, das du hörst, entscheide dich, ob der Freund mit dem Vorschlag einverstanden ist oder nicht.

Vorschlag	Freund ist einverstanden	Freund ist nicht einverstanden

Student Response Forms

Activity 16: Hör gut zu! p. 270

Zwei Berliner Schüler unterhalten sich darüber, in welches Lokal sie zum Essen gehen wollen. Schreib die verschiedenen Möglichkeiten auf, über die sie sprechen! Wohin gehen sie schließlich und warum?

Möglichkeiten: _____

Wohin gehen sie? _____

Activity 18: Hör gut zu! p. 271

Two students from Potsdam are visiting Berlin. Listen as they discuss a restaurant where they might go for dinner, and what they have heard about it from their friends. For each category, write what they heard from their friends.

Restaurant	Bedienung	Atmosphäre	Preise

Student Response Forms

Activity 24: Hör gut zu! p. 274

Die Schüler aus der Beckmann Oberschule machen heute ihre Schulfeier und fahren zum Haus Dannenberg am See. Hör zu, wie sie ihr Essen und ihre Getränke bestellen! Schreib auf, was drei Schüler bestellen, und dann beantworte diese Fragen!

	Bestellung
1. Dagmar	
2. Lutz	
3. Manuela	

Wer bestellt nur ein Hauptgericht? _____

Wer möchte auch eine Beilage zum Hauptgericht? _____

Wer bestellt keinen Nachtisch? _____

Activity 27: Hör gut zu! p. 275

Einige Gruppen feiern heute im Haus Dannenberg am See. Als Kellner hörst du verschiedene Gespräche. Was feiert jede Gruppe, und was ist das Verhältnis (*relationship*) der Leute in jeder Gruppe zueinander? Sind es Familienmitglieder, Freunde oder Geschäftsleute (*business people*)?

	Gruppe feiert was?	Was ist das Verhältnis?
Gruppe 1		
Gruppe 2		
Gruppe 3		

Student Response Forms

Anwendung Activity 1 p. 278

Einige Touristen sprechen über ihre Pläne für Berlin. Hör gut zu! Was wollen sie sich ansehen? Was schlagen sie vor? — Schreib auf, wo jeder gern mal hingehen würde! Aber was tun sie wirklich?

		Wohin würden sie gern gehen?
1.	Oliver	
2.	Lars	
3.	Jutta	
4.	Silke	

Was tun die Touristen am Abend zusammen? _____

SONG TEXTS:

Der Jäger aus Kurpfalz

1. Ein Jäger aus Kurpfalz,
   der reitet durch den grünen Wald,
   er schießt das Wild daher,
   gleich wie es ihm gefällt.
   Juja, juja!
   gar lustig ist die Jägerei
   allhier auf grüner Haid',
   allhier auf grüner Haid'.

2. Auf sattelt mir mein Pferd
   und legt darauf mein'n Mantelsack,
   so reit ich hin und her
   als Jäger aus Kurpfalz.
   Juja, juja!
   gar lustig ist die Jägerei
   allhier auf grüner Haid',
   allhier auf grüner Haid'.

3. Jetzt geh ich nicht mehr heim,
   bis dass der Kuckuck Kuckuck schreit;
   er schreit die ganze Nacht
   allhier auf grüner Haid',
   Juja, juja!
   gar lustig ist die Jägerei
   allhier auf grüner Haid',
   allhier auf grüner Haid'.

Additional Listening Activities

■ Erste Stufe

11-1 Jennifer schreibt einen Brief an ihre Freundin Tanja in Berlin. Hör zu und beantworte danach die *multiple-choice questions.*

1. Wie lange bleibt Jennifer bei Tanja in Berlin?
   a. eine Woche
   b. zwei Wochen
   c. ein Wochenende

2. Wen besucht Jennifer in Magdeburg?
   a. eine andere Freundin
   b. eine Tante
   c. ihre Oma

3. Jennifer würde im Opernhaus am liebsten _____ sehen.
   a. eine Operette
   b. ein Musical
   c. ein Ballett

4. Jennifer würde
   a. gern ins Kabarett gehen.
   b. gern ein interessantes Theaterstück sehen.
   c. gern ins Theater gehen, aber leider wird die Zeit dafür in Berlin nicht reichen.

5. Jennifer möchte lieber in den Zoo als
   a. zu den Baudenkmälern gehen.
   b. an den Müggelsee fahren.
   c. in die Kunstaustellungen gehen.

6. Jennifer würde gern einen Ausflug an den Müggelsee machen
   a. und dort lieber Boot fahren als spazieren gehen.
   b. und dort nur spazieren gehen und nicht Boot fahren.
   c. aber leider ist keine Zeit mehr dafür.

Additional Listening Activities

11-2 Einige Schüler der Klasse 10a eines Frankfurter Gymnasiums wollen eine Fahrt nach Berlin machen. Anke plant die Reise und fragt alle, die mitfahren, was sie gern in Berlin machen würden. Hör dir die Antworten von zwei Schülern an! Trag dann unten in die Tabelle ein, was die beiden gern machen würden (ja), was sie nicht gern machen würden (nein) und was sie vielleicht machen würden (vielleicht).

	Jochen	Clara
Stadtrundfahrt		
Synagoge		
Kunstausstellung		
Kabarett		
Operette		
Schauspiel		
Ballett		
Musical		

Zweite Stufe

11-3 Martina und Jens sind im Urlaub in Berlin und wollen am Abend essen gehen. Sie überlegen, wo sie hingehen können. Hör dir das Gespräch an und entscheide danach, ob die Sätze unten richtig oder falsch sind!

Richtig oder Falsch?

_____ 1. Jens hat noch nie türkisch gegessen.

_____ 2. Martina würde gern chinesisch essen gehen, aber sie mag keine Pekingente oder Huhn, süßsauer.

_____ 3. Jens mag gern bürgerliche Küche essen.

_____ 4. Jens mag mexikanisch nicht so, weil es scharf ist.

_____ 5. Jens kennt ein französisches Restaurant, aber da haben sie keinen gebratenen Hummer und keine marinierten Austern.

_____ 6. Martina will gern griechisch essen gehen, weil sie da noch nicht gegessen hat.

Additional Listening Activities

11-4 Auf einer Kassette über Deutschland für Touristen hörst du einen Bericht über das Essen in Deutschland. Beantworte dann die Fragen unten!

1. Schreibe mindestens sechs Arten der internationalen Küche auf, die genannt werden! (z.B. chinesisch, italienisch, usw.)

   _____

   _____

2. Welchen Unterschied gibt es zwischen Großstädten und Kleinstädten/Dörfern in Deutschland?

   _____

   _____

3. Welche deutschen Gerichte werden genannt? Welche Speisen sind typisch für den Norden Deutschlands?

   _____

   _____

4. Wo kann man am besten Fisch essen?

   _____

   _____

■ Dritte Stufe

11-5 Martina und Thomas haben einen Grund, heute in ein gutes Restaurant zum Essen zu gehen. Du hörst jetzt das Gespräch zwischen dem Kellner, Martina und Thomas. Beantworte danach die Fragen!

1. Martina bestellt
   a. einen Apfelsaft.
   b. ein Spezi.
   c. ein Wasser.

2. Eine Vorspeise, die der Kellner nicht empfiehlt, ist
   a. Blumenkohlsuppe.
   b. Pilzsuppe.
   c. italienischer Salat.

Additional Listening Activities

3. Martina möchte als Hauptspeise
   a. Wiener Schnitzel mit Ei und Kartoffeln.
   b. Wiener Schnitzel mit Kroketten und gefülltem Ei.
   c. Wiener Schnitzel mit Kroketten, aber ohne gefülltes Ei.

4. Martina möchte außerdem noch
   a. ein Glas Liechtensteiner Mineralbrunnen.
   b. ein Glas Elbtaler Mineralwasser.
   c. ein Glas Leitungswasser mit Eiswürfeln.

5. Thomas möchte gern
   a. Schweinerückensteak mit Bratkartoffeln und Sauerkraut.
   b. Schnitzel mit Bratkartoffeln und Rotkohl.
   c. Schweinerückensteak mit Bratkartoffeln und Rotkohl.

6. Der Anlass des Restaurantbesuchs ist
   a. Thomas' Geburtstag.
   b. Martinas Geburtstag.
   c. Thomas' und Martinas Hochzeitstag.

11-6 Im Durchschnitt gehen die Deutschen weniger in Restaurants zum Essen als die Amerikaner. Im Urlaub kann sich das aber ändern, und manche Deutsche gehen dann jeden Tag essen. Du hörst ein Gespräch zwischen Hans und seiner Mutter, die im Urlaub in einem Restaurant sind, und das nicht zum ersten Mal. In welchem Restaurant sie heute sind und was Hans alles durcheinander bringt, wirst du gleich hören. Entscheide danach, ob die Sätze unten richtig oder falsch sind!

Richtig oder Falsch?

_____ 1. Hans möchte gern Rote Grütze, aber die gibt's in dem Restaurant nicht.

_____ 2. Hans und seine Mutter sind in einem Restaurant mit gutbürgerlicher Küche.

_____ 3. Hans mag das Schisch-Kebab nicht, das es in dem Restaurant gibt, wo sie sind.

_____ 4. Hans' Lieblingsessen ist geräucherter Lachs mit Bratkartoffeln.

_____ 5. Hans will keine Pekingente mit Reis, sondern Eis.

_____ 6. Hans mag Knoblauch sehr gern.

_____ 7. Letzten Sonnabend waren sie in einem mexikanischen Restaurant.

_____ 8. Im griechischen Restaurant hat Hans letzten Freitag ein scharfes Steak mit brauner Soße gegessen.

_____ 9. Die Mutter hat am Donnerstag im spanischen Restaurant milde Austern gegessen.

Student Response Forms

Activity 6: Hör gut zu! p. 289

Du stehst Schlange vor dem Bankschalter und hörst, wie sich zwei junge Leute über ihr letztes Wochenende unterhalten. Sind sie in der Stadt geblieben, oder haben sie eine längere Reise unternommen? Wer hat am meisten Spaß gehabt? Warum müssen sie jetzt auf die Bank?

Hör zu, dann schreib eine Antwort auf diese Fragen:

Sind sie in der Stadt geblieben? _____

Wer hat am meisten Spaß gehabt? _____

Warum müssen sie jetzt auf die Bank? _____

_____

Activity 10: Hör gut zu! p. 291

Die Familie Kohl bespricht ihren kommenden Urlaub. Leider würden die Kinder, Markus und Annette, lieber ganz andere Dinge machen als ihre Eltern. Schreib auf, welche Vorschläge die Eltern und die Kinder machen. Welche Gründe geben sie an?

	Vorschläge	Gründe
Mutter		
Markus		
Annette		
Vater		

Student Response Forms

Activity 19: Hör gut zu! p. 295

Zwei Leute sind in einem Restaurant, wo es viele internationale Gerichte gibt. Sie kennen einige Gerichte überhaupt nicht und unterhalten sich mit der Bedienung darüber. Schreib auf, welches Gericht sich jeder am Ende bestellt, was für ein Gericht das ist und warum sich jeder dieses Gericht bestellt hat!

	Gericht	Was für ein Gericht?	Warum bestellt?
Karsten			
Jutta			

Activity 24: Hör gut zu! p. 298

Schüler erzählen, was sie sich heute Abend anziehen. Rate, für welchen Anlass sich jeder anzieht. Mögliche Anlässe stehen in den beiden Kästen auf Seite 298.

	Anlass
1. Roland	
2. Katja	
3. Axel	
4. Bärbel	

SONG TEXT

Jetzt kommen die lustigen Tage

Jetzt kommen die lustigen Tage,
Schätzel ade,
und dass ich es dir auch nur sage:
es tut mir gar nicht weh.
Und im Sommer da blüht der rote, rote Mohn,
und ein lustiges Blut kommt überall davon,
Schätzel ade, ade, Schätzel ade!
Und im Sommer da blüht der rote, rote Mohn,
und ein lustiges Blut kommt überall davon,
Schätzel ade, ade, Schätzel ade!

■ Erste Stufe

12-1 Steffen hat einen Bericht für die Schülerzeitung zum Thema Urlaub geschrieben. Hör diesen Bericht an, und beantworte danach die Fragen!

1. Steffen will
   a. Leute finden, die mit ihm nach Irland fahren.
   b. über seine Reise nach Irland berichten als Tip für einen Sommerurlaub für andere.
   c. über seine Pläne für diesen Sommer berichten.

2. Steffen findet, es ist
   a. am besten, wenn man sich ein Auto mietet, weil das nicht sehr teuer ist.
   b. besser, in Irland mit dem Fahrrad zu fahren, auch wenn es mal regnet, als sich ein Auto zu mieten.
   c. am besten mit dem Fahrrad durch Irland zu fahren, weil es in Irland kaum regnet.

3. Steffen mag besonders die Westküste, weil
   a. es dort viele steile Klippen und Buchten gibt.
   b. man dort im Atlantik gut schwimmen kann.
   c. es dort weniger regnet.

4. In Irland gibt es
   a. keine Golfplätze, und Steffen findet das nicht gut.
   b. einige Golfplätze, und nach seiner Reise ist Steffen dort Mitglied (*a member*).
   c. einige Golfplätze, aber Steffen mag Golf nicht.

5. Die Leute in Irland
   a. sind sehr freundlich und singen manchmal in den Pubs.
   b. sind freundlich, aber unterhalten sich nicht gern mit Fremden.
   c. gehen kaum in Pubs, aber oft zu Konzerten.

12-2 Andrea, Heike und Mike gehen in dieselbe Klasse. Die Klasse plant eine Klassenfahrt, und sie unterhalten sich darüber, wohin sie fahren können. Hör ihrem Gespräch zu, und entscheide anschließend, ob die Sätze unten richtig oder falsch sind!

Richtig oder Falsch?

_____ 1. Heike will nicht mit der Klasse in die USA fahren, weil das zu teuer ist.

_____ 2. Mike würde lieber in Spanien im Gebirge wandern gehen.

_____ 3. Heike hat gehört, dass die Ostsee interessante Klippen und eine Steilküste mit „Kreidefelsen" hat.

_____ 4. Sie wollen mit dem Auto die Insel Hiddensee besichtigen.

_____ 5. Andrea würde gern in einem Hotel mit Golfplätzen, Tennisplätzen und Pools übernachten.

_____ 6. Heike und Mike stimmen Andrea zu und wollen auch im Hotel übernachten.

Additional Listening Activities

■ Zweite Stufe

12-3 Dieter erzählt seiner Oma von seinem nächsten Urlaub. Oma will alles wissen und gibt viele Anregungen. Hör dir das Gespräch an, und beantworte danach die Fragen!

1. Was macht Dieter dieses Jahr im Urlaub?
   a. eine Schiffsreise
   b. eine Fahrradtour
   c. eine Reise mit seinem neuen Auto

2. Wohin fährt er?
   a. an die Nordsee
   b. durch ganz Deutschland
   c. nach Mecklenburg und an die Ostsee

3. Wo übernachtet Dieter im Urlaub?
   a. in einer Pension
   b. in einem Hotel
   c. im Zelt

4. Die Oma sagt, was Dieter mitnehmen soll:
   a. eine lange Hose und einen dicken Pulli für kühle Tage.
   b. viele Sachen.
   c. viele Socken.

5. Die Oma sagt, dass Dieter
   a. keinen Sonnenschutz braucht.
   b. einen Regenschirm braucht.
   c. eine Wetterjacke braucht.

6. Die Oma sagt, dass
   a. Dieter ungekochtes Wasser trinken kann.
   b. er sich vor der Reise ausruhen soll.
   c. er vor der Reise viel Sport machen soll.

Komm mit! Level 2, Chapter 12

Name _____ Klasse _____ Datum _____

12-4 Eine Zeitung macht eine Umfrage um herauszufinden, was die Deutschen am liebsten essen. Ein Reporter fragt mehrere Personen auf der Straße, was sie gern essen und was nicht so gern. Hör dir drei Sprecher an und schreib in die Tabelle, was sie mögen und was nicht. (Notier das Land und auch die Speisen. Gib auch die Gründe an, die gesagt werden, warum jemand ein bestimmtes Essen mag oder nicht mag!)

	Was ich mag:	Was ich nicht mag:
Anke		
Michael		
Steffen		

■ Dritte Stufe

12-5 Anke und Thorsten berichten, was sie diesen Sommer im Urlaub machen wollen, und welche Kleidung sie brauchen. Hör dir an, was die beiden sagen, und füll die Tabelle unten aus!

	Anke	Thorsten
1. Was wollen sie machen (und wo)?		
2. Was für Klamotten nehmen sie mit?		
3. Lieblingsbekleidung		
4. Was nehmen sie <u>nicht</u> mit?		

Additional Listening Activities

12-6 Im Jugendradio können Schüler vor den Sommerferien anrufen, wenn sie jemanden für ihren Urlaub suchen. Sie müssen sich kurz vorstellen und ihre Wünsche nennen. Du hörst jetzt drei Schüler. In der Tabelle unten kreuze an, welche Äußerung in der linken Spalte von welchem Schüler stammt.

	Karin	Jan	Susanne
faulenzen, Bücher lesen			
mit der Bahn fahren			
in Jugendherbergen übernachten			
camping gehen			
ins Theater gehen			
im Hotel wohnen			
in Museen, Kirchen, Schlösser gehen			
tanzen oder ins Kino gehen			
sich am Strand sonnen			
in Zoos oder Parks gehen			
wandern oder bergsteigen			
Tennis spielen			

Scripts and Answers for Textbook Listening Activities and Additional Listening Activities

Erste Stufe

6 Hör gut zu!, p. 9

1. Immer freundlich, sehr sympathisch und vor allem immer gut gekleidet. Liebt vor allem bunte Sachen; geht sehr gern aus.
2. Nicht sehr groß, blond, sehr ruhig und vor allem sehr tierlieb. Reitet furchtbar gern und hat sogar ein eigenes Pferd.
3. Nett und freundlich. Steht auf Jeanskleidung. Alle lieben die blonden Locken. Hilft anderen Leuten furchtbar gern; repariert die Fahrräder von Familie und Freunden.
4. Schlank und sehr attraktiv, immer lächelnd, braune Haare, die gewöhnlich mit einem Stirnband zusammengehalten werden. Liebt schicke Sachen, vor allem Lederklamotten.
5. Superschlank und sportlich. Ein Stirnband hält beim Skilaufen die dunklen Haare zusammen — hier natürlich beim Grasskilaufen.

Answers to Activity 6
a. 4   b. 3   c. 5   d. 2   e. 1

10 Hör gut zu!, p. 11

1. Also, ich heiße Johannes, bin 16 Jahre alt, 1,70 groß, schlank, und ich habe braune Haare. Ich spiele Squash ... ja, was noch? Mein Hobby ist, ja, das hört sich vielleicht komisch an: ich sammle Ansichtskarten. Ich habe schon so viele Karten, Karten aus der ganzen Welt. Das Hobby ist toll: ich lerne sehr viel über Geographie und wie es in der Welt aussieht.
2. Mein Name ist Monika. Ich bin 15, werde aber im nächsten Monat 16. Ja, wie sehe ich aus? Blonde, lockige Haare hab ich, ich trag eine Brille. Meine Klassenkameraden sagen, ich bin furchtbar intelligent. Warum, das weiß ich auch nicht. Vielleicht, weil ich gut in Mathe bin und eigentlich immer eine Eins schreibe.
3. Heike ist mein Name, und ich bin 17 Jahre alt. Ich bin nicht sehr groß, nur 1,55, aber vielleicht wachse ich noch. Ich habe schwarze Haare, ja, was soll ich noch über mich sagen? Ach ja, ich sehe schlecht, sehr schlecht sogar, und ich muss Kontaktlinsen tragen. Mein Hobby ist Kochen — ich koche sogar sehr gern. Das hab ich von meinem Vater; er ist Chefkoch in einem großen, noblen Restaurant. Ja, und wie sieht's mit Sport aus? Radfahren, und ab und zu spiele ich auch Tennis.
4. Ich heiße Dieter Maier — Maier mit *a i* — ich bin 16 Jahre alt. Wie ich aussehe? Meine Freunde sagen: blöd! Na ja, ich hab lange, blonde Haare, die ich mir hinten zusammenbinde. Ich habe braune Augen, sehe sehr gut; dann bin ich ein guter Basketballspieler und spiele in unserer Schulmannschaft. Hobbys? Ich lese sehr gern, alles über Tiere. Tiergeschichten aus Afrika, Indien und so — ja, das ist es wohl. Tja!

Answers to Activity 10
1. Johannes: 16; 1,70 groß; braune Haare; schlank; spielt Squash; sammelt Ansichtskarten
2. Monika: 15; blond; trägt eine Brille; furchtbar intelligent; gut in Mathe
3. Heike: 17; nicht sehr groß; 1,55; schwarze Haare; trägt Kontaktlinsen; kocht sehr gerne; fährt sehr gerne Rad; spielt Tennis
4. Dieter: 16; sieht blöd aus; lange, blonde Haare; braune Augen; guter Basketballspieler in Schulmannschaft; liest gern Tiergeschichten

20 Hör gut zu!, p. 15

1. Mein Name ist Erika. Ich bin 16 und gehe aufs Gymnasium. Meine Lieblingsfächer sind Deutsch und Englisch, ja auch Biologie. In Bio hab ich sogar 'ne Eins. Physik hab ich überhaupt nicht gern, das Fach interessiert mich nicht.
2. Ich heiße Walter Neumann und bin 17 Jahre alt. Was ich in der Schule gern hab? Ja, das sind zuerst einmal die beiden Pausen, weil ich da ... da kann ich mit meinen Klassenkameraden im Schulhof Tischtennis spielen. Na ja, Mathe hab ich schon gern, auch Geschichte, aber Biologie ist absolut furchtbar.
3. Ich bin der Jörg, bin 16 Jahre alt und gehe hier auf die Realschule. Meine Lieblingsfächer sind Musik, weil ich später mal in einer Band spielen möchte. Andere Fächer? Deutsch ist soso, und Englisch geht gerade noch. Aber Mathe — furchtbar! Ich bekomme immer 'ne Fünf!

Answers to Activity 20
1. Erika: 16; Gymnasium; Lieblingsfächer Deutsch, Englisch und Biologie; hat eine Eins in Bio; interessiert sich nicht für Physik
2. Walter: 17; hat die beiden Pausen gern; Tischtennis; mag Mathe und Geschichte, aber nicht Bio
3. Jörg: 16; Realschule; Lieblingsfach Musik; will mal in einer Band spielen; mag Deutsch und Englisch ein bisschen; hat eine Fünf in Mathe

24 Hör gut zu!, p. 15

JÖRG Mein Zimmer ist sehr nett. Es ist groß, hat zwei große Fenster. Ich hab also viel Sonne im Zimmer. Meine Möbel sind okay, Bett, Schrank, der Sessel ist ganz neu, hab ich zum Geburtstag bekommen. Jetzt kann ich also ganz bequem im Sessel sitzen und Video schauen, wenn ich nicht selbst Musik mache.

ERIKA Ja, ich habe ein schönes Zimmer, klein, aber sehr gemütlich. Ich habe einen super Schrank, ganz alt, den hab ich von meiner Oma. Dann hab ich noch einen kleinen Schreibtisch im Zimmer, zwei Stühle und eine Couch — das ist mein Bett. Muss ich jeden Abend aufmachen, damit ich schlafen gehen kann.

Answers to Activity 24
Jörg: Bett, Schrank, Sessel   Erika: Schrank, Schreibtisch, Stühle, Couch

Zweite Stufe

34 Hör gut zu!, p. 19

Der Sommerschlussverkauf beginnt offiziell nächsten Montag, aber wir haben schon jetzt unsere Preise reduziert — für Sie, liebe Kunden — damit Sie jetzt schon in Ruhe bei uns einkaufen können. Unser Angebot ist groß: T-Shirts in allen Größen und Farben und schon ab 12 Mark. Die Sensation in unserer Jugendabteilung sind Polohemden aus reiner Baumwolle, mit halbem Ärmel, ideal für die heißen Sommertage. Und auch der Preis ist heiß: nur 18 Mark 50! In der Jeansabteilung finden Sie alle Marken und Größen — aber zu kleinen Preisen. Jeans schon ab 36 Mark! Eine Sensation im Junior-Shop: Pullover für die kühlen Herbsttage. Aus Polyacryl. Leider nur in drei Farben: Blau, Grün und Rot. Aber dafür zum einmaligen Preis von nur 20 Mark! Und noch ein ganz heißer Tip: Cowboystiefel — die Sensation — in Braun und in Schwarz. Viele Größen und schon ab 120 Mark! Sie fühlen sich wie im Westen Amerikas! Also, nichts wie zum Sport-Bauer, das moderne Sportgeschäft, das Ihre Wünsche erfüllt!

Answers to Activity 34
T-Shirts; Polohemden; Jeans; Pullover; Cowboystiefel

Dritte Stufe

36 Hör gut zu!, p. 23

PETRA Also, meistens gehe ich am Samstagnachmittag schwimmen. Wenn das Wetter schön ist, zum Beispiel im Sommer, dann gehen wir ins Freibad, sonst ins Hallenbad. Danach gehen wir meistens in die Stadt zum Bummeln oder Eis essen.

SVEN Ich hab jeden Samstag Fußballtraining von drei bis halb fünf. Entweder fahre ich mit dem Rad oder ich jogge dorthin, als Aufwärmtraining, bevor wir mit dem Spiel anfangen. Nach dem Training gehen wir meistens was trinken.

MARTINA Also, ich geh samstags immer mit meiner Freundin in die Nachmittagsvorstellung ins Kino. Vorher lese ich immer die Wochenendausgabe der Zeitung. Da sind auch alle Kinoprogramme drin.

Answers to Activity 36
Petra: schwimmen, bummeln, Eis essen
Sven: Fußballtraining, Rad fahren, joggen, etwas trinken gehen
Martina: Kino, Zeitung lesen

42 Hör gut zu!, p. 24

1. A: Worauf hast du denn Appetit?
   B: Du, ich weiß nicht! Ich hab aber großen Hunger.
   A: Also, ich möchte heute mal etwas Italienisches, eine Pizza vielleicht. Ich glaube, ich nehme die zu acht fünfzig.
2. A: Wo kann ich nur einen Spitzer und einen Radiergummi kaufen?
   B: Komm mit! Da an der Ecke ist ein Schreibwarengeschäft. Da kriegst du alles, was du brauchst.
3. A: Ich brauch unbedingt etwas, was zu meiner Jeans passt, eine Bluse oder ein T-Shirt vielleicht.
   B: Geh doch zum Sport-Bauer! Der hat diese Woche tolle Sonderangebote. Die Ware ist echt gut, und die Preise sind stark reduziert.
4. A: Wie spät ist es denn?
   B: Du weißt doch, meine Uhr ist kaputt.
   A: Dann kauf dir halt eine neue! Ich weiß, wo du sogar eine Solaruhr für 12 Mark bekommst.
5. A: Ich sitz gern in diesem Café. Der Kaffee riecht hier immer so gut.
   B: Stimmt! — Hm, ich glaub, dass ich heute einen Eiskaffee trinke. Es ist so heiß draußen, und ich möchte unbedingt etwas Kaltes.

Answers to Activity 42
a. 3   b. 4   c. 5   d. 1   e. 2

Answers to Activity 43
Ich möchte heute mal ... ; Ich glaube, ich nehme ... ; Wo kann ich ... kaufen?; Ich brauch unbedingt ... ; Ich möchte unbedingt ...

Scripts for Additional Listening Activities

Additional Listening Activity 1-1, p. 7

Ja, die Julia. Ich kann die Julia gut leiden. Sie ist immer freundlich und nie schlecht gelaunt. Sie ist auch sehr gut in der Schule. Ihre Mutter sagt manchmal, dass Julia zu Hause nicht oft hilft, weil sie keine Zeit hat. Ich denke, sie ist manchmal zu Hause etwas faul. Ich weiß auch, dass sie nicht gern kocht. Aber Julia macht auch viel Sport. Sie geht fechten, und ich glaube, das macht ihr viel Spaß. In der Schule ist sie auch sehr gut in Sport, zum Beispiel im 100-Meter-Lauf und im Weitsprung. Manchmal machen wir auch Hürdenlauf in der Schule, und sie ist dann meistens die beste. Ich glaube aber, im Kugelstoßen und Diskuswerfen ist sie nicht so gut.

Obwohl die Julia und Anke Zwillinge sind, sind sie sehr verschieden. Anke kann ich auch gut leiden. Sie ist zwar nicht immer gut gelaunt, aber sie ist meistens lustig und sympatisch. In der Schule ist sie wohl etwas faul. Sie ist auch nicht so gut wie Julia. Aber sie ist trotzdem intelligent, glaube ich. Sie ist dafür zu Hause sehr fleißig, sie hilft ihrer Mutter viel. Sie kocht auch gern und sehr oft. Im Gegensatz zu Julia ist sie im Sport besonders gut im Kugelstoßen und Speerwerfen. Aber Anke macht Langstreckenlaufen und Stabhochsprung nicht gern. Im 100-Meter-Lauf ist sie auch nicht gut. Anke ist in keinem Sportklub. Sie spielt Klavier und geht zweimal in der Woche zum Klavierunterricht.

Additional Listening Activity 1-2, pp. 7–8

Also, da drüben, das ist der *Frank*, der mit den schwarzen Haaren. Er hat heute eine blaue Jacke und schwarze Jeans an. Frank ist sehr schlank, aber nicht sehr groß. Ich weiß, dass er viel Sport macht, nämlich Langstreckenlaufen. Er hört auch gern Rockmusik, vor allem R.E.M., so wie ich.

Und dann ist da noch der *Michael*, der mit den blauen Jeans und der roten Jacke. Du kannst ihn gut sehen, weil er sehr groß ist. Er hat blonde Haare. Sport macht er nicht gern, er kocht lieber.

Außerdem sehe ich noch den *Klaus*. Das ist der mit der blauen Jacke und den blauen Jeans, der Kleine mit den dunklen Haaren. Er ist oft mit Frank zusammen, weil er auch Sport macht. Die beiden machen Langstreckenlauf zusammen, aber sonst sind die sehr verschieden.

Auch *Thomas* kann ich gut leiden, das ist der schlanke Kleine mit den schwarzen Haaren. Er mag Rockmusik auch, seine Lieblingsgruppe ist auch R.E.M. Er macht auch viel Sport, vor allem Langstreckenlauf. Heute hat er eine blaue Jacke und schwarze Jeans an.

Ach, übrigens, zwei von den vier sind Zwillinge.

Additional Listening Activity 1-3, pp. 8–9

ANNETTE Sieh mal, was ich hier habe.
BRENDA Eine Mütze? Na, *die* sieht aber altmodisch aus!
ANNETTE Ja, ich weiß, ich hab sie ja auch von meiner Oma.
BRENDA Und wozu brauchst du die?
ANNETTE Na, am Sonnabend ist doch die Party bei Claus, die Faschingsparty.
BRENDA Eine Faschingsparty?
ANNETTE Ja, wir sollen uns alle was Verrücktes anziehen, also keine normalen Klamotten wie Jeans oder T-Shirt oder so.
BRENDA Ach, da muss ich an Mardi Gras denken, wo ich letztes Jahr war, das war ein toller Fasching.
ANNETTE Ja, ich weiß, davon hast du mir schon tausendmal erzählt. So ein großer Fasching wird natürlich die Party nicht. Was ist, kommst du auch mit?
BRENDA Na, ich weiß nicht, ich habe gar keine verrückten Klamotten.

ANNETTE	Ach, ich habe viele Sachen hier von meiner Oma. Sieh mal, hier habe ich einen interessanten roten Hut, ist der nicht toll? Probier den doch mal auf!
BRENDA	Der ist so groß. Ich glaube nicht, dass der mir passt.
ANNETTE	He, der sieht stark aus. Der passt prima. Sieht Spitze aus. He, hier habe ich auch noch eine Halskette für dich. Möchtest du die?
BRENDA	Zeig mal! Meinst du, die passt zum Hut? Die ist doch blau und grün, und der Hut ist rot.
ANNETTE	Na, eben. Eh, das ist genau das Richtige für Fasching, da muss nicht alles zusammenpassen. Sieh mal, was ich anziehe: Ich hab hier einen grünen, kurzen Rock aus Leder und dazu rote Socken!
BRENDA	Uh, das ist ja furchtbar!
ANNETTE	Ich find das lässig zum Fasching. Und außerdem trage ich ein blaues, langes Hemd von meinem Vater, das ist mir viel zu weit. Von meiner Oma habe ich den langen Schal hier, gelb und grün gestreift, ist das nicht fesch?
BRENDA	Na ja ...
ANNETTE	Und dann habe ich hier große, gelbe Ohrringe, die ich dazu tragen werde.
BRENDA	Die finde ich lässig. Hast du vielleicht auch noch welche für mich?
ANNETTE	Ja, hier, wie gefallen dir die großen blauen?
BRENDA	Na, es geht. Hast du vielleicht auch rote?
ANNETTE	Ja, hier. Möchtest du die haben für den Fasching?
BRENDA	Ja, gern, und den Hut vielleicht auch, und die anderen Klamotten finde ich bestimmt bei meiner Mutter im Schrank ...
ANNETTE	Ja, klar. Ich freu mich, dass du zur Party mitkommst. Das wird bestimmt lustig, wenn auch nicht ganz so toll wie Mardi Gras!

Additional Listening Activity 1-4, p. 9

MARTHA	Hallo, Lisa, wie geht's?
LISA	Hallo, Martha. Mir geht's prima. Und dir?
MARTHA	Ja, mir geht's auch gut. Eh, du hast ja 'ne schicke Halskette.
LISA	Meinst du?
MARTHA	Ja, gefällt mir wirklich gut.
LISA	Die habe ich gestern im Sonderangebot bei C&A gekauft.
MARTHA	Ach ja, was hat die denn gekostet?
LISA	Nur 11 Mark, sehr preiswert. Ich habe mir auch noch das Armband hier gekauft. Das hat 7 Mark gekostet.
MARTHA	Ach ja, das ist aber wirklich nicht teuer. Ja, das Armband gefällt mir auch sehr gut, es passt gut zu der Kette.
LISA	Es gab dort fast alles im Sonderangebot, zum Beispiel Handtaschen.
MARTHA	Ach, wirklich? Ich möchte mir eine neue Handtasche kaufen, vielleicht soll ich mal zu C&A gehen.
LISA	Ja, die haben dort wirklich eine große Auswahl. Und sie sind auch nicht teuer. Ich habe eine tolle Handtasche aus Leder für 17 Mark gesehen.
MARTHA	Ja, wirklich?
LISA	Ja, und es gibt auch noch Mützen für 15 bis 20 Mark und Schals, die kosten zwischen 7 und 10 Mark, sehr preiswert.
MARTHA	Haben die auch Stirnbänder?
LISA	Ja, in allen Farben, so für 5 bis 8 Mark. Ich habe mir auch neue Ohrringe gekauft!
MARTHA	Was? Ohrringe hast du auch gekauft?
LISA	Ja, sie haben nur 6 Mark gekostet, und sie passen gut zur Kette und dem Armband.
MARTHA	Ich muss dann direkt nach der Schule zu C & A gehen, und mir auch etwas Neues kaufen.
LISA	Ja, klar. Das klingt gut!

Additional Listening Activity 1-5, pp. 9–10

JOCHEN	So, und was, meinst du, sollen wir kochen, Holger?
HOLGER	Einen Moment! Erst mal sehen, ob meine Mutter vielleicht schon was gekocht hat. Manchmal macht sie das am Morgen, wenn sie Zeit hat, bevor sie zur Arbeit geht. Meistens kocht sie Suppe. Siehst du einen Topf auf dem Ofen in der Küche?
JOCHEN	Nein, hier ist nichts.

HOLGER	Mmh, vielleicht hat sie etwas in den Kühlschrank gestellt. Ich sehe gleich mal nach. *(opens the refrigerator)* Nein, sieht nicht so aus. Na, da müssen wir eben selbst was kochen.
JOCHEN	Was willst du kochen?
HOLGER	Wollen wir eine Suppe kochen?
JOCHEN	Vielleicht lieber was anderes? Wenn ich Suppe koche, mache ich immer was falsch. Ich habe gestern erst zu Hause Suppe gekocht, und die hat überhaupt nicht geschmeckt ...
HOLGER	Wieso denn nicht?
JOCHEN	Na ja, meine Mutter hatte die Suppe schon früh gekocht, und ich sollte sie nur noch warm machen. Aber ich dachte, dass noch kein Salz drin war und habe die Suppe noch mal gesalzen, aber meine Mutter hatte schon Salz reingetan.
HOLGER	Na, da war die Suppe bestimmt schön salzig!
JOCHEN	Ja, ich kann dir sagen. Ich konnte die Suppe fast nicht essen. Aber ich hatte so einen Hunger, dass ich dann doch einen Teller von der Suppe gegessen habe. Und dann kam meine Mutter von der Arbeit und wollte auch Suppe essen.
HOLGER	Und?
JOCHEN	Sie hat eine neue Suppe gekocht.
HOLGER	Ach, ihr war sie also auch zu salzig, wie's scheint. Ha, das ist ja lustig. Also gut, Suppe essen wir dann heute nicht. Was willst du denn gerne essen?
JOCHEN	Vielleicht können wir Spaghetti kochen?
HOLGER	Ja, das ist eine gute Idee. Wir haben Spaghetti da, die wir kochen können und auch Soße, glaube ich. Und Salz auch, aber das Salz werde ich wohl lieber in die Spaghetti tun.
JOCHEN	Ja, wenn ich das Salz reintue, werden vielleicht auch die Spaghetti zu salzig, und es wird genauso wie mit der Suppe.

Additional Listening Activity 1-6, p. 10

HEIKO	Eh, Mike, ich bin wirklich erschöpft. Ich bin froh, dass die Sportstunde vorbei ist.
MIKE	Oh ja, Heiko, ich auch. Sport in der 6. Stunde ganz am Ende vom Schultag mag ich überhaupt nicht. Und heute ist es auch noch so warm, und bei dieser Hitze müssen wir draußen rennen! 10 Minuten Langstreckenlauf, und das am Ende der Stunde!
HEIKO	Ja, und davor noch 100-Meterlauf, Weitsprung und Diskuswerfen, und alles in 45 Minuten, das war ein bisschen zu viel.
JULIA	Ach, nun hört bloß auf zu jammern. Sport hält euch schließlich fit und gesund.
HEIKO	Ja, ja. Aber nicht, wenn ich am Ende der Stunde kaputt bin und mir alles wehtut. Morgen habe ich bestimmt einen tollen Muskelkater.
MIKE	Ja, Julia, und außerdem kannst du hier überhaupt nicht mitreden. Ihr Mädchen wart ja drin in der Sporthalle und habt Volleyball gespielt, nicht?
JULIA	Ja, aber das war auch anstrengend. Schließlich ...
MIKE	Aber ihr wart nicht in der Hitze draußen. In der Halle ist es ja immer schön kühl.
JULIA	Na, dieses Mal hatten wir eben das Glück, in der Halle zu sein. Am Freitag aber werden wir draußen sein auf dem Sportplatz. Unser Sportlehrer hat gesagt, dass wir da Speerwerfen und Weitsprung machen werden.
HEIKO	Na, ihr habt bestimmt Glück mit dem Wetter. Am Freitag ist es bestimmt nicht so heiß draußen. Normalerweise macht die Sportstunde Spaß, aber heute war es ja schrecklich. Ich muss jetzt erst mal nach Hause und unbedingt etwas trinken. Ich habe solchen Durst!
MIKE	Ja, du, ich auch. Ich möchte am liebsten zehn Flaschen Limonade auf einmal trinken.
JULIA	Ja, nach Hause gehe ich auch erst einmal. Und was wollt ihr am Nachmittag machen?
MIKE	Faulenzen, natürlich. Ich bin so müde und geschafft vom Sport.
HEIKO	Ich glaube, ich will auch nur faulenzen heute, und später werde ich dann meine Hausaufgaben machen.
JULIA	Ach, mit euch ist ja nichts los. Heute Nachmittag spielen wir Mädchen doch Handball gegen die Mädchen der 8b. Wollt ihr euch das nicht ansehen? Das wird bestimmt spannend.
MIKE	Ach, nur keinen Sport heute mehr. Mir reicht's.
HEIKO	Ja, ich habe auch genug vom Sport heute.
JULIA	Na, ich gehe jedenfalls zum Handballspiel heute. Und sicher werden wir auch gewinnen, wenn ihr nicht da seid.

Answers to Additional Listening Activities

Additional Listening Activity 1-1, p. 7

Julia, positive Eigenschaften: freundlich, nie schlecht gelaunt, intelligent, fleißig, kann gut fechten, gut im Sport (100-Meter-Lauf, Weitsprung, Hürdenlauf)
negative Eigenschaften: zu Hause faul, kocht nicht gern, nicht gut im Kugelstoßen, Diskuswerfen
Anke, positive Eigenschaften: lustig, intelligent, fleißig zu Hause, kocht gern, gut im Kugelstoßen, Speerwerfen, spielt Klavier
negative Eigenschaften: nicht immer gut gelaunt, faul in der Schule, nicht besonders gut im Sport

Additional Listening Activity 1-2, pp. 7–8

Frank: wearing a blue jacket and black jeans, has black hair, is not very tall, slim, likes sports and is a long distance runner. He likes rock and roll music, in particular the group R.E.M.
Michael: wearing blue jeans and a red jacket, has blond hair, is very tall, likes to cook, dislikes sports.
Klaus: wearing blue jeans and a blue jacket, has dark hair, is short, active in sports and is a long distance runner; likes rock and roll and the group R.E.M.
Thomas: wearing a blue jacket and black jeans, has black hair, likes sports, is a long distance runner, and likes rock and roll music, especially the group R.E.M.
Frank und Thomas sind Zwillinge.

Additional Listening Activity 1-3, pp. 8–9

1. b   2. c   3. a   4. b   5. a   6. c   7. c

Additional Listening Activity 1-4, p. 9

1. Halskette, 11 Mark
2. Armband, 7 Mark
3. Handtasche, 17 Mark
4. Mützen, 15 bis 20 Mark
5. Schals, 7 bis 10 Mark
6. Stirnbänder, 5 bis 8 Mark
7. Ohrringe, 6 Mark

Additional Listening Activity 1-5, pp. 9–10

1. stimmt
2. stimmt nicht: She didn't cook anything. Holger suggested that they cook soup.
3. stimmt nicht: Jochen put extra salt in the soup.
4. stimmt
5. stimmt nicht: His mother cooked more soup because the other soup was too salty.
6. stimmt nicht: Holger has spaghetti at home.

Additional Listening Activity 1-6, p. 10

1. stimmt
2. stimmt nicht: They thought it was too strenuous.
3. stimmt
4. stimmt nicht: The girls were playing volleyball in the gymnasium.
5. stimmt nicht: On the next gym day, the girls will be doing the shot-put and the long jump.
6. stimmt nicht: The boys want to relax and only Julia wants to play handball.

Erste Stufe

5 Hör gut zu!, p. 33

1. JUTTA Ja, ich muss zu Hause schon was helfen. Also, ich putze das Badezimmer ein- oder zweimal in der Woche. Dann gehe ich nachmittags auch einkaufen oder zur Post, je nach-dem, was so anfällt. Außerdem sortiere ich den Müll und bringe die Glasflaschen zum Container. Das geht nur bis 18 Uhr, danach darf man's nicht mehr, wegen Lärmschutz!

2. ROLF Ja, also ich hab noch zwei Geschwister, und bei uns muss jeder was zu Hause machen. Diese Woche bin ich mit der Küche dran, das heißt Tisch decken, Geschirr spülen, abtrocknen und so. Besonders Spaß macht das nicht, aber ich find's okay, damit meine Eltern nach ihrem Job auch mal relaxen können und nicht direkt zu Hause weiterarbeiten müssen.

3. FRANZ Helfen? Ja, direkt helfen muss ich eigentlich nicht so viel. Wir haben nämlich eine Putzfrau. Die kommt zweimal pro Woche und macht eigentlich alles sauber. Meine Eltern wollen lieber, dass ich für die Schule lerne. Aber ab und zu mache ich schon etwas zu Hause, zum Beispiel den Rasen mähen und die Garage aufräumen.

4. CHRISTIANE Ja, ich muss 'ne ganze Menge zu Hause machen. Das find ich echt nicht fair, denn von meinen Freundinnen muss niemand so viel zu Hause machen wie ich! Ich muss mein Zimmer aufräumen, das versteh ich ja noch, aber dann muss ich auch Staub wischen, Staub saugen, den Geschirrspülautomaten leer machen, die Wäsche zusammenfalten, manchmal auch bügeln. Andauernd gibt es was zu tun. Das nervt mich ehrlich!

Answers to Activity 5
1. Badezimmer putzen; einkaufen; zur Post gehen; Müll sortieren; Glasflaschen zum Container bringen
2. Tisch decken; Geschirr spülen; abtrocknen
3. Rasen mähen; Garage aufräumen
4. Zimmer aufräumen; Staub wischen; Staub saugen; Geschirrspülautomaten leer machen; Wäsche falten; bügeln

11 Hör gut zu!, p. 34

1. DANIELA Hast du Lust, am Samstagabend ins Kino zu gehen? Der neue Steven Spielberg-Film läuft im Roxi.
    ILSE Du, ich kann leider nicht, ich bin auf eine Fete eingeladen.

2. PETER Hallo Martin! Am Sonntag fahr ich nach Garmisch zum Skilaufen. Du kannst mitfahren, wenn du willst.
    MARTIN Super! Danke für die Einladung!

3. KLAUS He, wir wollen am Wochenende mit der Clique segeln gehen. Willst du mitkommen?
    MAX Oh Mann, ich kann überhaupt nicht segeln! Aber ich komm doch mit, okay?

4. CHRISTINE Ich hab gehört, dass *Guns 'n Roses* bald auf Konzerttour gehen. Die kommen auch nach München. Ich geh auf jeden Fall hin. Kommst du mit?
    ANNETTE Nein, ganz bestimmt nicht! Ich find die Musik schrecklich!

Answers to Activity 11
1. declines   2. accepts   3. accepts   4. declines

18 Hör gut zu!, p. 36

Sag mal, wie kann ich dir helfen? Was kann ich für dich tun?

1. CORDULA Du kannst mir beim Einkaufen helfen. Meine Mutter hat hier eine Liste gemacht von allem, was sie braucht. Hol das Brot und den Kuchen beim Bäcker und geh auch zum Metzger, wenn du noch Zeit hast! Den Rest besorg ich dann im Supermarkt.

2. ULRICH Kannst du meinen kleinen Bruder für mich aus dem Kindergarten holen? Ich habe nämlich heute einen Termin beim Friseur und schaffe es einfach nicht rechtzeitig.

3. LUTZ Weißt du, was du tun kannst? Du kannst mir bei meinen Hausaufgaben helfen! Die Matheaufgaben sind mir viel zu kompliziert. Und wenn du damit fertig bist, kannst du mir helfen, meine Englischvokabeln zu lernen. Danach können wir dann zusam-men den Tisch für das Abendessen decken.

Answers to Activity 18

1. beim Bäcker und Metzger einkaufen
2. Bruder aus dem Kindergarten holen
3. bei Matheaufgaben helfen; bei Englischvokabeln helfen; Tisch decken

Zweite Stufe

24 Hör gut zu!, p. 40

1. BRUNO   Ja, also heute hab ich Küchendienst und muss was zu essen kochen. Wir haben zu Hause nur noch zwei oder drei Kartoffeln. Das reicht nicht. Also muss ich einen 3-Kilo-Beutel Kartoffeln besorgen und noch etwas anderes Gemüse dazu, am liebsten mag ich grüne Bohnen. Und dann brauch ich noch ein Hähnchen. Ich glaub, ich hole außerdem noch Tomaten und einen Bund Radieschen. Das Gemüse kaufe ich im Gemüseladen, und das Hähnchen hole ich vom Supermarkt um die Ecke.

2. HEIDI   Also, ich kaufe heute nur das ein, was der Supermarkt Bausinger im Sonderangebot hat! Heute sind die Erdbeeren billig, die hol ich ganz bestimmt. Außerdem gibt es dort den Kopfsalat für nur 99 Pfennig! Ja, und dann nehme ich noch das Hackfleisch und die Butter aus dem Angebot. Eigentlich brauch ich auch noch ein Brot, aber das hol ich lieber beim Bäcker!

Answers to Activity 24

1. im Gemüseladen: Kartoffeln, grüne Bohnen, Tomaten, Radieschen; im Supermarkt: Hähnchen
2. im Supermarkt Bausinger: Erdbeeren, Kopfsalat, Hackfleisch, Butter; beim Bäcker: Brot

27 Hör gut zu!, p. 42

Frische Radieschen, ein Bund nur 79 Pfennig! Knackfrischer Kopfsalat! Garantiert ohne Pestizide! Zwei Köpfe für eine Mark! Neue Kartoffeln, frisch aus der Erde! Pro Beutel nur 2,99! Holländische Treibhaustomaten! Ein halbes Pfund für zwei Mark! Junge Zucchinis! Direkt vom Gemüsebauer! Vier Stück für nur drei Mark zwanzig! Zwiebeln und Karotten im 5-Kilo-Beutel für jeweils drei Mark!

Answers to Activity 27

Radieschen, Kopfsalat, Kartoffeln, Tomaten, Zucchinis, Zwiebeln, Karotten

29 Hör gut zu!, p. 42

1. GABI   Also, ich habe mir gerade ein halbes Pfund süße italienische Trauben auf dem Markt am Rathausplatz gekauft. Dort ist das Obst immer frisch, und man kann es vorher auch probieren!

2. WOLFGANG   Die Kirschtorte hier ist von der Bäckerei am Stadttor. Die haben die leckersten Backwaren der ganzen Stadt! Jeder sagt, dass sie dort am besten schmecken.

3. UDO   Ich war heute beim Metzger Gutmann und habe einen Haufen Aufschnitt gekauft, also Salami, Kalbsleberwurst, gekochten Schinken und Corned Beef. Ich kaufe Wurst lieber beim Metzger als im Supermarkt, weil der Metzger viele verschiedene Sachen hat.

4. URSULA   Heute bin ich für meine Mutter einkaufen gegangen, lauter Konservendosen, als Vorrat für die Speisekammer! Also, Pilze, grüne Bohnen, Tomatenpüree, Mais, alles in Dosen. Ich hab das ganze Zeug bei Aldo-Discount geholt. Dort ist es am billigsten!

Answers to Activity 29

a) 1: Markt am Rathausplatz; 2: Bäckerei am Stadttor; 3: Metzger Gutmann; 4: Supermarkt Aldo-Discount
b) 1: Obst frisch, und man kann es probieren; 2: schmeckt lecker; 3: viele verschiedene Sachen; 4: billig

Dritte Stufe

31 Hör gut zu!, p. 45

1. VOLKER   Meine Schwester hat nächste Woche Geburtstag. Ich hol ihr einen Tennisschläger. Den wünscht sie sich schon lange, damit sie mit ihrer Freundin Tennis spielen kann.

2. RÜDIGER   Meine Oma und mein Opa feiern heute ihren 40-jährigen Hochzeitstag. Wir schenken ihnen ein Gemälde, das total gut in ihr Wohnzimmer passt.

3. ANJA Ich bin am Samstag auf 'ne Fete beim Jürgen, 'nem Schulkameraden, eingeladen, aber ich kenn den Typ leider überhaupt nicht so gut. Ich glaub, ich schenke ihm nichts, ich bring einfach nur Cola und Kartoffelchips oder Salzstangen mit!

4. CHRISTA Zu Weihnachten schenken meine Geschwister und ich meinen Eltern einen neuen Radiowecker. Der alte funktioniert nämlich manchmal nicht mehr!

Answers to Activity 31
1. Tennisschläger für die Schwester
2. Gemälde für Oma und Opa
3. nichts
4. Radiowecker für Eltern

34 Hör gut zu!, p. 46

1. RENATE Also, zum Geburtstag mag ich als Geschenk zum Beispiel eine CD, oder ein Abonnement für 'ne Zeitschrift, die ich gut finde. Was ich überhaupt nicht mag, sind so traditionelle Sachen wie Blumen oder Pralinen.

2. TANJA Ich mag Blumen unheimlich gern. Mein ganzes Zimmer ist voll von Pflanzen und Blumen, und ich freue mich immer, wenn ich welche zum Geburtstag kriege. Aber zum Beispiel neue Klamotten als Geschenk, mag ich überhaupt nicht. Mode ist mir nämlich total egal.

3. KONRAD Ich mag es gern, wenn es zu meinem Geburtstag eine Torte gibt, eine Schwarzwälder Kirschtorte genauer gesagt. So einen normalen Kuchen, wie zum Beispiel Nusskuchen, mag ich nicht. Es muss schon eine richtige Torte sein!

Answers to Activity 34
1. mag: CD, Abonnement für Zeitschrift; mag nicht: Blumen und Pralinen
2. mag: Blumen und Pflanzen; mag nicht: Klamotten
3. mag: Torte; mag nicht: Nusskuchen

37 Hör gut zu!, p. 47

1. OTTO Also, ich hab zum Geburtstag drei CDs geschenkt bekommen. Die mit der Country-Musik mag ich lieber als die von der Techno-Gruppe. Aber am liebsten hör ich die Heavy Metal CD.

2. HANS Wenn ich ins Kino gehe, seh ich mir normalerweise nur Actionfilme an. Die mag ich am liebsten. Aber wenn gerade keiner läuft, guck ich schon mal Slapstick-Komödien. Die mag ich auf jeden Fall lieber als so 'n kitschiges romantisches Zeug wie *Bodyguard!*

3. INGE Also, wenn mir jemand Bücher oder CDs zum Geburtstag schenken will, dann würde ich lieber Bücher haben. Mein Musikgeschmack ändert sich so schnell, aber wenn ich ein Buch gut finde, dann mag ich es eigentlich für längere Zeit. Am liebsten lese ich Sciencefictionromane.

4. MONIKA In der Pause hol ich mir am liebsten 'ne Pizza vom Imbiss. Aber wenn ich mir was von zu Hause mitbringe, dann nehm ich lieber Brezeln als ein langweiliges Butterbrot.

Answers to Activity 37
1. Country lieber als Techno; Heavy Metal am liebsten
2. Slapstick-Komödien lieber als Liebesfilme; Actionfilme am liebsten
3. Bücher lieber als CDs; Sciencefictionromane am liebsten
4. Brezeln lieber als Butterbrot; Pizza am liebsten

40 Hör gut zu!, p. 48

1. SABINE Hm, die Schokoladentorte ist wahnsinnig lecker! Ich glaub, ich nehme noch ein Stück!

2. THOMAS Also, dieser Hamburger war echt gigantisch! Ich bin total satt und mag meinen Joghurt nicht mehr!

3. SILKE Ich habe gerade fast eine ganze Flasche Mineralwasser ausgetrunken. Jetzt habe ich keinen Durst mehr!

4. MARKUS Ich nehme noch ein Brötchen mit Ei. Heute bin ich tierisch hungrig!

Answers to Activity 40
1. mehr   2. nichts mehr   3. nichts mehr   4. mehr

Scripts for Additional Listening Activities

Additional Listening Activity 2-1, p. 15

STEFFEN	He, endlich Ferien! Wahnsinn!
KLAUS	Ferien, hör bloß auf!
STEFFEN	Ah, entschuldige, du hast ja noch keine Ferien. Wie geht's denn so?
KLAUS	Ach, ich kann schon keine Bücher mehr lesen. Ich bin froh, wenn die Prüfungen vorbei sind.
STEFFEN	Ja, das glaube ich dir. Wann hast du denn die letzte Prüfung?
KLAUS	In drei Tagen ist die Chemieprüfung, danach ist es vorbei.
STEFFEN	Und die nächsten drei Tage musst du wohl noch lernen?
KLAUS	Ja, und ich habe noch so viele andere Sachen zu tun, mein Zimmer sieht schrecklich aus, die Garage muss ich auch aufräumen — Vater ist schon ganz wütend, wie du weißt.
STEFFEN	Kann ich dir irgendwie helfen? Ich hab doch jetzt Ferien und viel Zeit.
KLAUS	Ja, also ...
STEFFEN	Vielleicht kann ich die Garage für dich aufräumen?
KLAUS	Ja, wenn du willst?
STEFFEN	Ja, ist kein Problem. Soll ich auch das Moped putzen?
KLAUS	Na ja, wenn du möchtest? Aber bitte vorsichtig, vor allem, wenn du es polierst!
STEFFEN	Ja, klar! Kann ich sonst noch was für dich tun?
KLAUS	Mensch, so viel Hilfe von dir heute, das ist ja toll. Ja, warte mal. Freitags nachmittags bin ich doch immer mit Einkaufen dran. Das ist morgen. Vielleicht kannst du für mich mal einkaufen gehen?
STEFFEN	Klar, mache ich doch. Was soll ich denn einkaufen?
KLAUS	Hier ist die Liste, die mir Mutti heute Morgen gegeben hat.
STEFFEN	Ja, zeig mal! Was brauchen wir denn? *(reads)* Butter, Brot, Milch, Käse, Äpfel ... okay. Das mache ich, das ist kein Problem.
KLAUS	Mensch, das ist ja toll, dass du mir so hilfst. Da habe ich ja Zeit zu lernen.
STEFFEN	Ja, und ... dein Moped brauchst du dann wohl nicht die nächsten drei Tage?
KLAUS	Wieso?
STEFFEN	Na ja, ich dachte ... ich wollte mal fragen, ob ich vielleicht ...
KLAUS	Ach, du willst mein Moped die nächsten drei Tage fahren?
STEFFEN	Na ja, wenn du es nicht brauchst.
KLAUS	Nein, eigentlich nicht, ich muss ja sowieso lernen. Du kannst es gern fahren. Und außerdem, da du es sowieso putzen willst ... Übrigens, das Moped kannst du auch fahren, wenn du mir nicht hilfst.
STEFFEN	Nein, nein, das mit dem Helfen, das mache ich doch sowieso. Ich helf dir doch gern, weißt du doch.
KLAUS	Na, ich denke eher, du bist ein ganz schönes Schlitzohr!

Additional Listening Activity 2-2, pp. 15–16

HARTMUT	Mensch, ist das 'n Tag heute! Wunderbar! Findest du nicht, Dora? Was ist denn los mit dir? Geht's dir nicht gut?
DORA	Ach, schon, aber ich hab zu Hause so viel zu tun.
HARTMUT	Ach, und ich dachte, wir können heute schwimmen gehen. Heute ist schließlich Freitag, und morgen haben wir keine Schule. Kommst du nicht mit?
DORA	Na ja ... Nein, ich glaube, ich kann nicht.
HARTMUT	Was hast du denn zu tun?
DORA	Ach, meine Mutter hat mir vor zwei Wochen gesagt, dass ich mein Zimmer aufräumen soll und ...
HARTMUT	Ach, das sagt mir meine Mutter schon seit drei Wochen. Und außerdem kannst du das doch auch noch über-morgen machen, am Sonntag. Meinst du nicht? Wer weiß, ob das Wetter morgen noch so schön ist wie heute.
DORA	Na, ich hoffe, denn morgen muss ich Wäsche waschen.
HARTMUT	Was musst du machen? Wäsche waschen? Das macht bei uns zu Hause immer meine Mutter.
DORA	Ja, sonst macht das auch immer meine Mutter, aber ...
HARTMUT	Da musst du bestimmt auch die Wäsche trocknen, oder?
DORA	Na klar, das gehört doch dazu.
HARTMUT	Musst du denn auch noch die ganze Wäsche legen?
DORA	Nein, das macht mein Bruder.
HARTMUT	Dein Bruder?
DORA	Ja, warum denn nicht?
HARTMUT	Na weil, ... bei mir zu Hause macht das meine Mutter. Müsst ihr zwei alles zu Hause machen?
DORA	Nein, normalerweise nicht. Aber meine Mutter ist für zwei Wochen weg—sie besucht meinen Großvater.
HARTMUT	Hmm, da kannst du doch mit der Wäsche warten, bis sie wieder zurückkommt.
DORA	Nein, das geht nicht. Meine Mutter hat gesagt, sie will keine schmutzigen Klamotten finden, wenn sie wiederkommt.
HARTMUT	Wann kommt sie denn wieder zurück?
DORA	Am Sonntag—und bis dahin muss ich noch einkaufen gehen und Staub wischen in meinem Zimmer, und Staub saugen muss ich auch ... und Wäsche waschen auch noch, und ...
HARTMUT	Vielleicht kann ich dir da helfen?
DORA	Ach nee, lass mal!

HARTMUT	Eh, ehrlich. Das ist kein Problem. Und wenn ich dir morgen helfe, brauchst du nicht so viel Zeit. Und vielleicht können wir dann doch heute Nachmittag schwimmen gehen.
DORA	Na ja, wenn du mir morgen wirklich hilfst ...
HARTMUT	Ja, ist doch kein Problem. Also, gehen wir heute schwimmen?
DORA	Na, gut. Lass uns gehen!

Additional Listening Activity 2-3, p. 16

MIKE	Guten Tag!
VERKÄUFER	Guten Tag! Was soll's denn sein?
MIKE	Ich habe draußen gelesen, dass es Bananen und Erdbeeren im Angebot gibt.
VERKÄUFER	Ja, die Bananen kosten heute nur 1 Mark 99 das Kilo und die Erdbeeren nur 1 Mark 29 für 250 Gramm.
MIKE	Ja, ich möchte gern 2 Kilo Bananen und ein Pfund Erdbeeren.
VERKÄUFER	Wir haben auch Pfirsiche im Angebot, die kosten nur 2 Mark 39 das Kilo.
MIKE	Nein, danke. Pfirsiche möchte ich heute nicht.
VERKÄUFER	Haben Sie sonst noch einen Wunsch?
MIKE	Ja, ich brauche noch Spinat.
VERKÄUFER	Gut, der ist heute ganz frisch. Wie viel soll's denn sein?
MIKE	Auch ein Pfund, bitte.
VERKÄUFER	Also, ein Pfund kostet 1 Mark 95. Darf es sonst noch etwas sein?
MIKE	Ja, ich brauche noch drei Zwiebeln, von den schönen großen da drüben.
VERKÄUFER	Drei Stück?
MIKE	Ja, bitte. Und können Sie die bitte wiegen? Ich brauche ungefähr 300 Gramm.
VERKÄUFER	Die Zwiebeln kosten 2 Mark das Pfund. Die drei Zwiebeln wiegen zusammen 280 Gramm, wollen Sie noch eine mehr?
MIKE	Nein, die drei reichen.
VERKÄUFER	Sonst noch etwas?
MIKE	Verkaufen Sie auch Milch hier?
VERKÄUFER	Leider nicht. Da müssen Sie zum Supermarkt gehen, der ist gleich nebenan.
MIKE	Gut, dann war's das. Danke!
VERKÄUFER	Das macht dann alles zusammen — einen Moment ... ja, 9 Mark 38, bitte.
MIKE	Bitte schön!
VERKÄUFER	Danke. Wiedersehen!
MIKE	Auf Wiedersehen!

Additional Listening Activity 2-4, pp. 16–17

JANNETT	Du, Claudia. Ich soll eine Umfrage machen für unsere Schülerzeitung. Es geht um das Thema: „Gesund essen. Macht das einem auch Spaß am Essen?" Und ich möchte dich gerne nach deiner Meinung fragen.
CLAUDIA	Ja, ich muss sagen, dass ich gern esse, und ich esse auch gesund, glaube ich. Also, mir macht das Essen viel Spaß und auch das Kochen. Ich koche sehr oft zu Hause. Aber wir essen bei uns zu Hause auch sehr gesund, glaube ich. Also, wir essen sehr viel Obst, im Moment zum Beispiel Zwetschgen. Jetzt ist doch die Zeit, wo es wieder viele Zwetschgen gibt. Meine Eltern haben einen Garten, wo wir drei, nein vier Pfirsichbäume haben. Zu anderen Jahreszeiten kaufen wir Obst. Zur Zeit gibt es ja Zwetschgen sehr billig zu kaufen, und die mag ich sehr gern. Ich esse auch oft Äpfel. Aber besonders gern mag ich Pfirsiche.
JANNETT	Und Gemüse, magst du das auch?
CLAUDIA	Im Allgemeinen, ja. Nur Spinat mag ich überhaupt nicht. Aber Erbsen oder Bohnen zum Beispiel esse ich gern.
JANNETT	Und findest du, dass du mit gesundem Essen trotzdem Spaß am Essen haben kannst?
CLAUDIA	Ja, klar. Manchmal koche ich nur Gemüse mit Reis. Einfach so, ohne Rezept. Es gibt natürlich auch viele Rezepte für Sachen, die nicht gerade gesund sind. Aber die nehme ich nicht zum Kochen. Ich habe ein ganzes Kochbuch nur für Gemüsegerichte. Fleisch mag ich sowieso nicht so gern. Das esse ich selten, vielleicht einmal in der Woche. Besonders gern esse ich Fisch, und der ist zum Glück auch sehr gesund. Am liebsten habe ich gekochten Fisch mit Kartoffeln, Salat und Tomaten. Das essen wir zu Hause fast jeden Samstag.
JANNETT	Mm, da bekomme ich ja gleich Appetit. Ich mag nämlich Fisch auch sehr gern. Also, danke schön für das Interview!
CLAUDIA	Bitte! Gern geschehen.

Additional Listening Activity 2-5, pp. 17–18

MARTINA	He, hallo, Anke! Na, so ein Zufall, dass du hier bist!
ANKE	Hallo, Martina. Was machst du denn hier? Oh, du willst dir wohl einen neuen Tennisschläger kaufen?
MARTINA	Ja, du. Ich fange doch nächste Woche an, im Klub Tennis zu spielen. Und da brauche ich halt einen Schläger. Wie findest du den hier?
ANKE	Gut sieht er aus, aber ich bin kein Profi, was Tennis betrifft. Ich kenne mich mit Tennis nicht so aus. Du weißt doch, ich spiele Handball.

MARTINA	Ach ja, stimmt. Und was machst du hier? Du suchst vielleicht einen Handball ... Ha, ha, ha.
ANKE	Nee, natürlich nicht. Ich will meinem Vater was zum Geburtstag kaufen.
MARTINA	Oh, dein Vater ist wohl sportlich?
ANKE	Ja klar. Er schwimmt, er macht jedes Wochenende Jogging, und manchmal spielen wir zwei Tennis.
MARTINA	Das ist ja toll. Wusste ich gar nicht, dass dein Vater so viel Sport macht. Und was willst du ihm hier kaufen?
ANKE	Er braucht neue Turnschuhe. Die kaufe ich ihm mit meinem Bruder zusammen. Mein Bruder hat so wenig Zeit im Moment. Er hat doch seine Abschlussprüfungen, und deshalb muss ich das Geschenk alleine kaufen.
MARTINA	Weißt du denn, welche Größe dein Vater braucht?
ANKE	Ja, meine Mutter hat sie mir hier auf einen Zettel geschrieben. Moment ... hier ist der Zettel ... Also, Größe 43.
MARTINA	Uh ... das ist ja groß. Mein Vater hat Größe 41, glaube ich, und ich hab Größe 37.
ANKE	Ja, ich weiß, mein Vater hat große Füße. Und ich habe das geerbt, ich habe auch große Füße wie er, ich habe 39 ...
MARTINA	Ja, das ist auch ziemlich groß. Na, weißt du schon, welche Turnschuhe du deinem Vater kaufen willst?
ANKE	Nein, ich bin doch gerade erst gekommen, ich habe mich noch nicht hier im Laden umgesehen.
MARTINA	Ich glaube, dort drüben haben sie Turnschuhe. Ich komme mal mit gucken, soll ich?
ANKE	Ja, das ist schön. Ich kann mich immer so schwer entscheiden. Vielleicht kannst du mir helfen und einen Tip geben.
MARTINA	Okay. Hier haben sie Turnschuhe.
ANKE	Mein Vater braucht sie zum Tennisspielen. Das müssen besondere sein. Ach, hier hinten haben sie die. Hier, sieh mal, wie findest du die?
MARTINA	Ja, die sehen gut aus. Wie ist das Leder?
ANKE	Mm, ich weiß nicht, das Leder ist ziemlich hart, glaube ich. Die sind bestimmt nicht sehr bequem. Und außerdem sind sie eigentlich auch zu bunt. Mein Vater mag welche, die ganz weiß sind, ohne irgendwelche bunten Streifen.
MARTINA	Sieh mal, wie die hier sind. Die sind nicht so bunt wie die anderen und auch aus Leder.
ANKE	Ja, ich glaube, die sind besser. Und das Leder ist auch besser, glaube ich, es ist weicher. Du, die nehme ich.
MARTINA	Ja, ich glaube auch, dass die deinem Vater gefallen werden.

Additional Listening Activity 2-6, p. 18

JANA	Du, Karin. Kannst du mir nicht einen Tip geben? Meine Mutter und mein Onkel haben im Oktober Geburtstag, und ich habe noch keine Ahnung, was ich schenken soll.
KARIN	Ach, Oktober, das ist doch erst nächsten Monat. Da hast du doch noch viel Zeit.
JANA	Wieso? Heute ist der 25. September. Meine Mutter hat am 2. Oktober Geburtstag und mein Onkel auch.
KARIN	Na, das ist ja lustig, dass sie am selben Tag Geburtstag haben. Wart mal, sind sie vielleicht Zwillinge?
JANA	Ja, mein Onkel ist der Zwillingsbruder meiner Mutter.
KARIN	Ach so. Und bis zum 2. ist es nur noch eine Woche, nicht mehr viel Zeit, du hast Recht.
JANA	Ja, und ich habe noch keine Geschenke. Sag mal, du hast doch auch einen Onkel. Was schenkst du ihm denn manchmal?
KARIN	Ja, also, er hatte vor einem Monat Geburtstag. Da habe ich ihm einen Wecker geschenkt.
JANA	Einen Wecker?
KARIN	Ja, meine Tante hat mir erzählt, dass es schwer für ihn ist, früh aufzustehen. Er schläft sehr gern lang. Aber er muss jeden Tag um 7 auf die Arbeit und deshalb muss er um 6 aufstehen. Und da habe ich ihm einen richtigen lauten Wecker geschenkt.
JANA	Mm ... ich weiß nicht. Ich glaube nicht, dass mein Onkel einen Wecker braucht. Was kann ich ihm denn sonst noch schenken?
KARIN	Ja, wofür interessiert er sich denn? Liest er gern?
JANA	Eigentlich nicht. Er geht viel ins Theater oder ins Museum.
KARIN	In Kunstmuseen?
JANA	Ja, er sieht sich gern Gemälde an.
KARIN	Na, da kannst du ihm vielleicht ein Buch mit Gemälden schenken?
JANA	Ja, das ist eigentlich eine Idee. Da gehe ich morgen gleich in den Buchladen.
KARIN	Und für deine Mutter hast du auch noch kein Geschenk?
JANA	Nein, hast du eine Idee?
KARIN	Na, meiner Mutter schenke ich auch oft Bücher. Letztens habe ich ihr ein Kochbuch geschenkt für chinesisches Essen, weil sie so gern kocht.
JANA	Meine Mutter hat schon so viele Kochbücher. Und sie liest auch nicht gern.
KARIN	Mag deine Mutter Schmuck?
JANA	Ja, aber Ringe hat sie schon sehr viele.
KARIN	Vielleicht kannst du ihr eine Kette schenken?
JANA	Ja, das ist eine gute Idee. Ich werde ihr eine Kette aus Silber schenken. Sie hat Ohrringe, die sie oft trägt, die sind aus Silber. Eine Kette aus Silber passt gut dazu.
KARIN	Ja, bestimmt. Also, jetzt hast du zwei Ideen.
JANA	Ja, vielen Dank, Karin. Ich wusst es doch, du hast immer gute Ideen!

Answers to Additional Listening Activities

Additional Listening Activity 2-1, p. 15

1. stimmt nicht: Die Chemieprüfung ist in drei Tagen, und das ist seine letzte Prüfung.
2. stimmt
3. stimmt nicht: Steffen will es putzen und polieren.
4. stimmt nicht: Freitags geht Klaus normalerweise immer einkaufen, und die Mutter hat ihm wie immer eine Liste gegeben.
5. stimmt

Additional Listening Activity 2-2, pp. 15–16

1. c   2. b   3. b   4. c   5. b   6. a   7. c

Additional Listening Activity 2-3, p. 16

Bananen	2 Kilo	1,99 DM/Kilo
Erdbeeren	1 Pfund	1,29 DM/250 g
Spinat	1 Pfund	1,95 DM/Pfund
3 Zwiebeln	3/250 g	1,99 DM/Pfund

Preis: insgesamt 9,51 DM

Additional Listening Activity 2-4, pp. 16–17

1. Über gesunde Ernährung./ Ob gesunde Ernährung auch Spaß machen kann.
2. Zwetschgen, Pfirsiche, Äpfel; gern: Zwetschgen, Äpfel; besonders gern: Pfirsiche
3. Claudia mag Erbsen und Bohnen, mag aber keinen Spinat.
4. Sie kocht Gemüse und Reis oft ohne Rezept. Sie kocht nur mit Rezepten für gesundes Essen. (Sie hat ein Kochbuch für Gemüsegerichte.)
5. Fleisch mag sie nicht so gern, das isst sie selten (ungefähr einmal in der Woche). Fisch isst sie sehr gern, fast jeden Samstag.
6. Ja, sie isst gesund, weil sie viel Obst und nicht viel Fleisch isst.

Additional Listening Activity 2-5, pp. 17–18

1. d   2. b   3. a   4. c   5. a   6. c   7. c

Additional Listening Activity 2-6, p. 18

1. stimmt nicht: Es ist der 25. September.
2. stimmt
3. stimmt nicht: Sie hat ihrem Onkel einen Wecker zum Geburtstag geschenkt.
4. stimmt
5. stimmt
6. stimmt nicht: Ihre Mutter hat schon viele Kochbücher.
7. stimmt nicht: Sie will ihr eine Kette aus Silber schenken.

Komm mit! Level 2, Chapter 2

Erste Stufe

5 Hör gut zu!, p. 57

JAN   Was ich in den Ferien so gemacht habe? Also, ich bin mit zwei Freunden nach Südtirol gefahren, mit dem Zug natürlich. Wir haben bei Verwandten von uns auf 'nem Bauernhof gewohnt, mitten in den Bergen. Tagsüber sind wir meistens gewandert und abends dann runter ins Dorf. Da gab es 'ne Disko, da sind wir dann immer zum Tanzen hingegangen. Wir waren die Hälfte der Sommerferien dort, also drei Wochen lang. Die anderen drei Wochen war ich zu Hause und hab meistens im Jugendzentrum rumgehangen.

ANJA   Ja, also ich war mit meiner Volleyballmannschaft im Schwarzwald. Da waren auch andere Mannschaften aus Bayern, und wir haben ein paar Wettbewerbsspiele gemacht, aber nur so zum Spaß. Zweimal sind wir auch nach Freiburg gefahren, alle zusammen mit dem Reisebus. Dort haben wir uns die Stadt angesehen und den Dom, also ich meine das Freiburger Münster. Und dann sind wir fast jeden Tag schwimmen gegangen. In der Nähe von der Jugendherberge gab es nämlich ein riesiges Freibad.

UDO   Ich war in den Ferien das erste Mal in Amerika, mit meinen Eltern. Wir sind nach Washington geflogen und haben uns da 'ne ganze Menge angeschaut. Ich war sogar im Weißen Haus und auch im Pentagon! Dann sind wir weiter nach Virginia gefahren mit einem Mietwagen. Wir waren da in einem Hotel am Strand, um ein paar Tage zu relaxen, weil wir den totalen Jetlag hatten! Ja, und als ich dann wieder zu Hause war, habe ich noch 'ne kurze Radtour mit meiner Freundin gemacht am letzten Wochenende in den Ferien.

JÖRG   Wir waren diesmal nicht weg, weil mein Vater zur Zeit arbeitslos ist. Also war ich die ganzen Ferien lang zu Hause. Das war aber nicht schlecht, denn wir haben ziemlich viel im Garten gemacht und einen Fischteich angelegt. Aber nicht nur einfach ein normales Plastikbecken, sondern einen Teich mit Ökosystem, also mit Wasserpflanzen, Insekten, Fröschen und so. Das hat echt Spaß gemacht. Ja, und sonst war ich mit 'nem Klassenkameraden, der auch zu Hause geblieben ist, ab und zu im Kino, oder wir haben uns ein Video ausgeliehen.

Answers to Activity 5
Jan: gewandert; in die Disko gegangen; im Jugendzentrum rumgehangen
Anja: Volleyball gespielt; die Stadt Freiburg und den Dom angesehen; schwimmen gegangen
Udo: das Weiße Haus und Pentagon besichtigt; am Strand relaxt; eine Radtour gemacht
Jörg: einen Fischteich im Garten angelegt; ins Kino gegangen; ein Video ausgeliehen

Zweite Stufe

15 Hör gut zu!, p. 63

LISA   Ja, also ich war mit meinen Eltern in Lindau am Bodensee. Wir haben den ganzen Tag Wassersport gemacht, also schwimmen, segeln, tauchen und so. War echt super!

EVA   Ich bin in Paris gewesen, und hab so einen Französischkurs mitgemacht. Ich glaub, ich hab eine ganze Menge neue Vokabeln gelernt, aber eigentlich war ich immer froh, wenn der Unterricht zu Ende war und wir uns die Stadt ansehen konnten.

KURT   Ich bin mit einer Jugendgruppe in Holland gewesen, in so einem kleinen Nest in der Nähe von Rotterdam, direkt am Meer. Wir haben alle auf dem Campingplatz gezeltet. Am letzten Abend haben wir ein riesiges Lagerfeuer gemacht, Lieder gesungen, und ein paar Leute haben Gitarre gespielt. Das hat mir echt gut gefallen.

INGE   Ich war in den Ferien zu Hause. Ich bin aus Trier, das liegt an der Mosel. Die Landschaft ist echt toll hier. Jedes Jahr kommen Tausende von Touristen an die Mosel, um hier ihren Urlaub oder die Ferien zu verbringen. Also, warum soll ich irgendwo anders hinfahren?

Answers to Activity 15
Lisa: Lindau am Bodensee
Eva: Paris
Kurt: in der Nähe von Rotterdam, in Holland
Inge: zu Hause in Trier an der Mosel

Dritte Stufe

25 Hör gut zu!, p. 68

GRETE Mir hat es wahnsinnig gut in den Ferien gefallen. Ich habe so viele neue Leute kennen gelernt. Es war echt super!

LUTZ Also, mir hat's leider überhaupt nicht gefallen. Wir hatten die meiste Zeit nur Regen und konnten gar nichts unternehmen. Das war furchtbar!

ELKE Ach, das tut mir Leid. Aber bei mir war es fast genauso. Wir haben in den Ferien nur so ein langweiliges Zeug gemacht. Es hat mir nicht besonders gefallen.

UTE Meine Ferien waren phantastisch! Ich war mit einer ganz tollen Jugendgruppe im Schwarzwald. Nächstes Jahr möchte ich auch wieder mit denen zusammen in die Ferien fahren.

ERIK Mir hat es auch ziemlich gut in den Ferien gefallen! Ich habe zwar nichts Besonderes gemacht, nur gefaulenzt, aber das war ja gerade das Gute daran!

Answers to Activity 25
Grete: gefallen; Lutz: nicht gefallen; Elke: nicht gefallen; Ute: gefallen; Erik: gefallen

Anwendung

Activity 5, p. 75

1. In der Nähe gibt es einen großen, modernen Freizeitpark mit einem Schwimmbad, Tennisplätzen und einer Minigolf-Anlage. In der Stadt gibt es mehrere Kinos, ein Schauspielhaus und die Oper. Wer gerne wandert, kann raus aufs Land fahren. Dort gibt es mehrere Wanderwege, oder man kann eine Bootstour auf dem See machen.

2. Die Stadt ist ziemlich klein, so ungefähr 50 000 Einwohner. Aber nur etwa 3 Kilometer von hier gibt es ein riesiges Waldgebiet. Und etwas außerhalb liegt der Kaarster See. Ganz in der Nähe von der Stadt sind ein paar Bauernhöfe. Die Felder reichen bis zum Stadtrand.

3. Das größte Hotel der Stadt ist das Seehotel. Es gibt dort über 200 Zimmer, mehrere Konferenzräume, einen großen Speisesaal, ein Schwimmbad und vieles mehr. Es ist fast immer ausgebucht, besonders im Sommer, wenn alle Touristen kommen, um Ferien zu machen.

4. Hier in der Stadt gibt es viele Sehenswürdigkeiten. Man kann sich zum Beispiel die so genannte Altstadt ansehen. Sie fängt am Marktplatz an und geht weiter durch die kleinen Gassen bis hin zur Dominikanerkirche. Direkt hinter der Kirche ist das Archäologische Museum, mit Funden, die hier aus der Gegend stammen. Und wenn man sich für Kunst interessiert, dann muss man sich unbedingt die Engelskulptur im Rokokostil auf dem Stadtbrunnen ansehen!

Answers to Activity 5
1. c 2. a 3. d 4. b

Activity 6, p. 75

1. Wir waren zum Camping am Burger See. Das Wetter war echt toll, und wir haben ein Boot gemietet. Dann sind wir angeln gewesen. Am Abend haben wir dann die Fische gegrillt. Es hat uns wirklich gut gefallen.

2. Wir sind nach Paris geflogen. Es hat das ganze Wochenende geregnet, und wir haben uns ein Museum nach dem anderen angesehen. Echt langweilig. Vom Eiffelturm aus konnte man gar nichts sehen, es war total nebelig und verregnet. Es hat mir überhaupt nicht gefallen.

3. Ich bin zu meiner Tante nach Hamburg gefahren. Schon im Zug habe ich echt nette Leute kennen gelernt. Und wir haben uns dann verabredet, zusammen ins Kino zu gehen, uns die Stadt anzusehen und so. Ich war fast kaum zu Hause. Meine Tante fand es nicht so gut, aber mir hat es gefallen.

4. Ich war zum Skilaufen in der Schweiz. Es gab kaum Schnee, viel zu viel Sonne und steigende Temperaturen. Ich habe kein einziges Mal Skilaufen können. Ich war echt sauer. Es hat mir gar nicht gefallen.

Answers to Activity 6
1. Burger See; gefallen   2. Paris; nicht gefallen   3. Hamburg; gefallen   4. Schweiz; nicht gefallen

Scripts for Additional Listening Activities

Additional Listening Activity 3-1, p. 23

MICHAELA	Hallo, Susanne! Schön, dich wieder zu sehen. Wie waren denn die Ferien? Du warst doch in Berlin, stimmt's?
SUSANNE	Ja, es war toll! Wir haben viel gesehen. Warst du schon mal in Berlin?
MICHAELA	Nein, ich möcht so gern mal hinfahren und sehen, wie's ist. Du, sag mal, du hast doch bestimmt Videoaufnahmen gemacht, oder?
SUSANNE	Nein, leider nicht. Ich hatte keine Videokamera mit.
MICHAELA	Mm, das ist aber schade. Ich dachte, ich kann mir mal etwas von Berlin auf dem Video ansehen.
SUSANNE	Nein, Michaela. Wir haben keine Videokamera zu Hause. Ich weiß auch gar nicht, wie man die benutzt.
MICHAELA	Ach, das kann ich dir bei Gelegenheit mal zeigen. Meine Eltern haben eine Videokamera zu Hause, die kann ich bestimmt mal nehmen. Das ist ganz einfach: du legst einfach das Video ein und stellst die Kamera an. Vorher musst du natürlich wissen, was du aufnehmen willst.
SUSANNE	Du, da fällt mir ein, der Klaus hat doch am Freitag seinen Geburtstag. Du gehst doch auch zur Party, nicht?
MICHAELA	Ja, ich glaube schon. Warum fragst du? Ach, du meinst, da sollen wir etwas mit der Kamera aufnehmen?
SUSANNE	Ja, wenn das geht?
MICHAELA	Ja, sicher. Das ist eine gute Idee. Und ich kann dir dann auch zeigen, wie die Videokamera funktioniert.
SUSANNE	Meinst du wirklich, deine Eltern leihen sie dir?
MICHAELA	Ach klar. Die haben da nichts dagegen, wenn ich mal die Kamera nehme, glaube ich. Letztes Jahr bei Svens Party haben wir doch auch ein Video gemacht, weißt du noch?
SUSANNE	Ach ja, stimmt. Na, das war ein tolles Video. Ich weiß noch, wie wir gelacht haben, als wir es uns angesehen haben.
MICHAELA	Ja, ich weiß. Obwohl — Sven konnte nicht richtig lachen bei der Stelle auf dem Video, wo Mike die Cola verschüttet hat ...
SUSANNE	Ach, genau. Das ganze Glas Cola auf dem Teppich.
MICHAELA	Na, bei Klaus passiert so was hoffentlich nicht.
SUSANNE	Ja, über Cola auf dem Teppich freut sich bestimmt keiner.
MICHAELA	Mm, das glaube ich auch.

Additional Listening Activity 3-2, pp. 23–24

JULIA	Ich bin die Julia. Ich bin fast den ganzen Sommer *zu Hause geblieben*. Und habe endlich mal wieder *gefaulenzt*. Zum Beispiel habe ich *lange geschlafen,* und ich habe *viele Bücher gelesen*. Außerdem habe ich *im Garten gearbeitet*, das macht mir Spaß. Weil es sehr warm war, bin ich auch manchmal *schwimmen* gegangen. Ich habe oft *Freunde besucht* und natürlich auch *eine große Sommerfete gemacht*.
HANS	Ich heiße Hans. Was ich in den Ferien gemacht habe? Ich war bei meiner Tante *in Köln*. Dort bin ich oft *ins Kino gegangen*, habe *Videos angeschaut* und habe auch *viel Tennis gespielt*. Ich war auch oft in der Stadt, habe zum Beispiel *den Kölner Dom besichtigt*. Den fand ich ganz toll. Zum Glück hatte ich meine Videokamera mit und habe *viele Aufnahmen gemacht*.
MICHAELA	Ich bin die Michaela. Ja, ich war in den Ferien bei meiner Oma. Sie wohnt *in Bayern*, mitten im Wald. Dort bin ich viel *gelaufen* und *spazieren gegangen*. Ich mag den Wald, weil ich sonst das ganze Jahr in der Stadt bin. Ich habe auch *viele Fotos* für den Fotoklub *gemacht*. Ich glaube, einige Farbbilder sind sehr gut geworden. Mal sehen, was die anderen im Fotoklub dazu sagen.

JANE	Na los, Martin. Ich bin schon ganz gespannt auf dein Video von deiner Städtereise.
MARTIN	Ja, ich bin ja gleich so weit, ich muss nur noch das Video einlegen.
PAUL	Weißt du denn auch, wie du die Kamera bedienen musst? Ich glaube es fast nicht.
MARTIN	Na klar, ich bin doch nicht doof. Ich habe es gleich. So, jetzt kann es losgehen. Hier sind die ersten Bilder.
PAUL	Welche Stadt ist das denn?
MARTIN	Na, das werdet ihr gleich sehen.
JANE	Ach, das kenne ich ja. Da war ich auch schon. Das ist der Römer, nicht?
PAUL	Na ja, ich war noch nie da. Ich kenne die Stadt nur von Postkarten. Ach, zum Beispiel das da, das kenne ich. Ist das nicht der Dom?
MARTIN	Ja, richtig. Und als Nächstes seht ihr — ...
JANE	He, die Oper. Toll! Und da bist du ja auch im Bild.
MARTIN	Ja, da war meine Tante mit mir, die wohnt doch in Frankfurt.
PAUL	Ist das nicht das Goethehaus dort im Bild?
MARTIN	Ja, du hast Recht. Ja, wir haben das besucht, weil meine Tante doch Museen mag. Na ja, ich fand es eigentlich auch ganz interessant.
JANE	He, bist du auch auf der Zeil gewesen?
MARTIN	Nein, ich bin doch nicht zum Einkaufen nach Frankfurt gefahren. Davon habe ich auch keine Videos.
PAUL	Lasst uns doch das Video weiter ansehen. Eh, die Fachwerkhäuser finde ich ja ganz toll.
JANE	Ja, das sieht wahnsinnig gut aus.
MARTIN	So, das ist jetzt 'ne andere Stadt. Kennt ihr die?
JANE	Mm, das ist doch der Main in Frankfurt, nicht?
MARTIN	Nein, nicht in Frankfurt. Das ist die Elbe, auch ein großer Fluss. Aber der ist in Dresden.
PAUL	Ach ja, von Dresden habe ich auch schon gehört. Die haben eine tolle Oper dort. Ach, dort ist sie ja im Bild. Toll!
MARTIN	Ja, und dort seht ihr auch die Kirche. Die ist genau gegenüber.
JANE	Heißt die nicht Marienkirche?
MARTIN	Ja, genau. So, das ist alles in Dresden. Wollt ihr noch weiter Video sehen?
PAUL	Ja, gern. Hast du noch mehr zu zeigen?
MARTIN	Ja, vielleicht von Berlin. Ich muss erst das Video suchen und dann einlegen. Und dann geht's weiter. Also, erst mal Pause.

Additional Listening Activity 3-4, pp. 24–25

Reiseleiter/Reiseleiterin:

Ich begrüße Sie recht herzlich auf unserer Reise durch Thüringen. Wir befinden uns jetzt auf dem Weg nach Weimar. Im Anschluss werden wir Erfurt und dann Eisenach besuchen. Ich hoffe, Ihnen wird diese Fahrt Spaß machen, und Sie werden neue Erlebnisse haben und Entdeckungen machen. Ich erzähle zuerst etwas über Weimar. Weimar ist eine alte Stadt mit langer Tradition, die wir in der Architektur sehen. In Weimar sind viele schöne, alte Fachwerkhäuser. Es gibt sogar ganze Straßen, wo man nur Fachwerkhäuser sieht. Zwei berühmte Personen, die in Weimar gelebt und gearbeitet haben, sind Johann Wolfgang von Goethe und Friedrich Schiller. Die Häuser, wo die zwei gewohnt und gearbeitet haben, sind heute Museen: das Goethemuseum und das Schillermuseum. Dorthin kommen jedes Jahr viele Touristen. Weimar hat auch ein berühmtes Theater und einen Zoo. Also, viele sehenswerte Dinge.

Nun ein paar Worte zu Erfurt. Ebenso wie in Weimar gibt es auch in Erfurt viele Fachwerkhäuser. Erfurt hat auch eine Universität. Weltbekannt ist auch der Erfurter Dom. In Erfurt hat Martin Luther gewohnt und gearbeitet.

Unsere dritte Stadt ist Eisenach. Auch dort hat Martin Luther gearbeitet. In Eisenach gibt es die Wartburg, die auf einem steilen Berg steht. Täglich wandern Touristen auf diesen Berg, um zur Burg zu gelangen. Im Sommer kann man auch auf einem Esel nach oben reiten. In der Burg ist ein Museum und ein Restaurant. Dort werden wir Abendbrot essen. Aber vorher können Sie sich auf die Städte Weimar, Erfurt und dann Eisenach freuen. Ich wünsche Ihnen eine gute Fahrt.

Additional Listening Activity 3-5, p. 25

FR. MÜLLER	Na, Andreas, wie hat dir denn Dresden gefallen?
ANDREAS	Ich fand's echt super!
FR. MÜLLER	Was hat dir denn am besten gefallen, Andreas?
ANDREAS	Mmh, also, die Marienkirche, der Platz, wo die Marienkirche steht, und die Oper sind alle echt toll.
FR. MÜLLER	He, Klaus und Dieter! Wie hat euch denn Dresden gefallen? Dir zum Beispiel, Dieter?
DIETER	Ach, na ja. Die Stadt fand ich eigentlich nicht besonders.
FR. MÜLLER	So? Warum denn nicht?
DIETER	Na ja, da ist alles so alt, und ich interessiere mich auch nicht so für Museen.
FR. MÜLLER	Aha. Das tut mir Leid. Dann war es wohl eine langweilige Fahrt für dich?
DIETER	Ach, nee, eigentlich nicht. Aber fragen Sie doch mal Klaus.
FR. MÜLLER	Na, gut. Also, Klaus, wie hat's dir denn auf der Klassenfahrt gefallen?
KLAUS	Ach, in der Jugendherberge fand ich's echt super. Die war direkt am Fluss, an der Elbe, und wir haben jeden Morgen dort phantastisches Frühstück bekommen und ...
FR. MÜLLER	So, das Frühstück hat dir also in Dresden gefallen. Und Abendbrot gab es bestimmt in der Jugendherberge auch.
KLAUS	Ja, echt super! Und Mittagessen haben wir immer in einem Gasthof gegessen oder in einem Restaurant in der Stadt. Oder manchmal auch in einer Imbissstube.
FR. MÜLLER	So, so, das Essen hat dich also begeistert, Klaus. Und du, Dieter? Was hat dir in der Jugendherberge gut gefallen?
DIETER	Das Tanzen! Stellen Sie sich vor, da war jeden Abend Disko in der Jugendherberge. Das war echt super!
FR. MÜLLER	Aha, und euch hat sicher nicht nur die Musik gefallen, nicht, Klaus?
KLAUS	Na ja, da war noch 'ne andere Schulklasse dort, auch aus Berlin. Die hatten ein paar tolle Mädchen dabei.
FR. MÜLLER	Aha, na, jetzt weiß ich schon besser, warum euch die Klassenfahrt gefallen hat. Aber jetzt müssen wir wirklich mit dem Unterricht beginnen. Vielleicht wollt ihr mir in der Pause noch mehr davon erzählen ...

Additional Listening Activity 3-6, p. 26

Liebe Jane,

ich muss dir heute unbedingt von meinen letzten Ferien berichten. Wie du weißt, war ich zuerst bei meiner Tante in Leipzig und dann bei meiner Kusine in Dresden. Bei meiner Tante hat es mir nicht so gefallen. Sie ist schon 70 Jahre alt, na, du weißt schon. Ich musste da immer um 10 Uhr abends im Haus sein, nur sonnabends konnte ich bis 12 Uhr nachts draußen bleiben. So war ich nur zweimal in der Disko mit der Freundin, die ich letztes Jahr im Sommer kennen gelernt habe, der Miriam. Aber Leipzig ist eine schöne Stadt. Es gibt ganz viele alte Häuser, das Alte Rathaus hat mir wahnsinnig gut gefallen. Mit Miriam war ich auch einmal im Zoo. Das war echt super. Einmal war ich auch in der Oper mit meiner Tante, na ja, das hat mir nicht besonders gefallen. Ich war auch zum Konzert in der Thomaskirche, das war Spitze. Übrigens hat in Leipzig Johann Sebastian Bach gelebt. Hast du von ihm gehört? Das ist ein Komponist. Na ja, ich glaube, du interessierst dich ja nicht so für klassische Musik.

Ja, und dann bin ich nach Dresden gefahren. Da bei meiner Kusine war es natürlich viel interessanter. Wir sind oft ins Kino gegangen, manchmal auch in die Disko oder ins Konzert. Als ich dort war, war gerade Pink Floyd zum Konzert da. Wir hatten Glück, dass wir noch Karten zum Konzert bekommen haben. Es war eine tolle Stimmung! Dresden hat mir gut gefallen. Es liegt an einem Fluss, an der Elbe. Dort sind wir viel spazieren gegangen. Von Dresden aus ist es auch nicht weit zu den Bergen. Wir sind zweimal in die „Sächsische Schweiz" gefahren, so heißen die Berge in der Nähe von Dresden. Dort sind wir wandern gegangen. Leider habe ich vergessen, meine Kamera mitzunehmen. Wenn ich das nächste Mal dort bin, denke ich bestimmt daran, eine Kamera dabeizuhaben. Kommst du mich auch bald besuchen? Ich hoffe, ich sehe dich bald wieder einmal in Deutschland.

Schreibe bald wieder. Deine Katrin

Answers to Additional Listening Activities

Additional Listening Activity 3-1, p. 23

1. stimmt
2. stimmt
3. stimmt nicht: Sie hat keine Aufnahmen gemacht.
4. stimmt nicht: Ihre Eltern haben keine Videokamera, und Susanne weiß auch nicht, wie man eine Videokamera benutzt.
5. stimmt
6. stimmt nicht: Beide gehen zu Klaus' Party.
7. stimmt nicht: Sie weiß, wie man die Kamera bedienen muss und hat auch schon gefilmt.
8. stimmt

Additional Listening Activity 3-2, pp. 23–24

1. Julia
2. Michaela
3. Julia
4. Michaela
5. Hans
6. Julia
7. Julia
8. Hans

Additional Listening Activity 3-3, p. 24

Städte:	1. **Frankfurt**	2. **Dresden**
Orte/ Gebäude	Römer	Elbe/ Fluss
	Dom	die Oper
	die Oper	Kirche (Marienkirche)
	Goethehaus (Museum)	
	Fachwerkhäuser	

Additional Listening Activity 3-4, pp. 24–25

1. c   2. c   3. a   4. c   5. c   6. c   7. d

Additional Listening Activity 3-5, p. 25

1. b   2. c   3. b   4. c   5. b   6. b

Additional Listening Activity 3-6, p. 26

1. She went to Leipzig and Dresden. She visited her aunt in Leipzig and her cousin in Dresden.
2. She didn't like having to be home by 10 o'clock except on Saturday. She liked the city and the buildings (**Fachwerkhäuser** and **Rathaus**). She went to the opera with her aunt, but she didn't enjoy it very much.
3. She toured the city, went out with a friend to a disco, and went to the opera with her aunt.
4. She liked her visit to Dresden better. She didn't have anything negative to say about it.
5. She went to the movies, to concerts, and to discos with her cousin.
6. She went walking. The area is mountainous and natural.

Erste Stufe

8 Hör gut zu!, p. 88

Der Gesundheitsmuffel! Ja, ich kenne einen. Er treibt selbst überhaupt keinen Sport. Na ja, Fußball liebt er heiß und innig, aber nur als Zuschauer. Er schaut den ganzen Tag Fernsehen. Dabei raucht er eine Zigarette nach der anderen. Wenn er müde wird, trinkt er literweise Kaffee. Er mag am liebsten Schweinefleisch. Außer Kartoffeln isst er kein Gemüse, und Obst schmeckt ihm nur mit viel Zucker und Schlagsahne oben drauf. Kennst du auch so einen Gesundheitsmuffel?

Answers to Activity 8

treibt keinen Sport; schaut den ganzen Tag Fernsehen; raucht; trinkt Kaffee; mag Schweinefleisch am liebsten; isst kein Gemüse außer Kartoffeln; isst viel Zucker und Schlagsahne

12 Hör gut zu!, p. 89

1. JASMIN Ich bin sehr sportlich! Dreimal pro Woche geh ich direkt nach der Schule schwimmen. Und wenn das Wetter schön ist, mache ich oft am Wochenende eine Fahrradtour mit Freunden.
    KLAUS Spitze! Darf ich nächstes Wochenende mitfahren?
2. ELKE Ich esse fast kein Fleisch, eigentlich nur Gemüse, Obst, Käse, Brot und so weiter. Alkohol trinke ich nicht gern, schmeckt mir normalerweise nicht. Ich tanze sehr gern und mache zweimal die Woche Gymnastik.
    KLAUS Das finde ich toll, Elke! Du siehst auch ziemlich fit aus.
3. PETER Eigentlich brauche ich jeden Tag meine acht Stunden Schlaf, sonst fühle ich mich nicht wohl. Meistens aber schlafe ich nur sechs Stunden oder so. Normalerweise trainiere ich zweimal pro Woche morgens in einer Fußballmannschaft, aber ich bin oft zu müde dazu.
    KLAUS Das ist schade! Mensch, geh doch früher ins Bett!

Answers to Activity 12
1. positiv   2. positiv   3. negativ

16 Hör gut zu!, p. 90

Ich schlafe immer genügend und halte mich sehr fit. Jeden Morgen laufe ich zwei Kilometer. Dann esse ich frisches Obst und Müsli zum Frühstück. Man soll sich schließlich richtig ernähren. Bei der Arbeit trinke ich keinen Kaffee mehr, nur Saft und Wasser. Ich esse sehr viel Gemüse und Fisch, und selten auch mal Rindfleisch. Ich bin zwar gern draußen, aber ich vermeide die Sonne.

Answers to Activity 16

schläft genügend; läuft jeden Morgen; isst Obst und Müsli; trinkt nur Saft und Wasser; isst viel Gemüse und Fisch, und selten Rindfleisch; vermeidet die Sonne

Zweite Stufe

23 Hör gut zu!, p. 93

Guten Abend, meine Damen und Herren! Unsere heutige Sendung informiert Sie über die Sportgewohnheiten der deutschen Bevölkerung. Bei den Männern steht dabei Fußball an erster Stelle. 43% aller Sport treibenden deutschen Männer spielen mindestens einmal pro Woche Fußball, aber nur 4% aller Sport treibenden Frauen! Aber 50% der Frauen machen wöchentlich Aerobik und Jazztanz; die Männer sind hier nur mit 2% repräsentiert. Dafür liegt die Zahl der Teilnehmer am Bodybuilding am höchsten! 80% der gesamten Sport treibenden deutschen Bevölkerung sind Mitglied in einem Klub; Männer und Frauen sind mit jeweils 40% dabei. Sie trainieren im Durchschnitt zweimal die Woche.

Answers to Activity 23
Fußball: 43% Männer, 4% Frauen   Aerobik/Jazztanz: 50% Frauen, 2% Männer   Bodybuilding: 40% Männer, 40% Frauen

27 Hör gut zu!, p. 95

Im Vergleich zu den Amerikanern gehen die meisten Deutschen ziemlich oft zu Fuß, weil sie es gesund finden, viel an der frischen Luft zu sein. Der Sonntagsspaziergang nach dem Mittagessen ist nach wie vor sehr beliebt. Außerdem spielen die Deutschen auch gerne Squash und Tennis, weil es einen fit hält. An den Schulen gibt es normalerweise keine Mannschaften. Deshalb sind viele Deutsche Mitglieder in einem Fitnessklub oder Sportverein. Heutzutage vermeiden die Deutschen es auch, so viel zu rauchen, denn es ist total ungesund!

Answers to Activity 27
1. walk
2. squash; tennis; it keeps you fit
3. have school teams; members in a sport club
4. smoking; it is unhealthy

Dritte Stufe

31 Hör gut zu!, p. 97

BETTINA   Mein Lieblingsessen ist Fisch. Fisch schmeckt toll, und hier in Hamburg kriegt man die Salzwasserfische ganz frisch. Am liebsten mag ich Krabben!

ROLAND   Ich mag keine Grapefruit! Die sind meistens viel zu sauer. Aber dafür esse ich Kirschen unheimlich gern! Die sind viel süßer.

RICHARD   Blumenkohl finde ich gar nicht lecker. Er schmeckt mir nicht, aber sonst esse ich alle Gemüsesorten gern. Ja, und dann Fleisch, besonders Rind- und Schweinefleisch mag ich überhaupt nicht. Ich will Kühe und Schweine nicht essen, weil sie nette Tiere sind!

Answers to Activity 31
Bettina: mag Fisch und Krabben, weil sie frisch sind.
Roland: mag Grapefruit nicht, weil sie sauer sind; mag Kirschen, weil sie süß sind.
Richard: mag Blumenkohl nicht, weil er nicht schmeckt; mag Fleisch nicht, weil Tiere nett sind und er sie nicht essen will.

34 Hör gut zu!, p. 98

ANNELIESE   Ich darf noch gar nicht mit dem Auto fahren, weil ich noch nicht 18 bin!

ULRIKE   Ich darf nicht so spät abends ausgehen und soll schon um 10 Uhr wieder zu Hause sein!

NORBERT   Ich darf kein Fleisch essen.

JÖRG   In der Klasse darf ich meine Lieblingszeitschrift nicht lesen.

Answers to Activity 34
Anneliese: b   Ulrike: d   Norbert: c   Jörg: a

Anwendung

Activity 1, p. 102

1. Der Gesundheitsminister appelliert an die Raucher: Aus gesundheitlichen Gründen vermeiden Sie es bitte, in Zimmern zu rauchen, in denen sich auch Nichtraucher aufhalten!
2. Tanzen Sie sich fit! Das City-Sportstudio lädt zu einer kostenlosen Stunde im Jazztanz oder Jitterbug ein! Machen Sie mit! Unsere Kurse laufen täglich! Schauen Sie noch heute bei uns herein!
3. Guten Abend, liebe Zuhörer! Hier ist Ihr Sender WDR-Y mit dem 9-Uhr-Abendprogramm. Relaxen Sie heute eine Stunde lang bei Mozarts *Kleiner Nachtmusik* bevor Sie ins Bett gehen, damit Sie morgen früh um sechs frisch und ausgeschlafen den Tag beginnen können!
4. Haben Sie heute schon Ihre Vitamine bekommen? Wenn nicht, dann auf zum Aldo-Markt! Wir haben für Sie eine große Auswahl von gartenfrischem Obst und Gemüse. Täglich neue Sonderangebote!

Answers to Activity 1
1. d   2. a   3. c   4. b

Activity 5, p. 102

Hallo! Hier ist Peter Buschmann. Ich rufe an, weil ich ein Problem habe. Es geht mir nämlich gar nicht gut. Mir ist total schlecht geworden, nachdem ich eine große Tüte Kartoffelchips gegessen habe. Vorher habe ich mir, wie auch sonst jeden Tag, eine Portion Pommes frites mit Mayonnaise vom Imbiss geholt. Ich weiß echt nicht, warum mir schlecht ist, denn ich habe sonst nichts gegessen. Ich war den ganzen Tag in der Wohnung und habe nur Fernsehen geschaut! Wir haben nämlich Schulferien. Also, hoffentlich habe ich nichts Schlimmes! Ich bin doch erst 14 Jahre alt!

Answers to Activity 5
Peter Buschmann; 14 Jahre alt; Schüler; ihm ist schlecht; hat sich ungesund ernährt; soll Sport machen und frisches Obst und Gemüse essen

Scripts for Additional Listening Activities

Additional Listening Activity 4-1, p. 31

REPORTERIN   Hallo, ich bin Reporterin beim Jugendradio. Darf ich dir ein paar Fragen stellen?

MARTIN   Klar!

REPORTERIN   Wie gefällt es dir hier auf der Gesundheitsmesse?

MARTIN   Ich finde es toll, dass es diese Messe gibt. Ich tue sehr viel für meine Gesundheit und will mich auch fit halten. Ich finde es prima, dass ich hier auf der Messe Tips bekomme, wie ich gesund leben kann.

REPORTERIN   Was machst du denn, um dich fit zu halten?

MARTIN   Also, ich gehe jeden Morgen joggen, manchmal auch am Abend. Außerdem schlafe ich genügend, glaube ich. Ich versuche, neun Stunden in der Nacht zu schlafen.

REPORTERIN   Du rauchst bestimmt auch nicht?

MARTIN   Nein, natürlich nicht. Ich mag auch keinen Alkohol.

REPORTERIN   Zum gesunden Leben gehört auch das Essen. Wie gesund isst du?

MARTIN   Ja, also, ich esse viel Obst und Gemüse. Aber manchmal esse ich auch Dinge, die nicht so gesund sind, wie zum Beispiel Schokolade, Fleisch oder Butter. Ich will auch noch mehr darüber wissen, wie ich vernünftig essen kann. Deshalb bin ich hier. Ich habe schon einige gute Tips hier auf der Messe bekommen.

REPORTERIN   Ich freue mich, dass es dir hier auf der Messe gefällt.

MARTIN   Ja, ich bin echt froh, dass so etwas gemacht wird. Ich habe viele Informationen bekommen zum gesunden Leben. Ich weiß jetzt auch mehr darüber, welches Essen nicht gesund ist, und was ich noch machen kann, um mich fit zu halten. Es ist wirklich interessant hier auf der Messe. Es ist nur schade, dass nicht mehr Leute kommen und sich das ansehen und sich informieren.

REPORTERIN   Ja, da stimme ich dir zu. Ich finde es auch nicht so gut, dass so wenig Leute diese Gelegenheit nutzen. Nun, es gab die Messe in diesem Jahr zum ersten Mal. Wir können hoffen, dass im nächsten Jahr mehr Besucher kommen. Danke schön für das Gespräch und noch viel Spaß!

MARTIN   Bitte schön!

Additional Listening Activity 4-2, p. 32

JENS   Ich bin der Jens. Ich glaube, dass ich gesund lebe. Ich fühle mich jedenfalls großartig. Ich esse viel Obst und rauche auch nicht. Manchmal trinke ich Alkohol, aber nicht viel und nur am Wochenende, wenn ich mit Freunden in der Disko bin. Ich mache auch Sport, um mich fit zu halten. Ich gehe jeden Morgen joggen und fahre mit dem Rad zur Schule. Es gibt aber auch Sport, den ich nicht mag, wie zum Beispiel Gymnastik oder Schwimmen. Ich halte mich auch fit, indem ich genügend schlafe. Ich schlafe ungefähr zehn Stunden nachts.

JANA   Ich heiße Jana. Ich weiß nicht, ob ich gesund lebe. Ich fühle mich manchmal nicht ganz wohl. Ich glaube, dass ich nicht sehr gesund esse. Ich esse viel Fleisch und nicht viel Gemüse. Und ich schlafe auch nicht viel, vielleicht sieben Stunden in der Nacht, das ist nicht genügend Schlaf. Aber ich mag Sport. Ich mache zum Beispiel jeden Abend Gymnastik. Am Wochenende gehe ich mit meiner Freundin oft schwimmen. Leider rauche ich auch manchmal, aber nicht sehr stark. Aber ich trinke keinen Alkohol. Meine Freunde in der Disko machen sich immer lustig über mich, weil ich rauche, aber nicht trinke.

PETRA   Ich bin die Petra. Also, ich fühle mich sehr wohl. Ob ich gesund lebe? Ja, ich glaube schon. Ich schlafe neun Stunden jede Nacht. Ich esse auch viel Obst und Gemüse und keine Butter. Jeden Morgen fahre ich mit dem Fahrrad zur Schule, das sind ungefähr vier Kilometer. In der Schule mache ich auch zweimal in der Woche Gymnastik. Ich rauche nicht und trinke auch keinen Alkohol.

JANA	Wie hast du unseren Gesundheitstag gestern in der Schule gefunden?
MICHAEL	Spitze. Na ja, ich habe ja schon immer gesund gelebt und gegessen. Ich esse vernünftig und halte mich auch fit. Was sie gestern auf dem Gesundheitstag gesagt haben, das war nicht neu für mich.
JANA	So, du isst also vernünftig und nur gesund.
MICHAEL	Ja, klar.
JANA	Mmh, du hast aber heute in der Pause Kuchen gegessen.
MICHAEL	Na ja, das war nur heute. Sonst esse ich gewöhnlich immer Obst.
JANA	So, du hast aber auch gestern Kuchen in der Schule gegessen.
MICHAEL	Na, manchmal esse ich schon Kuchen, aber eigentlich ganz selten.
JANA	Sag mal, du trinkst hier Cola; trinkst du immer Cola?
MICHAEL	Nein, nein, ganz selten. Cola mag ich eigentlich gar nicht, und sonst trinke ich immer nur Milch.
JANA	Ich glaube, ich habe dich in der Schule noch nie Milch trinken sehen. Weißt du, dass es bei uns in der Schule Milch zu kaufen gibt?
MICHAEL	Ja, aber …
JANA	Na, du hältst dich bestimmt anders fit. Machst du viel Sport?
MICHAEL	Aber sicher! Ich komme jeden Tag mit dem Fahrrad zur Schule.
JANA	Aber du wohnst doch nur 200 Meter von der Schule weg! Da ist wohl das Fahrradfahren nicht gerade ein Sport. Was machst du denn sonst noch, um dich fit zu halten?
MICHAEL	Na ja, wenn du mich so direkt fragst … Letztes Jahr, da war ich jeden Morgen joggen.
JANA	Und dieses Jahr?
MICHAEL	Ach, da habe ich einfach keine Zeit mehr für Sport. Wir haben immer so viel Hausaufgaben auf …
JANA	So, aber ich sehe dich doch jeden Tag mit den anderen von der Clique.
MICHAEL	Ja, wir machen immer Hausaufgaben zusammen.
JANA	Ich meinte aber, ich sehe dich immer hinter der Schule in der Raucherecke. Sag mal, rauchst du eigentlich?
MICHAEL	Normalerweise nicht, nur wenn ich in der Clique bin …
JANA	Und dort bist du sehr oft, glaube ich. Du, sag mal, vielleicht willst du mal mit Anke und mir schwimmen kommen? Wir gehen jeden Samstag schwimmen.
MICHAEL	Mmh, na ja, wenn du meinst. Das ist eigentlich eine gute Idee.
JANA	Klar, morgen ist Samstag, komm doch gleich morgen mit.
MICHAEL	Na gut. Ich freu mich drauf.

CLAUDIA	Mensch, Anke, du siehst immer so frisch und gesund aus. Sag mal, wie machst du das?
ANKE	Ich weiß nicht, eigentlich mache ich gar nichts Besonderes.
CLAUDIA	Meine Mutter sagt immer, wichtig ist, gut und viel zu schlafen. Dann bleibt man fit. Schläfst du viel?
ANKE	Normalerweise schlafe ich so 8 bis 9 Stunden. Ist das viel?
CLAUDIA	Eigentlich nicht. Ich schlafe gewöhnlich 10 Stunden, aber trotzdem fühle ich mich meistens nicht wohl. Wie steht's mit dem Essen?
ANKE	Na ja, ich esse viel Gemüse und Obst …
CLAUDIA	Mmh, vielleicht soll ich das auch machen. Ich esse zu viel Fleisch, und außerdem mag ich doch Schokolade so gern …
ANKE	Also, Schokolade esse ich ganz selten. Die mag ich nicht. Außerdem hat die zu viel Kalorien und kostet Geld. Deshalb rauche ich ja auch nicht.
CLAUDIA	Ach, du rauchst nicht?
ANKE	Nein. Rauchst du eigentlich?
CLAUDIA	Na ja, nur manchmal, so drei oder vier am Tag …
ANKE	Das ist aber nicht nur manchmal. Da rauchst du schon ganz schön viel.
CLAUDIA	Ja, ich weiß. Ich will auch damit aufhören. Kann ich dich noch was fragen?
ANKE	Ja, warum nicht?
CLAUDIA	Machst du viel Sport?
ANKE	Na ja, ich gehe zweimal in der Woche schwimmen, und am Wochenende spiele ich oft Tennis. Manchmal gehe ich auch joggen.
CLAUDIA	Was, so viel machst du? Ich gehe jeden Dienstag zur Gymnastik, vielleicht soll ich doch mehr Sport machen.
ANKE	Und nicht so viel schlafen, denn schlafen allein hält dich nicht fit.

Additional Listening Activity 4-5, p. 34

HANS	He, Kali!
KALI	Hallo, Hans, wie geht's?
HANS	Ach, bin ich froh, dass die Schule heute vorbei ist. Wir haben eine große Matheprüfung geschrieben. He, Kali, du hast doch bestimmt auch noch kein Mittag gegessen. Wollen wir nicht zu mir gehen und zusammen was kochen?
KALI	Ja, das ist keine schlechte Idee. Was willst du denn kochen?
HANS	Ich dachte, vielleicht Spaghetti?
KALI	Was, Spaghetti? Ne, das esse ich nicht.
HANS	Aber letzte Woche hast du doch auch Spaghetti gegessen, da haben wir doch bei dir gekocht.
KALI	Ja, aber seit dieser Woche lebe ich gesund. Ich bin auf Diät.
HANS	Ach, du Schreck! Du auf Diät?! Du bist doch gar nicht dick.
KALI	Das nicht, aber ich will ab jetzt gesund leben. Katrin hat gesagt ...
HANS	Ach, ich hab's ja gewusst. Seit diese Katrin deine Freundin ist, hast du immer „tolle" Ideen!
KALI	Ich mache das aber nicht nur, weil Katrin das sagt ...
HANS	Okay, ich glaub's ja schon. Na, was wollen wir dann heute Gesundes essen?
KALI	Kein Rindfleisch, weil das zu viel Fett hat.
HANS	Gut, dann Huhn.
KALI	Nein, das hat auch zu viel Fett und außerdem zu viel Kalorien. Gemüse ist besser.
HANS	Gut, wir können Pilze kaufen. Die sind gesund.
KALI	Ich glaube nicht, dass die gesund sind. Wir müssen die Pilze braten, und dazu brauchen wir Butter oder Fett. Das ist ungesund.
HANS	Also, sollen wir Gemüse kaufen, welches wir kochen können, zum Beispiel Blumenkohl?
KALI	Uh, Blumenkohl schmeckt mir nicht. Wie wäre es mit Brokkoli?
HANS	Gut, Brokkoli mag ich auch. Was machen wir dazu, Bratkartoffeln?
KALI	Bratkartoffeln, in Fett gebraten! Natürlich nicht! Wir können Reis dazu essen.
HANS	Gut, einverstanden. Lass uns einkaufen gehen und dann kochen. Ich habe von unserem Gespräch allein Riesenhunger.

Additional Listening Activity 4-6, p. 34

ANDREA	Guten Tag!
VERKÄUFER	Guten Tag! Was darf's denn heute sein?
ANDREA	Ich soll viel Obst und Gemüse kaufen. Meine Mutter hat gesagt, wir haben bislang zu fett gegessen. Außerdem will ich auch nichts mehr essen, was viele Kalorien hat.
VERKÄUFER	Ja, da sind Sie bei mir ganz richtig. In unserem Laden gibt's nur Obst und Gemüse. Und wir haben alles, was Sie wollen, hoffe ich.
ANDREA	Also, ich möchte gern einen Blumenkohl und ein Pfund Möhren.
VERKÄUFER	Gut. ... Hier, bitte. Was soll's noch sein?
ANDREA	Haben Sie Brokkoli?
VERKÄUFER	Ja, natürlich. Wie viel Brokkoli möchten Sie denn?
ANDREA	Ein Kilo, bitte.
VERKÄUFER	Das hier sind drei Pfund, ist das zu viel?
ANDREA	Nein, das ist gut so.
VERKÄUFER	Möchten Sie noch etwas?
ANDREA	Ja, ein Kilo Äpfel, bitte.
VERKÄUFER	Die roten oder die gelben?
ANDREA	Vielleicht von jeder Sorte ein Pfund?
VERKÄUFER	Ja, das geht natürlich. Und was soll's noch sein?
ANDREA	Haben Sie auch Blaubeeren?
VERKÄUFER	Nein, die haben wir leider im Moment nicht. Aber Erdbeeren sind da, möchten Sie die?
ANDREA	Mmh, nein, ich glaube nicht. Ich nehme lieber noch ein Kilo Kirschen, von den schwarzen, die Sie da hinten haben.
VERKÄUFER	Ein Kilo?
ANDREA	Ja, bitte.
VERKÄUFER	Haben Sie noch einen Wunsch?
ANDREA	Nein, danke, das ist alles.
VERKÄUFER	Gut, das kostet alles zusammen ... Moment ... 15 Mark und 72 Pfennig. Haben Sie vielleicht zwei Pfennige?
ANDREA	Ich glaube, ja. Hier, bitte.
VERKÄUFER	Danke!

Answers to Additional Listening Activities

Additional Listening Activity 4-1, p. 31

1. b   2. d   3. c   4. b   5. a   6. d   7. b

Additional Listening Activity 4-2, p. 32

1. Martin: isst viel Obst, raucht nicht, trinkt Alkohol nur am Wochenende, jeden Morgen joggt er, fährt mit dem Rad zur Schule, schläft zehn Stunden.
2. Jana: isst nicht gesund, fühlt sich nicht immer wohl, isst viel Fleisch, nicht viel Gemüse, schläft sieben Stunden, raucht manchmal, trinkt keinen Alkohol.
3. Petra: schläft neun Stunden, isst viel Gemüse und Obst, keine Butter, fährt jeden Morgen Rad, macht zweimal in der Woche Gymnastik, raucht nicht und trinkt keinen Alkohol.

   Petra ist am gesündesten, weil sie nicht raucht, keinen Alkohol trinkt, oft Sport macht, und neun Stunden schläft.

Additional Listening Activity 4-3, pp. 32–33

1. He says that he usually eats healthily.
2. She points out that he ate cake and is drinking a soft drink.
3. He says that he rides his bike and that last year he jogged every day.
4. She disagrees with him because he only rides his bike a short distance to school and smokes often with his clique.
6. She invites him to go swimming; yes

Additional Listening Activity 4-4, p. 33

1. d   2. c   3. a   4. b   5. c

Additional Listening Activity 4-5, p. 34

1. stimmt
2. stimmt nicht
3. stimmt nicht
4. stimmt
5. stimmt
6. stimmt nicht

Additional Listening Activity 4-6, p. 34

1. c   2. a   3. c   4. c   5. a   6. a   7. c

Erste Stufe

6 Hör gut zu!, p. 112

REGINA Ich nehme einen kleinen Orangensaft, ein Schinkencroissant und einen Vanillejoghurt.
VERKAUFER Alles klar. Das macht dann zusammen zwei Mark fünfzig.
MAX Ich hätte gern einen Kakao und zwei Eibrötchen. Das ist alles.
VERKAUFER Gut, also einmal Kakao und zweimal Eibrötchen. Zwei Mark achtzig, bitte!
KATJA Für mich bitte eine Banane, einen Müslijoghurt und eine kleine Flasche Milch. Mmmh, die Quarkbrötchen sehen lecker aus. Ich nehme auch noch ein Quarkbrötchen dazu!
VERKAUFER Also, Banane, Joghurt, Milch und Quarkbrötchen. Da bekomme ich dann genau drei Mark.
FELIX Ich nehme zwei Äpfel und ein Salamibrötchen. Ist noch ein Bananenjoghurt da?
VERKAUFER Ja, hier ist noch einer. Der Letzte übrigens! Da hast du Glück gehabt. Also, alles zusammen kostet zwei Mark vierzig.

Answers to Activity 6
Regina: Orangensaft, Schinkencroissant, Vanillejoghurt; DM 2,50
Max: Kakao, zwei Eibrötchen; DM 2,80
Katja: Banane, Müslijoghurt, Milch, Quarkbrötchen; DM 3,00
Felix: zwei Äpfel, Salamibrötchen, Bananenjoghurt; DM 2,40

9 Hör gut zu!, p. 113

1. MICHI Du, Mutti, haben wir etwas Leckeres im Kühlschrank? Ich möchte so gern etwas Süßes essen, ein Eis zum Beispiel!
MUTTER Schauen wir doch mal nach! Ja, also Eis haben wir nicht, aber hier ist ein Joghurt. Den kannst du haben, wenn du willst. Der ist bestimmt genauso lecker wie ein Eis.
MICHI Ach nein, einen Joghurt mag ich nicht. Der schmeckt doch ganz anders als Eis!
2. EVI Vati, haben wir noch Cola im Kühlschrank?
VATER Nein, ich glaube, du hast gestern die letzte Dose ausgetrunken, und der Apfelsaft ist leider auch schon alle. Aber, wie wäre es mit einem Glas Milch?
EVI Milch? Ach Papa, ich bin doch kein Baby mehr. Nein, also Milch mag ich nicht!
3. GRETCHEN Papa, ist noch etwas von der Schokoladentorte übrig? Deine Geburtstagstorte war so lecker!
VATER Nein, ich glaube, von der Torte ist nichts mehr übrig. Wir haben gestern alle Stücke aufgegessen. Aber hier sind noch ein paar Schokoladenplätzchen. Willst du die?
GRETCHEN Ja, danke. Die schmecken zwar nicht genauso gut wie deine Torte, aber ich mag sie trotzdem!
4. ULLI Mama, ich möchte so gern eine Portion Erdbeeren mit Schlagsahne essen. Haben wir welche im Kühlschrank?
MUTTER Mal sehen! Ja, also Schlagsahne haben wir, aber leider keine Erdbeeren mehr. Tut mir Leid. Aber schau mal, wir haben Milch und wir haben auch Bananen. Du kannst dir einen Bananenmilchshake machen mit Schlagsahne oben drauf! Also, was hältst du davon?
ULLI Au ja, super! Möchtest du auch einen? Dann mach ich gleich zwei!
MUTTER Ja, gern!

Answers to Activity 9
Michi: will Eis; mag keinen Joghurt
Evi: will Cola; mag keine Milch
Gretchen: will Schokoladentorte; mag auch Schokoladenplätzchen
Ulli: will Erdbeeren mit Schlagsahne; mag auch Bananenmilchshake

12 Hör gut zu!, p. 115

1. HEINZ Sag mal, Richard, was hast du denn heute auf deinem Pausenbrot?
RICHARD Ich habe heute Salami drauf!
HEINZ Du hast immer nur Wurst auf deinem Pausenbrot! Isst du nie was anderes? Käse, zum Beispiel! Oder mal was Süßes wie Marmelade oder so!
RICHARD Nein, Käse ist nicht mein Fall. Auf meinem Pausenbrot mag ich nun mal gerne Wurst. Salami, Schinken und Leberwurst mag ich am liebsten. Und wenn ich mal was Süßes will, dann nur Eis!

2.	ULRIKE	Hallo, Claudia! Kommst du in der Pause mit in den Supermarkt? Oder hast du dir was von zu Hause mitgebracht?
	CLAUDIA	Nein, du weißt doch, ich bringe mir selten was von zu Hause mit. Aber ich komme trotzdem nicht mit in den Supermarkt. Ich hole mir heute ein Fischbrötchen vom Fischstand. Freitags esse ich nämlich immer Fisch!
3.	HEIKE	He, Gerhard! Was hast du denn da in der Tragetasche?
	GERHARD	Da ist mein Pausensnack drin!
	HEIKE	Zeig doch mal, was hast du denn alles mitgebracht?
	GERHARD	Ja, also heute habe ich meinen Obsttag. Zwei Bananen, einen Apfel und ein Pfund blaue Trauben. Die sind echt lecker.
	HEIKE	Isst du denn heute sonst nichts, nur Obst?
	GERHARD	Doch! Ich gehe gleich noch zum Bäcker und hole mir ein Stück Strudel. Aber Obst esse ich jeden Tag, der Vitamine wegen!

Answers to Activity 12
Richard: b, c   Claudia: e   Gerhard: a, d

Zweite Stufe

16 Hör gut zu!, p. 118

UWE	Martina, was hast du denn immer so auf deinem Pausenbrot?
MARTINA	Also, meistens habe ich irgendeine Wurst drauf, zum Beispiel Salami, oder ich mag auch gerne Corned Beef. Manchmal streiche ich auch Senf oder Mayonnaise auf die Wurst, das schmeckt mir auch gut. Ich hab selten auch mal Marmelade drauf, aber normalerweise nicht auf einer Scheibe Brot, sondern nur wenn's ein Brötchen ist.
UWE	Angelika, erzähl du uns doch mal, was du so gewöhnlich auf deinem Pausenbrot hast!
ANGELIKA	Ja, also ich mag wahnsinnig gerne Tofu mit Sojasprossen, am liebsten auf einem Stück Knäckebrot. Und meistens habe ich auch noch ein paar Radieschen- oder Gurkenscheiben drauf auf dem Tofu. Das ist echt lecker.
UWE	Und Klaus, wie sieht denn dein Pausenbrot so aus?
KLAUS	Ja, also ich bin der totale Käsefreak! Ich hab jeden Tag eine andere Sorte Käse drauf. Was das Brot anbetrifft, ist es mir eigentlich egal, welche Sorte es ist, also Vollkorn, Weiß- oder Schwarzbrot ... esse ich alles gern. Aber auf den Käse kommt es an! Holländischen Edamer mag ich total gern und auch französischen Camembert. Ach ja, Margarine mag ich auf meinem Brot nicht. Butter schmeckt viel besser!

Answers to Activity 16
Martina: Salami und Corned Beef mit Senf und Mayonnaise, Marmelade
Angelika: Tofu mit Sojasprossen, Radieschen- und Gurkenscheiben
Klaus: holländischen Edamer, französischen Camembert, Butter

20 Hör gut zu!, p. 121

1. — Hallo, Frau Becker! Dieser Kugelschreiber hier ist Ihnen gerade aus der Tasche gefallen.
   — Danke, Horst. Das war sehr aufmerksam von dir.
2. — Habt ihr Lust, heute Abend zu mir zu kommen? Wir können uns die neuen CDs anhören, die ich von euch zum Geburtstag bekommen habe!
   — Au ja, Klasse! Wir kommen gern, oder was meinst du, Martin?
3. — Du, Britta, schau mal! Da hinten kommt die neue Biologielehrerin. Sie soll ganz nett sein, hab ich gehört.
   — Ja, das hab ich auch gehört.
4. — Entschuldigung, können Sie mir sagen, wo der Hausmeister ist? In unserer Klasse ist die Tafel kaputtgegangen.
   — Ja, natürlich. Er hat sein Büro gleich hinter dem Lehrerzimmer.
5. — He Frank, ich glaube, dass ich aus Versehen dein Mathebuch eingesteckt habe. Ich habe nämlich zwei in meiner Schultasche. Guck doch mal nach, ob dir deins fehlt!
   — Ja, du hast Recht. Es gehört tatsächlich mir. Danke!

Answers to Activity 20
| 1. einer älteren Person | 3. einem Freund | 5. einem Freund |
| 2. zwei Freunden | 4. einer älteren Person | |

Dritte Stufe

26 Hör gut zu!, p. 123

ILSE Also, wenn ich Obst esse, dann mag ich Bananen lieber als Äpfel. Aber im Sommer mag ich Melonen am liebsten. Am besten schmeckt mir eisgekühlte Wassermelone mit Parmaschinken! Das haben wir zum ersten Mal in Italien gegessen, als wir dort in den Ferien waren. Und jetzt machen wir es auch oft zu Hause, weil es uns so gut geschmeckt hat.

ULF Wir essen sehr viel Gemüse zu Hause. Mein Vater macht eine ganz tolle Gemüsesuppe, mit frischen Kräutern und saurer Sahne und so. Da sind ganz viele verschiedene Gemüsesorten drin, eigentlich alles, was ich gerne mag. Also, Zucchini, Karotten und grüne Bohnen. Die mag ich lieber als zum Beispiel Paprika. Am liebsten mag ich es, wenn auch Tomaten drin sind.

UWE An meinem Geburtstag darf ich mir aussuchen, was es zu essen gibt. Ich weiß noch nicht, ob ich mir lieber ein chinesisches Reisgericht oder italienische Pasta wünschen soll. Ja, eigentlich mag ich die chinesische Küche lieber. Aber, ehrlich gesagt, schmecken mir die deutschen Gerichte am besten, besonders wenn meine Oma kocht.

ANJA Ich esse Obst nicht so gern, aber dafür trinke ich alle Fruchtsäfte, die es so gibt. Also, zum Beispiel, Orangensaft, Apfelsaft und Grapefruitsaft. Am liebsten mag ich Traubensaft. Der schmeckt immer richtig süß und fruchtig. Ja, und sonst, wenn ich total durstig bin oder viel Sport gemacht habe, dann trinke ich am liebsten literweise Wasser, Mineralwasser natürlich! Das löscht den Durst am besten.

Answers to Activity 26
Ilse: mag Bananen lieber als Äpfel; mag Melone am liebsten
Ulf: mag Zucchini, Karotten und grüne Bohnen lieber als Paprika; mag Tomaten am liebsten
Uwe: mag chinesische Küche lieber als italienische; mag deutsche Gerichte am liebsten
Anja: mag Traubensaft lieber als Orangen-, Apfel- und Grapefruitsaft; mag am liebsten Mineralwasser

Anwendung

Activity 1, p. 126

MUTTER Also, Bernd, was möchtest du trinken?

BERND Ah, ich freue mich schon auf den leckeren Orangensaft hier. Der schmeckt so gut, weil er immer aus frisch gepressten Apfelsinen ist. Eigentlich mag ich den Apfelsaft ja auch gern, aber der Orangensaft schmeckt mir doch viel besser. Und du, Annette, was trinkst du?

ANNETTE Ach, Bernd! Saft! Saft! Immer trinkst du nur Saft! Nimm doch mal was anderes, eine Cola zum Beispiel, so wie ich! Und dann bestelle ich mir jetzt die Gemüseplatte. Die haben ja sonst hier nicht so viel ohne Fleisch. Entweder Salatbuffet oder Gemüseplatte. Na ja, hoffentlich sind auch meine Lieblingspilze mit dabei. Mutti, nimmst du wieder die Krabben wie letztes Mal?

MUTTER Ja, also, ich nehme wieder die frischen Krabben mit Kräuterbutter und Petersilienkartoffeln. Und dazu noch ein paar Scheiben Baguette. Das habe ich schon lange nicht mehr gehabt. Oder nein, ich glaube, ich lasse mal das Brot weg und nehme lieber nachher noch ein Dessert. Und was nimmst du, Hans-Peter?

VATER Ja also, der Kuchen soll hier ausgezeichnet sein. Schau mal auf die Karte, was die alles haben: Apfeltorte, Kirschstreusel, Rosinennapfkuchen. Mmmh, und alles hausgemacht, ach, und auch noch Zitronencremeschnitten. Schokoladentorte mit Sahne hört sich nun auch gut an! Na ja, aber zuerst nehme ich mal die Aalsuppe, und dann sehen wir weiter!

Answers to Activity 1
1. Annette
2. Bernd
3. Nein, sie isst vegetarisch.
4. Ja, denn er liest zuerst, welche Kuchen/Torten es auf der Speisekarte gibt.

Scripts for Additional Listening Activities

Additional Listening Activity 5-1, p. 39

MIKE Ich hab vielleicht einen Durst! Ich werde eine ganze Cola trinken! Oder einen Kakao. Wir haben bestimmt Kakao im Kühlschrank. Trinkst du auch Kakao?

JANA Ja, gern.

MIKE Ich habe auch einen Riesenhunger. Du bestimmt auch, oder?

JANA Ja, ich bin auch hungrig. Ich habe noch nichts gegessen.

MIKE Lass uns mal in den Kühlschrank sehen, was wir da haben. Ich glaube, meine Mutter hat heute Vormittag eingekauft. Wir haben bestimmt Joghurt. Du magst Joghurt, oder?

JANA Ja, klar.

(after opening the fridge)

MIKE Mmh, hier im Kühlschrank ist aber nicht mehr viel drin. Wahrscheinlich war meine Mutter doch nicht einkaufen. Und wir haben keinen Joghurt mehr. Was für ein Pech!

JANA Macht nichts. Da esse ich eben was anderes.

MIKE Mal sehen, was wir hier noch haben. Fleisch und Wurst haben wir auch nicht mehr.

JANA Ihr esst wohl vegetarisch zu Hause?

MIKE Na, eigentlich nicht. Nur heute ist eben nichts mehr im Kühlschrank. Das ist komisch, weil Mutter sonst immer rechtzeitig einkaufen geht. Lass mal sehen. Wir haben noch Quark hier. Du magst doch Quark, oder?

JANA Na ja, nicht unbedingt.

MIKE Na ja, dann magst du bestimmt auch diesen Tofu hier nicht ...

JANA Was soll denn das sein?

MIKE Das ist so eine Art Quark. Aber das willst du bestimmt nicht.

JANA Nicht unbedingt.

MIKE Dann habe ich nur noch diesen Käse hier anzubieten. Magst du Käse?

JANA Ja, sicher. Sehr gern sogar.

MIKE Dann können wir Brötchen mit Käse essen.

JANA Ja, gern.

MIKE Ach, was zu trinken wollten wir ja auch. Kakao, mmh. Ich glaube, wir haben auch keinen Kakao mehr. Und auch keine Cola.

JANA Das ist nicht so schlimm.

MIKE Ich kann auch gern noch schnell was einkaufen gehen.

JANA Schon gut! Ich trinke auch Wasser.

MIKE Apropos einkaufen, wart mal, ist heute nicht Donnerstag?

JANA Ja, genau, warum?

MIKE Ach, du Schreck. Dann muss ich ja heute einkaufen gehen. Meine Mutter musste heute früh sehr zeitig weg und kommt heute spät von der Arbeit zurück. Normalerweise geht sie immer donnerstagvormittags einkaufen. Und heute soll ich das machen. Na, kein Wunder, dass der Kühlschrank leer ist ...

JANA Du, ich muss heute auch einkaufen gehen. Dann lass uns doch zusammen gehen.

MIKE Ja, das ist eine gute Idee. Aber vorher essen wir noch die Käsebrötchen und trinken dazu Wasser ...

Additional Listening Activity 5-2, p. 40

VERKÄUFER Na, Michael, bist ja wieder mal spät dran!

MICHAEL Mensch, ich schaffe es nie, mal am Anfang der Pause am Stand zu sein. Jedes Mal werde ich aufgehalten. Sieht schon ganz schön leer aus hier.

VERKÄUFER Na ja, tut mir Leid, aber ...

MICHAEL Habt ihr denn noch Kakao?

VERKÄUFER Leider nicht, es gibt nur noch normale Milch. Möchtest du die?

MICHAEL Ja, dann nehme ich eine Flasche davon. Habt ihr denn noch Brötchen?

VERKÄUFER Ich hab leider nur noch belegte Brötchen. Ich bedaure, die Auswahl ist nicht mehr sehr groß. Du bist ganz schön spät dran. Die Pause ist ja gleich vorbei. Wir haben schon viel verkauft.

MICHAEL Ja, das glaube ich. Der Mathelehrer hat mich noch alle möglichen Sachen nach der Stunde gefragt. Und er hat mir auch noch einen Brief für meine Mutter gegeben. Ich glaube, er will zu uns nach Hause kommen. Ich habe doch in der letzten Mathearbeit eine sehr schlechte Note geschrieben.

VERKÄUFER Au, das tut mir Leid.

MICHAEL Na ja, ist nicht so schlimm. Aber was will ich denn nun essen? Habt ihr noch Schinkenbrot?

VERKÄUFER Nein, leider nicht mehr. Nur noch andere Wurst und Käse. Was willst du lieber?

MICHAEL Käse. Und habt ihr noch Joghurt?

VERKÄUFER Ja, der Blaubeerjoghurt ist alle, aber wir haben noch Aprikose und Erdbeere.

MICHAEL Dann möchte ich Aprikose, bitte. Den mag ich lieber als den Erdbeerjoghurt.

VERKÄUFER	Willst du sonst noch etwas?
MICHAEL	Ja, was ist denn das da hinten, sieht aus wie Salat?
VERKÄUFER	Ja, das ist Fleischsalat mit Ei. Magst du den?
MICHAEL	Ach nein, danke! Ich mag Ei nicht gern.
VERKÄUFER	Okay, dann bekomme ich 2 Mark 75 von dir.
MICHAEL	Hier, bitte.
VERKÄUFER	Danke.

Additional Listening Activity 5-3, p. 41

JÖRG	Komm, Thomas, lass uns mal sehen, was es zum Essen gibt.
THOMAS	Ja, das ist eine gute Idee. Peter hat immer tolle Sachen zum Essen auf seinen Partys. Weißt du noch, der Lachs und die Muscheln letztes Jahr ...
JÖRG	Ja, und das Hähnchen, das seine Mutter gegrillt hat, das hat mir am besten geschmeckt.
THOMAS	Ja, seine Mutter kann wirklich toll kochen.
JÖRG	Das stimmt. Dann lass uns mal sehen, was sie heute gekocht hat. Schau mal, Thomas, es gibt wieder Lachs zu essen.
THOMAS	Wo?
JÖRG	Na, da hinten links, auf dem kleinen Tisch, siehst du?
THOMAS	Ja, stimmt. Da nehme ich mir gleich etwas davon. Und das daneben, was soll das denn sein?
JÖRG	Ich glaube, das ist Quark.
THOMAS	Und das Grüne?
JÖRG	Das sieht aus wie Schnittlauch.
THOMAS	Das werde ich essen, das kenne ich noch nicht. Hör mal, und dahinten auf dem großen Tisch?
JÖRG	Das ist Tofu. Den werde ich essen, den mag ich sehr gern. Normalerweise esse ich Tofu mit Sojasprossen, ich sehe aber keine Sojasprossen hier.
THOMAS	Nein, ich auch nicht. Hier ist ein Salat mit Pilzen und Ei, den habe ich mir genommen. Vielleicht magst du den auch?
JÖRG	Ach nein, danke, ich nehme lieber etwas von diesem grünen Salat. Und von dem Blumenkohl, der sieht auch gut aus.
THOMAS	Du, Jörg, guck mal, da da hinten rechts ist Hähnchen. Magst du das nicht?
JÖRG	Doch, habe ich gar nicht gesehen. Und dann werde ich noch etwas Brot nehmen.
THOMAS	Du, es gibt auch tolle frische helle Brötchen. Da nehme ich mir eins von.
JÖRG	Ich esse lieber Brot. Ich seh nur helles. Gibt es auch dunkles Brot?
THOMAS	Ja, da drüben habe ich dunkles Brot gesehen.
JÖRG	Ja, ich sehe es, danke. Das hole ich mir noch. Und dann ist mein Teller voll.
THOMAS	Ja, meiner auch. Vielleicht sollen wir erst mal essen. Es gibt noch tolles Obst: Erdbeeren und Blaubeeren. Hast du das gesehen?
JÖRG	Ja, aber ich glaube, was ich auf meinem Teller habe, ist genug.
THOMAS	Ja, ich glaube auch. Dann lass uns essen!

Additional Listening Activity 5-4, p. 41

TORSTEN	Du, hör mal, Heiko, hast du nicht mein Pausenbrot gesehen?
HEIKO	Nein, wo soll das denn sein?
TORSTEN	Ich hatte das hier auf den Tisch gelegt, und dann bin ich zum Pausenstand gegangen und habe mir eine Flasche Kakao geholt.
HEIKO	Hier auf dem Tisch? Nein, da lag nur... Was war das denn für ein Brot, dunkles oder helles?
TORSTEN	Dunkles, natürlich, ich esse immer dunkles Brot, weißt du doch. Wir beide essen doch nie helles Brot.
HEIKO	Ja, stimmt. Also, was war denn auf dem Brot?
TORSTEN	Ich glaube, Schweizer Käse.
HEIKO	Oder Tilsiter Käse?
TORSTEN	Ja, vielleicht. Ja, jetzt erinnere ich mich. Meine Mutter hat gesagt, sie macht Tilsiter Käse aufs Brot. Aber warum musst du das eigentlich wissen? Ich habe dich nur gefragt, ob du mein Brot hier auf dem Tisch gesehen hast.
HEIKO	Ja, vielleicht ...
TORSTEN	Was hast du eigentlich auf deinem Pausenbrot gehabt?
HEIKO	Ich weiß nicht.
TORSTEN	Aber du hast doch vorhin ein Brot gegessen. Das habe ich doch gesehen.
HEIKO	Ja, aber... das war wahrscheinlich dein Pausenbrot. Entschuldigung. Ich habe gedacht, es ist mein Brot, weil es auch in Aluminiumfolie gewickelt war.
TORSTEN	Ach...
HEIKO	Du kannst gern mein Brot haben, wenn du möchtest.
TORSTEN	Was hast du denn auf dem Brot?
HEIKO	Camembert Käse. Und außerdem ist es, wie deins auch, dunkles Brot. Entschuldige noch mal, tut mir Leid.

TORSTEN	Ist schon gut. Ist ja nicht so schlimm. Ich mag Camembert eigentlich noch lieber als Tilsiter. Und wenn dir mein Brot geschmeckt hat ...
HEIKO	Ja, du, es hat ganz toll geschmeckt. Kannst du deiner Mutter sagen.
TORSTEN	Gut. Vielleicht sollten wir unsere Pausenbrote immer tauschen. *(both laugh)*

Additional Listening Activity 5-5, p. 42

TINA	Mensch, Claudia, ich freue mich schon wahnsinnig auf das Zelten in den Ferien.
CLAUDIA	Ja, Tina, ich auch. Und es sind nur noch drei Tage, bis wir losfahren.
TINA	Lass uns doch mal überlegen, was wir alles zum Essen und zum Zelten mitnehmen müssen. Was isst du denn gewöhnlich zum Frühstück, Claudia?
CLAUDIA	Ja, also, zum Frühstück esse ich normalerweise Brötchen mit Butter und Marmelade. Und du?
TINA	Ich esse lieber Käse auf den Brötchen. Aber wir können ja beides dort kaufen. Ich weiß auch, dass es dort, wo wir hinfahren, einen guten Bäcker gibt, der bäckt leckere Brötchen. Und Butter, Marmelade und Käse können wir uns dann dort im Supermarkt kaufen.
CLAUDIA	Ja, genau. Ich trinke auch gern Milch zum Frühstück. Magst du Milch zum Frühstück?
TINA	Ja, klar, die können wir uns auch jeden Morgen im Laden kaufen. Vielleicht sollen wir auch ein paar Suppen kaufen, bevor wir losfahren. Ich nehme meinen Kocher mit, und dann können wir uns auch zum Mittagessen oder zum Abendbrot etwas kochen. Oder was meinst du?
CLAUDIA	Ja, ich koche auch sehr gern. Und beim Zelten macht das besonders Spaß.
TINA	Welche Suppen magst du denn gern?
CLAUDIA	Ich esse gern Pilzsuppe, aber Tomatensuppe mag ich lieber. Welche Suppe magst du lieber?
TINA	Ich mag Pilzsuppe lieber. Aber manchmal können wir auch Tomatensuppe kochen. Lass uns drei Tüten Pilzsuppe und zwei Tüten Tomatensuppe kaufen. Vielleicht sollen wir auch ein paar Dosen Gemüse kaufen. Welches Gemüse magst du denn am liebsten?
CLAUDIA	Am liebsten esse ich Möhren und Erbsen. Du magst doch Erbsen auch, oder?
TINA	Na, nicht unbedingt. Ich esse lieber Möhren. Ich esse auch Sauerkraut sehr gern. Magst du das auch?
CLAUDIA	Ja, sehr gern. Lass uns eine Dose Sauerkraut und eine Dose Erbsen kaufen.
TINA	Gut. Vielleicht sollen wir auch eine Dose Wurst kaufen? Die können wir mal zum Abendessen aufmachen.
CLAUDIA	Ja, das ist eine gute Idee. Also, eine Dose Wurst noch. Lass uns das alles auf einen Zettel schreiben, dass wir das nicht vergessen. Und morgen können wir einkaufen gehen.

Additional Listening Activity 5-6, p. 42

TANTE	Hallo, Karin, hier ist Tante Erna.
KARIN	Hallo, Tante Erna.
TANTE	Ich freue mich schon so sehr, dass du nächste Woche zu mir kommst. Dann bin ich auch nicht mehr so allein und brauche auch nicht mehr nur für mich zu kochen. Deshalb rufe ich übrigens an. Ich will gern wissen, was du gern isst. Ich will nämlich einen Speiseplan für die Zeit machen, wenn du kommst.
KARIN	Ach, Tante Erna, du brauchst doch keinen Plan zu machen. Ich esse eigentlich alles.
TANTE	Ich möchte es aber genau wissen. Welches Obst magst du?
KARIN	Obst? Da mag ich alles. Ich esse zu Hause fast nur Obst und Gemüse.
TANTE	Da soll ich wohl gar kein Fleisch kaufen? Du isst wohl vegetarisch?
KARIN	Nein, nein, ich will mich gesund und fit halten damit. Manchmal esse ich auch Fleisch.
TANTE	Na, ein Glück. Ich esse nämlich viel Fleisch. Welches Fleisch schmeckt dir besser? Schwein oder Rind?
KARIN	Ich esse lieber Schweinefleisch. Und Lammfleisch schmeckt mir gar nicht.
TANTE	Ach so, na dann kaufe ich Schweinefleisch, wenn du da bist. Dann können wir Schnitzel machen oder Schweinskotelett. Ach, und jeden Sonntag koche ich Karpfen. Du magst doch Karpfen, oder?
KARIN	Ja, sehr gern.
TANTE	Welches Gemüse magst du denn am liebsten?
KARIN	Am liebsten mag ich Möhren und auch Brokkoli.
TANTE	Gibt es auch Gemüse, das du gar nicht magst?
KARIN	Ja, Sojasprossen schmecken mir überhaupt nicht.
TANTE	Gut, dann gibt's nur Möhren und Brokkoli. Ich esse auch Blumenkohl sehr gern. Du magst doch Blumenkohl, oder?
KARIN	Na, es geht. Brokkoli mag ich lieber. Blumenkohl mag ich nur als Suppe gern.
TANTE	Das ist eine gute Idee. Das schmeckt mir auch. Welche Suppen magst du denn auch noch gern?
KARIN	Nudelsuppe mag ich auch und Tomatensuppe ...
TANTE	Ja, Tomatensuppe ist sehr gut und auch sehr gesund. Übrigens gibt es bei mir keine Blutwurst, wenn du hier bist, die ist nämlich sehr ungesund. Und Pommes frites und Fischstäbchen gibt's auch nicht, die sind zu fettig. Ich esse nur vernünftig zu Hause und alles, was ich koche, ist gesund.
KARIN	Aber ...

Answers to Additional Listening Activities

Additional Listening Activity 5-1, p. 39

1. stimmt
2. stimmt nicht: Jana mag Joghurt, aber im Kühlschrank ist kein Joghurt.
3. stimmt nicht: Sie sind nicht Vegetarier.
4. stimmt nicht: Mike hat Quark im Kühlschrank, aber Jana mag keinen Quark.
5. stimmt
6. stimmt nicht: Mike hat Brötchen, und sie essen Brötchen mit Käse.
7. stimmt nicht: Mike hat keine Cola mehr im Kühlschrank.
8. stimmt
9. stimmt nicht: Er soll einkaufen gehen, weil seine Mutter früh arbeiten musste.
10. stimmt nicht: Mikes Mutter geht immer Donnerstagvormittag einkaufen.

Additional Listening Activity 5-2, p. 40

1. a   2. b   3. a   4. c   5. a   6. a   7. c   8. b   9. c

Additional Listening Activity 5-3, p. 41

	Buffet	Thomas	Jörg
Lachs	✔	ja	X
Quark mit Schnittlauch			
Tofu	✔	X	ja
Sojasprossen			
Salat mit Pilzen und Ei	✔	ja	X
grüner Salat	✔	X	ja
Blumenkohl	✔	X	ja
Rindfleisch			
Schweinefleisch			
Hähnchen	✔	X	ja
Karpfen			
Blaubeeren	✔	X	X
Erdbeeren	✔	X	X
Kirschen			

Additional Listening Activity 5-4, p. 41

1. *richtig*
2. *falsch (Es war dunkles Brot mit Tilsiter Käse.)*
3. *falsch (Er hat Torstens Brot gegessen.)*
4. *richtig*
5. *richtig*

B. Heiko apologizes because he accidently ate Torsten's sandwich.

Additional Listening Activity 5-5, p. 42

	Claudia mag	Tina mag
zum Frühstück	Brötchen mit Butter und Marmelade, Milch	Brötchen mit Käse, Milch
Suppe	Tomatensuppe, Pilzsuppe	Pilzsuppe, Tomatensuppe
Gemüse	Möhren und Sauerkraut	Möhren, Erbsen

Einkaufszettel: 3 Tüten Pilzsuppe, 2 Tüten Tomatensuppe, 1 Dose Sauerkraut, 1 Dose Erbsen, 1 Dose Wurst

Additional Listening Activity 5-6, p. 42

1. a   2. c   3. a   4. b   5. c   6. b   7. b

Erste Stufe

6 Hör gut zu!, p. 136

1.   JÜRGEN   Meine Stirn ist so furchtbar heiß! Mir ist schlecht. Ich habe bestimmt Fieber.
2.   KARIN   Mir geht es überhaupt nicht gut! Ich habe Bauchschmerzen und gar keinen Appetit! Der Arzt war gerade da und hat mir ein Rezept geschrieben.
3.   STEFAN   Ich treffe mich gleich mit ein paar Freunden. Wir gehen zum Fußballtraining. Ich bin heute gut in Form!
4.   ULRIKE   Ich fühl mich heute nicht wohl! Ich habe Halsschmerzen und kann kaum schlucken.

Answers to Activity 6
a) 4   b) 1   c) 2   d) 3

Zweite Stufe

15 Hör gut zu!, p. 142

ROSI   Zuerst habe ich in der Nacht angefangen zu husten, weil mein Hals gekratzt hat. Und heute Morgen, als ich aufgewacht bin, konnte ich vor lauter Halsschmerzen gar nicht schlucken.

JAN   Schon seit Tagen tun mir die Zähne weh, wenn ich Schokolade oder Eis esse. Heute ist es besonders schlimm. Ich glaube, ich muss wohl endlich mal zum Zahnarzt gehen. Ich kann die Schmerzen kaum noch aushalten!

SANDRA   Gestern Abend habe ich Fisch gegessen, und heute habe ich starke Bauchschmerzen. Mir ist so übel. Hoffentlich muss ich mich nicht übergeben!

TOBIAS   Ahh, ich habe tierische Kopfschmerzen. Und ausgerechnet heute, wo ich einen Mathetest in der Schule habe. Ich kann mich gar nicht konzentrieren.

Answers to Activity 15
a) Tobias   b) Rosi   c) Sandra   d) Jan

Dritte Stufe

23 Hör gut zu!, p. 147

MARKUS   Markus Weber hier. Hallo?

UWE   Guten Morgen, Markus! Ich bin's, Uwe. Du, ich wollte dich fragen, ob es dir etwas besser geht. Kommst du heute zur Schule? Soll ich dich abholen?

MARKUS   Ach Uwe, nee, ich kann heute nicht zur Schule kommen. Ich hab wirklich schlimme Zahnschmerzen. Meine Wange ist sogar ein bisschen geschwollen. Es hat gestern Nachmittag angefangen.

UWE   Ja, also, das tut mir echt Leid. Ich hab gestern in der Schule schon gemerkt, dass du nicht so gut drauf warst! Gehst du heute denn zum Zahnarzt?

MARKUS   Nein, ich bleibe lieber im Bett. Meine Eltern kommen morgen aus dem Urlaub zurück, bis dahin warte ich noch! Dann kann mich meine Mutter zum Arzt hinfahren.

UWE   Das finde ich aber nicht so gut! Du solltest sofort zum Zahnarzt gehen. Ich hol dich nach der Schule mit meinem Moped ab und fahr dich zu Doktor Dressler, okay?

MARKUS   Also gut, wenn du meinst. Und vielen Dank für deinen Anruf!

UWE   Nichts zu danken. Tschüs dann, bis nachher!

Answers to Activity 23
Markus hat Zahnschmerzen; er soll zum Zahnarzt gehen; Uwe holt ihn ab und bringt ihn hin.

27 Hör gut zu!, p. 148

KLAUS   Ja also, das Spiel war echt sensationell! Beide Mannschaften waren ziemlich gut in Form! Ich glaube aber, dass es bei uns mehr Verletzungen gegeben hat. Der Lothar zum Beispiel hat sich ganz schön den Knöchel verstaucht, gleich nach den ersten zehn Spielminuten!

THOMAS   Ja stimmt! Ich glaube aber, dass es bei ihm nicht so schlimm ist wie beim Rudi. Der hat sich nämlich in der zweiten Halbzeit das Knie verletzt. Es hat sogar geblutet. Das war ein ziemlich blödes Foul von der anderen Mannschaft! Hoffentlich kann er nächste Woche wieder beim Training mitmachen.

ANDREAS   Ach ja, das kann er bestimmt. Der Rudi ist ganz schön „tough"! Mir tut der Marco echt Leid. Ausgerechnet unser bester Spieler muss sich den Fuß brechen! Ich hoffe, dass er in dieser Saison überhaupt wieder spielen kann. Es sieht ziemlich schlecht für ihn aus. Das dauert bestimmt lange, bis der Fuß wieder in Ordnung ist!

Answers to Activity 27
Lothar: Knöchel verstaucht
Rudi: Knie verletzt
Marco: Fuß gebrochen

Anwendung

Activity 1, p. 150

SONJA   Ich fahre in den Ferien ans Meer und brauche unbedingt eine gute Sonnencreme. Am besten mit einem hohen Lichtschutzfaktor, denn ich will auf keinen Fall einen Sonnenbrand bekommen!

MELANIE   Ich habe schon seit ein paar Tagen Kopfschmerzen. Mein Arzt hat mir ein Rezept für Tabletten gegeben, aber ich hatte noch keine Zeit, sie abzuholen.

UTE   Meine Hustenmedizin ist alle. Ich muss mir neue kaufen.

JÖRG   Ich brauche unbedingt eine neue Zahnpasta. Heute Morgen habe ich den letzten Rest verbraucht.

Answers to Activity 1
1. Wenn man Sonnencreme braucht, muss man zur Drogerie.
2. Wenn man Tabletten braucht, muss man zur Apotheke.
3. Wenn man Medizin braucht, muss man zur Apotheke.
4. Wenn man Zahnpasta braucht, muss man zur Drogerie.

Scripts for Additional Listening Activities

Additional Listening Activity 6-1, p. 47

HEIKO	Können wir nicht bald mit dem Spiel anfangen?
MARTIN	Nein, weil wir 11 Leute brauchen, und im Moment sind wir erst 10. Uwe ist noch nicht da. Mit nur 10 Spielern haben wir keine Fußballmannschaft.
HEIKO	Das verstehe ich nicht, er war doch gestern noch in der Schule und hat gesagt, dass er heute zum Fußball kommen will. Habe ich nicht gestern mit ihm gesprochen? Ja, Freitag, das war ja gestern.
MARTIN	Ja, ich verstehe das auch nicht. Uwe ist sonst immer pünktlich. Hoffentlich ist er nicht krank.
HEIKO	Na, Mensch, hoffentlich nicht. Vielleicht hat er's auch bloß vergessen heute. Wollen wir ihn nicht mal zu Hause anrufen?
MARTIN	Ja, klar. Hast du die Nummer?
HEIKO	Ja, hier: 48 27 91. Ich habe 30 Pfennig. Wählst du?
MARTIN	Kann ich machen.
HEIKO	Aber erst den Hörer abnehmen.
MARTIN	Weiß ich doch, Mensch. Okay, die Nummer: 48 27 91. *(Phone rings.)*
Fr. MÜLLER	Hier Müller!
MARTIN	Ja, hallo, Frau Müller! Hier ist der Martin. Ist der Uwe zu Hause?
FR. MÜLLER	Nein, ihm ging es heute Morgen gar nicht gut. Jetzt ist er gerade beim Arzt mit seinem Vater.
MARTIN	Ach, das tut mir aber Leid. Was fehlt ihm denn?
FR. MÜLLER	Er konnte heute früh kaum schlucken und hatte schlimme Halsschmerzen.
MARTIN	Da hat er bestimmt auch Fieber?
FR. MÜLLER	Ja, wir haben heute früh gemessen, und da hatte er 38.9 Temperatur.
MARTIN	Na, da kann er natürlich nicht Fußball spielen.
FR. MÜLLER	Ach, ihr wolltet wohl heute Fußball spielen?
MARTIN	Ja, ich rufe gerade vom Sportplatz an. Wir haben heute ein Spiel gegen die 9b. Schade, dass Uwe nicht kommen kann. Er ist ein sehr guter Spieler.
FR. MÜLLER	Das tut mir auch Leid.
MARTIN	Na ja, lässt sich nicht ändern. Sagen Sie ihm gute Besserung. Und vielleicht kann ich morgen mal vorbeikommen?
FR. MÜLLER	Ja, mach das. Da freut er sich bestimmt.
MARTIN	Gut, dann bis morgen! Auf Wiederhören!
FR. MÜLLER	Auf Wiederhören, Martin!
MARTIN	Hast du's mitbekommen, Heiko?
HEIKO	Ja, er hat eine Erkältung. Und was machen wir jetzt? Wir brauchen einen elften Spieler. Wollen wir vielleicht Ines anrufen? Sie spielt Fußball fast so gut wie Uwe.
MARTIN	Ja, das ist eine gute Idee. Rufen wir Ines an!

Additional Listening Activity 6-2, p. 47

LEHRER	Na, dann mal einer nach dem anderen. Matthias, wie fühlst du dich?
MATTHIAS	Mir ist schlecht.
LEHRER	Hast du Fieber?
MATTHIAS	Ich glaube nicht. Ich habe Bauchschmerzen. Ich glaube, ich habe heute Morgen etwas Schlechtes zum Frühstück gegessen.
LEHRER	Na, hoffentlich geht's dir bald besser. Heute kannst du nach Hause gehen. Und was fehlt dir, Anke?
ANKE	Ich habe heute früh noch gar nichts gegessen.
LEHRER	Dann hast du wohl auch Bauchschmerzen.
ANKE	Eigentlich nicht. Ich habe nur ganz schlimme Zahnschmerzen. Schon seit heute früh. Ich glaube, ich muss zum Zahnarzt.
LEHRER	Gut, dann musst du gehen. Gute Besserung! Und was ist mit dir, Janett?
JANETT	Heute früh ging's mir eigentlich noch ganz gut. Aber jetzt habe ich Halsschmerzen und Ohrenschmerzen. Und Kopfschmerzen auch. Ich glaube, ich habe auch Fieber.
LEHRER	Na, dann musst du zum Arzt. Schaffst du's allein zum Arzt, oder soll jemand mitkommen?
JANETT	Nein, danke, ich schaff's schon.
LEHRER	Gute Besserung, Janett!
JANETT	Ja, danke!

Additional Listening Activity 6-3, p. 48

TANJA   Los, Heike, du bist dran! Willst du nicht an den Start gehen?

HEIKE   Guck mal, Tanja! Was ist denn mit Sabine los? Sie sitzt dort bei der Hürde und steht nicht mehr auf. Eben ist sie doch noch gelaufen. Hoffentlich ist nichts passiert!

TANJA   Ja, das ist komisch. Lass uns mal hingehen. *(both are approaching Sabine)*

HEIKE   He, Sabine, ist was passiert? Kannst du nicht aufstehen?

SABINE   Ich weiß auch nicht, mir ist so komisch. Ich fühle mich auf einmal nicht gut.

TANJA   Tut dir was weh?

SABINE   Ja, das Bein ist irgendwie...

TANJA   Was tut dir weh? Der Knöchel?

SABINE   Ja. Au! Aua! Der linke Knöchel.

HEIKE   Der ist ja auch ganz dick. Da hast du dich wirklich verletzt. Wie ist denn das passiert?

SABINE   Ich bin gelaufen und bin über alle Hürden gesprungen. Ohne Probleme. Und bei der letzten Hürde, ich weiß auch nicht, da wurde mir auf einmal schlecht, und da bin ich über die Hürde gestürzt. Auf einmal habe ich hier unten gesessen.

HEIKE   Der Knöchel sieht ganz schön dick aus, hoffentlich hast du dir den nicht gebrochen. Verstaucht hast du ihn bestimmt. Du musst auf alle Fälle zum Arzt.

TANJA   Tut dir noch etwas weh? Der Rücken oder die Schulter?

SABINE   Nein, ich glaube nicht.

TANJA   Willst du aufstehen oder sollen wir einen Arzt holen?

SABINE   Vielleicht könnt ihr mir helfen und mich zum Arzt bringen?

HEIKE   Ja, klar. Komm, ich helfe dir hoch!

SABINE   Au! Aua! Mein Arm!

HEIKE   Oh, dein linker Arm ist ja auch ganz dick. Und dein rechtes Knie ist auch verletzt. Das wird nichts. Ich rufe einen Arzt an. Er muss herkommen. Du bleibst am besten hier liegen. Bleibst du bei ihr, Tanja?

TANJA   Ja, klar. Beeil dich! Ich werde inzwischen den Knöchel mit Eis kühlen.

HEIKE   Okay, ich bin gleich zurück!

Additional Listening Activity 6-4, pp. 48–49

ARZT   Guten Tag, Jens! Komm rein und setz dich erst mal auf den Stuhl hier!

JENS   Guten Tag! Danke!

ARZT   Na, nun erzähl mir mal, was dir wehtut!

JENS   Eigentlich alles. Ich bin heute Morgen die Treppe runtergefallen bei uns zu Hause. Na ja, ich hatte es eilig ...

ARZT   Bist wohl wieder mal zu spät aufgestanden?

JENS   Na ja, ich wollte mich schnell waschen und mir noch schnell die Zähne putzen. Und da hatte ich's eilig, und da ist es eben passiert.

ARZT   Gut, na dann steh mal auf! Zieh dein T-Shirt aus, also mach den Oberkörper frei. Tut dir was am Kopf weh?

JENS   Na ja, ich habe ein bisschen Kopfschmerzen.

ARZT   So wie manchmal oder sehr schlimm?

JENS   Na, sehr schlimm nicht.

ARZT   Gut. Der Hals oder Rücken, tut dir etwas weh?

JENS   Ja, mein Rücken tut etwas weh.

ARZT   Du hast einige blaue Flecke. Der Rücken ist sonst in Ordnung. Aber die linke Schulter sieht nicht gut aus. Tut das weh?

JENS   Au! Ja, das tut weh.

ARZT   Du hast dir die Schulter verletzt. Aber das bekommen wir schon wieder hin. Die Hüfte ist okay?

JENS   Ja, da tut nichts weh.

ARZT   Die Arme sind auch nicht verstaucht oder gebrochen. Zieh mal die Schuhe und die Socken aus.

JENS   Au, das tut aber weh.

ARZT   Was, der Fuß?

JENS   Ja, ich glaube.

ARZT   Mmh, das ist der Knöchel, der ist dick und sicherlich verstaucht. Hoffentlich nicht gebrochen. Um sicher zu sein, machen wir ein Röntgenbild. Auch von der Schulter. Wenn die Röntgenbilder fertig sind, kommst du dann wieder zu mir. Hier ist der Röntgenschein. Die Krankenschwester bringt dich dahin. Alles klar?

JENS   Ja, danke! Alles klar.

ARZT   Gut, dann bis später!

LISTENING ACTIVITIES • SCRIPTS & ANSWERS

MUTTI	Ach, da ist ja Heiko endlich. Tante Trude hat dich schon ganz sehnsüchtig erwartet.
TRUDE	Hallo, Heiko, wir haben uns ja lange nicht gesehen!
HEIKO	Guten Tag, Tante Trude!
TRUDE	Komm, setz dich mit zu uns und erzähl mir mal, was du so machst!
HEIKO	Du, Tante Trude, ich fühle mich im Moment nicht wohl.
TRUDE	Na, das ist aber schade. Wo ich doch nur einen Tag bei euch bin und morgen nach London fliege. Was hast du denn?
HEIKO	Ach, ich weiß auch nicht. Ich bin so müde. Ich muss mich ein bisschen schlafen legen.
MUTTI	Vielleicht sollen wir einen Arzt anrufen.
HEIKO	Nein, nein, so schlecht ist mir nun auch nicht. Ich bin nur müde.
MUTTI	Lass mich mal deine Stirn fühlen. Oh, die ist ja ganz heiß. Ich hole das Thermometer, und dann messen wir deine Temperatur.
HEIKO	Ach, Mutti, so schlimm ist es nun wirklich nicht.
MUTTI	Das sagst du. Aber besser ist besser. Hier ist das Thermometer!
TRUDE	Hast du vielleicht Hunger?
HEIKO	Nein, ans Essen darf ich gar nicht denken, da wird mir gleich noch mehr schlecht. Temperatur habe ich nicht. Schau mal das Thermometer zeigt 38,4°, nur ein bisschen mehr als normal.
TRUDE	Na, ich hoffe, dass du nicht ernsthaft krank wirst. Du musst doch morgen wieder in die Schule gehen.
HEIKO	Ja, ja, das ist schon okay.
MUTTI	Tut dir irgend etwas weh?
HEIKO	Nur der Rücken, der brennt so.
MUTTI	Zeig mal, mach mal dein Hemd hoch ... Ach, du Schreck, der ist ja ganz rot! Was hast du denn gemacht?
TRUDE	Das sieht aus wie Sonnenbrand. Warst du heute zu lange in der Sonne?
HEIKO	Eigentlich nicht.
MUTTI	Ach, natürlich, das ist es, du warst doch heute im Schwimmbad, nicht? Und ich hatte dir doch die Sonnenmilch rausgelegt. Hast du sie mitgenommen?
HEIKO	Die habe ich vergessen.
TRUDE	Ja, bei der Sonne solltest du dich schon eincremen. Außerdem kannst du auch einen Sonnenstich bekommen, wenn du zu lange in der Sonne bleibst.
MUTTI	Und den hast du bestimmmt. Also du legst dich am besten hin. Du solltest auch nichts essen oder nur leichte Speisen. Aber Wasser trinken solltest du viel.
HEIKO	Okay. Tut mir Leid, Tante, dass es mir heute nicht so gut geht.
TRUDE	Ja, lässt sich nicht ändern. Gute Besserung!
HEIKO	Ja, danke. Also, ich lege mich dann mal hin.
MUTTI	Ja, mach das!

Additional Listening Activity 6-6, p. 50

MAJA	Ich bin die Maja. Ich bin fast nie krank. Ich habe in meinem ganzen Leben vielleicht viermal eine Erkältung gehabt, so mit Husten und Schnupfen und Halsschmerzen. Einen Arm oder ein Bein habe ich mir noch nie gebrochen. Auch verstaucht habe ich mir noch nie etwas. Mir geht's meistens gut. Das liegt bestimmt auch daran, dass ich gesund lebe und esse. Ich rauche und trinke nicht und esse nur leichte Speisen. Ja, meistens fühl ich mich wohl.
ANDRE	Ich bin der André. Ich lebe auch gesund, glaube ich, und mache auch viel Sport. Ich spiele Fußball, und beim Fußball habe ich mich auch schon verletzt. Ich habe mir einmal den Arm gebrochen und zweimal schon den linken Knöchel verstaucht. Beim letzten Spiel hatte ich auch fast einen Unfall. Ich bin mit einem anderen Spieler zusammengestoßen und habe mir fast den Kopf verletzt. Zum Glück habe ich mich nicht schlimm verletzt, ich hatte nur Kopfschmerzen hinterher. Der andere Spieler hat sich die Schulter verstaucht.
CLAUDIA	Ich bin die Claudia. So allgemein fühle ich mich gut. Ich hatte noch nie eine richtige Erkältung. Manchmal habe ich Kopfschmerzen, aber die vergehen meist schnell. Fieber hatte ich nur als kleines Kind. Ich spiele Volleyball. Beim Spielen habe ich mir schon zweimal die Schulter verstaucht und einmal den Rücken verletzt. Beim letzten Spiel habe ich mir das Knie verstaucht. Das tut immer noch weh. Im Krankenhaus war ich aber noch nie.

Answers to Additional Listening Activities

Additional Listening Activity 6-1, p. 47

1. a   2. b   3. c   4. b   5. c

Additional Listening Activity 6-2, p. 47

Was fehlt ihnen?
Matthias: Bauchschmerzen, nach Hause
Anke: Zahnschmerzen, zum Zahnarzt
Janett: Halsschmerzen, Ohrenschmerzen, Kopfschmerzen, Fieber, zum Arzt

Additional Listening Activity 6-3, p. 48

1. stimmt nicht: Sie trainieren Hürdenlauf.
2. stimmt
3. stimmt nicht: Ihr tut der linke Knöchel weh.
4. stimmt nicht: Sie ist an der letzten Hürde gestürzt.
5. stimmt
6. stimmt nicht: Sie hat sich den linken Arm und das rechte Knie verletzt.
7. stimmt

Additional Listening Activity 6-4, pp. 48–49

1. c   2. b   3. a   4. a   5. b   6. b

Additional Listening Activity 6-5, p. 49

1. stimmt
2. stimmt nicht
3. stimmt
4. stimmt nicht
5. stimmt
6. stimmt nicht

Additional Listening Activity 6-6, p. 50

	Maja	Andre	Claudia
Erkältung	✔		
Husten/Schnupfen	✔		
Fieber			✔
Kopfschmerzen		✔	✔
Halsschmerzen	✔		
Arm gebrochen		✔	
Bein gebrochen			
Knie verstaucht			✔
Knöchel verstaucht		✔	
Schulter verstaucht			✔
Rücken verletzt			✔

Erste Stufe

9 Hör gut zu!, p. 165

SABINE Ich wohne seit zwei Jahren in Stuttgart, und es gefällt mir sehr gut hier. In Stuttgart ist immer was los! Konzerte, Theater, viele Diskos! Man kann jeden Abend woanders hingehen. Vorher habe ich in Bietigheim gewohnt, 'ne typische Kleinstadt, viel zu ruhig, nicht viel los. Ich würde sogar sagen, es ist ziemlich langweilig dort ...

BORIS Also, ich seh das nicht so. Im Gegenteil! Kleinstädte sind viel gemütlicher, nicht so hektisch wie die Großstadt. Je weiter weg von der Großstadt, desto besser! Wir wohnen schon seit ein paar Jahren in Schönaich, einem kleinen Dorf mitten auf dem Lande. Die Luft ist total frisch hier, es gibt eine tolle Landschaft, viele Wiesen und Wälder. Man kann eine Menge draußen unternehmen, wandern, Fahrrad fahren und so...

SABINE Ja, aber was ist, wenn man mal dringend in die Stadt muss, ins Krankenhaus zum Beispiel? Das dauert ja ewig, bis man dort ist! Nein, also da wohne ich doch lieber direkt in der Großstadt. In Stuttgart gibt es einen schönen Stadtpark, viele Cafés und Restaurants. Und außerdem gibt es noch ein ganz großes Einkaufszentrum mit tollen Boutiquen, die immer supermodische Klamotten haben. Und nicht zu vergessen: Stuttgart hat ziemlich gute Verkehrsverbindungen in alle Richtungen mit Bussen, Straßenbahnen und der U-Bahn.

BORIS Das ist genau der Punkt, der mich an einer Großstadt so stört: zu viel Verkehr! Überall verstopfte Straßen und dreckige Luft! Deshalb sind wir auch von Esslingen weggezogen. Das ist zwar nicht direkt in der Stadt, aber die Vororte wachsen so schnell mit der Großstadt zusammen, da gibt es kaum einen Unterschied.

SABINE Also, ich würde lieber in einem Vorort wie Esslingen wohnen, als auf einem Dorf. In einem Vorort gibt es zwar kein großes Kulturangebot, aber man kann schnell in die Stadt rein. Andererseits hat man den Vorteil, in einer etwas ruhigeren Umgebung zu wohnen, wenn man nach einem langen Tag gestresst nach Hause kommt.

BORIS Also, am liebsten mag ich Schönaich. Auf dem Land in der Natur zu leben, ist mir tausendmal wichtiger, als alles, was die Großstadt jemals zu bieten hat!

Answers to Activity 9

1. Stuttgart (Großstadt): immer was los, Konzerte, Theater, Diskos, Stadtpark, Cafés, Restaurants, großes Einkaufszentrum, gute Verkehrsverbindungen; zu viel Verkehr, verstopfte Straßen, dreckige Luft
2. Bietigheim (Kleinstadt): gemütlich, nicht so hektisch; zu ruhig, nicht viel los, langweilig
3. Esslingen (Vorort): schnelle Verbindungen in die Stadt, ruhige Wohngegend; wächst mit der Großstadt zusammen, kein großes Kulturangebot
4. Schönaich (Dorf): frische Luft, tolle Landschaft, wandern, Fahrrad fahren; Fahrt in die Stadt dauert zu lange in dringenden Fällen

Zweite Stufe

14 Hör gut zu!, p. 169

RALF Ich bin der Ralf und wünsche mir, dass es keinen Krieg mehr auf der Welt gibt, keinen Hunger und keine Armut. Aber zuerst wünsche ich mir einen guten Schulabschluss, damit ich auf die Uni gehen kann, um Politik zu studieren.

CLAUDIA Ich heiße Claudia. Mein größter Wunsch ist ein eigenes Zimmer. Ich muss ein Zimmer mit meiner Schwester teilen, und das ist katastrophal! Überall lässt sie ihre Klamotten rumliegen, macht nie ihr Bett und benutzt andauernd meine Sachen. Ein eigenes Zimmer ganz für mich alleine, das ist mein Traum!

MATTHIAS Ja, also ich heiße Matthias. Ich wünsche mir mal einen ganz tollen Job, der mir in erster Linie Spaß macht und auch viel Geld einbringt. Am liebsten wär ich Manager in einer Computer- oder Hightechfirma oder so. Auf jeden Fall was mit Zukunft!

ANNE Ich bin die Anne und wünsch mir, dass wir in einer sauberen und natürlichen Umwelt leben könnten, wo die Luft nicht dreckig ist, das Wasser nicht verseucht ist und keine Chemikalien in den Nahrungsmitteln sind.

Answers to Activity 14
Ralf: keinen Krieg, keinen Hunger, keine Armut, einen guten Schulabschluss
Claudia: ein eigenes Zimmer
Matthias: einen tollen Job
Anne: eine saubere und natürliche Umwelt

Dritte Stufe

20 Hör gut zu!, p. 174

MARKUS Also, wenn mein Bruder abends immer mit dem Motorrad nach Hause kommt, dann kann man ihn schon von weitem hören! Am lautesten ist es, wenn er direkt bis vor die Haustür fährt!

UTE Sag ihm doch, er soll das Motorrad schon ein paar Meter vor dem Haus ausmachen und es den Rest des Weges einfach nur rollen lassen. Dann würde man ihn gar nicht hören, wenn er kommt.

MARKUS Super! Ich schlage es ihm gleich heute Abend vor! Aber noch schlimmer als laute Motorräder, finde ich eigentlich den Lärm von den Flugzeugen hier. Der Flughafen ist fast mitten in der Stadt! Dort, wo wir wohnen, fliegen die Flugzeuge schon ziemlich tief herunter, bevor sie landen. Und wenn ich nachmittags meine Hausaufgaben mache, stört mich der Lärm ganz besonders.

UTE Ja, das kann ich verstehen. Das würde mich auch nerven. Setz dir doch einen Kopfhörer auf mit deiner Lieblingsmusik. Dann hörst du den Flugzeuglärm bestimmt nicht mehr.

MARKUS Also, ich glaub, das ist keine gute Idee. Ich hör am liebsten Heavy Metal. Aber dabei kann ich mich echt nicht auf meine Hausaufgaben konzentrieren.

UTE Na ja, das ist schade. Versuch's doch mal mit Mozart oder Bach!

MARKUS Niemals! So was Langweiliges! Lieber ertrage ich den Flugzeuglärm!

Answers to Activity 20
Motorradlärm; Flugzeuglärm
Motorrad abstellen und rollen lassen; Kopfhörer aufsetzen
Vorschlag ist super; Vorschlag ist keine gute Idee

Anwendung

Activity 1, p. 178

OLAF Ich wohne lieber mitten in der Großstadt als auf dem Land. Ich gehe nämlich gerne abends aus, zum Beispiel in ein Restaurant, ins Theater oder ins Kino. In einer Stadt ist garantiert immer was los.

SIGRID Also, ich wohne ganz gern hier in Unterlingen. Das ist ein kleines Nest, wo jeder jeden kennt. Es gibt ein paar Bauernhöfe hier, viele Tiere, eine schöne Landschaft, also viel Natur. Das gefällt mir.

HEIDI Also, ich brauch beides: viel Action einerseits und meine Ruhe andererseits. Deswegen wohne ich am liebsten hier in Oberkassel, das ist ein Vorort von Düsseldorf. Wenn ich ausgehen will, dann bin ich schnell im Stadtzentrum. Und wenn ich mal ein gemütliches Wochenende zu Hause verbringen möchte, dann sitze ich auf meinem Balkon und höre nichts von dem Lärm in der Stadt.

FRED Also, ich wohne in Bad Homburg, das ist eine nette Kleinstadt nicht weit von Frankfurt. Es gibt hier ein ziemlich gutes Kulturangebot und viele Restaurants, fast wie in einer Großstadt. Nur viel Verkehr haben wir nicht, und die Luft ist besser. Deswegen wohne ich lieber in Bad Homburg als in Frankfurt.

Answers to Activity 1
1. Olaf: Großstadt; geht gern abends aus
2. Sigrid: Dorf; ihr gefällt die Natur
3. Heidi: Vorort; braucht die Nähe zur Stadt, aber auch eine ruhige Umgebung
4. Fred: Kleinstadt; hat gutes Kulturangebot, wenig Verkehr, bessere Luft

Scripts for Additional Listening Activities

Additional Listening Activity 7-1, p. 55

Liebe Jane,

ich weiß, ich habe dir lange nicht geschrieben. Das lag unter anderem daran, dass ich mit meinen Eltern in eine andere Stadt gezogen bin. Ich wohne jetzt nicht mehr in Hamburg, sondern in Thale. Mein Vater hat hier Arbeit bei einer neuen Computerfirma bekommen. Thale ist eine Kleinstadt und liegt in den Bergen, im Harz, das ist ein kleines Gebirge in Mitteldeutschland. Es gibt auch einen See in der Nähe. Aber irgendwie vermisse ich Hamburg. Hamburg ist eben eine Großstadt, und mir gefällt die Großstadt besser als die Kleinstadt oder das Dorf. Thale ist im Vergleich zu Hamburg wie ein Dorf. Es ist nicht viel los in Thale. In Hamburg gab es immer was zu sehen, oder ich bin in die Disko oder ins Kino gegangen. Außerdem, du weißt ja, wie ich das Meer mag und das habe ich hier nicht. Aber Thale hat auch Vorteile. Der Verkehr ist viel weniger, und der Lärm ist deshalb auch geringer. Wir haben hier ein Haus, das ist mitten im Wald. Das gefällt mir besser als die Wohnung in Hamburg. Auch die Umgebung ist hier schöner als in Hamburg. Es gibt Berge und viel Wald. Die Luft ist sehr klar. Das mag ich sehr. Aber das Leben ist viel ruhiger als in Hamburg. Ich glaube, wenn ich später ohne meine Eltern wohnen werde, ziehe ich die Großstadt vor. Wo gefällt es dir besser?

Schreibe bald wieder!
Tschüs, deine Anja

Additional Listening Activity 7-2, pp. 55–56

Guten Tag. Ich bin die Ines. Ja, wo ich später mal leben will, wollen Sie wissen? Ich glaube, ich ziehe die Großstadt vor. Ich bin in Berlin aufgewachsen, wissen Sie. Da gewöhnt man sich an den Lärm. Das ist natürlich erst mal ein Nachteil, vor allem der viele Verkehr, aber der Vorteil ist, dass man mit den öffentlichen Verkehrsmitteln überallhin kommt. Ich brauche nicht mal ein Auto, die Autos stehen sowieso immer im Stau. Mit der U-Bahn und der S-Bahn komme ich überallhin. Mir gefällt auch die Großstadt besser als die Kleinstadt, weil da immer was los ist. Ich kann abends ins Theater gehen oder ins Kino oder so. Ja, und Natur? Die habe ich in Berlin auch, es gibt viele Seen um Berlin und auch Wälder. Also, Berlin oder eine ähnliche Großstadt, da möchte ich gern auch später leben.

Ich bin der Thomas. Wo ich später mal leben will? Darüber habe ich mir noch keine Gedanken gemacht. Mir gefällt die Großstadt genauso wie die Kleinstadt. Es gibt überall Vor- und Nachteile. In der Kleinstadt zum Beispiel ist der Lärm geringer und meistens auch die Luft besser. Ein Nachteil ist, dass es weniger öffentliche Verkehrsmittel als in der Großstadt gibt. Es kommt auch darauf an, was für einen Job ich habe und wie viel Geld ich verdiene. Ich wohne lieber in einem Haus als in einer Wohnung. Wohnungen haben aber natürlich den Vorteil, dass sie billiger sind als Häuser. Auf alle Fälle ziehe ich aber die Kleinstadt dem Dorf vor. In einem Dorf in den Bergen, da möchte ich nicht leben. Da kann ich vielleicht mal Urlaub machen, aber nicht leben. Ich möchte gern in einer Stadt wohnen, die an einem Fluss liegt. Ich mag es, abends am Fluss spazieren zu gehen. Vielleicht ist es auch nicht schlecht, in einem Vorort zu leben, weil da weniger Lärm ist als in der Stadt, und trotzdem ist es nicht weit weg von der Stadt. Ja, mal sehen, wo ich mal lebe, ich lass mich da überraschen.

Additional Listening Activity 7-3, p. 56

> HEIKE   Na, Tanja, wie war's im Urlaub?
>
> TANJA   Ach, toll! Wir haben da mitten in den Bergen in einem Haus mit Pool gewohnt, das war toll. Das muss ich dir mal genauer beschreiben, das Haus. Ich wünsche mir mal für später, in so einem Haus zu wohnen.
>
> HEIKE   Na, wie sah es denn nun aus?
>
> TANJA   Ja, also, wenn man die Treppe hochlief, kam man in den großen Flur. Dann war links das Esszimmer mit einem großen runden Tisch. Gleich daneben war die Küche mit einem Fenster zum Esszimmer. Genau gegenüber, auf der anderen Seite des Flurs, hatten meine Eltern ihr Schlafzimmer. Mein Schlafzimmer war gleich rechts, wenn man reinkam. In meinem Zimmer hatte ich ein Bett und sogar einen Fernseher. Ach, zwischen meinem Zimmer und dem meiner Eltern war das Badezimmer. Es gab auch noch ein zweites Bad, das war etwas kleiner, und da gab es nur eine Toilette drin. Das war neben der Küche, bevor man ins Wohnzimmer kam. Das Wohnzimmer war das größte Zimmer. Es ging von einer Seite der Hauswand zur anderen, war praktisch genauso lang wie das Haus. Es gab einen Kamin auf der linken Seite, einen Fernseher auf der rechten Seite mit einer tollen Couch davor und einem gemütlichen Sessel. Und das Tollste war die Terrasse und der Garten. Die Terrasse war genauso lang wie das Wohnzimmer. Man musste durch das Wohnzimmer gehen, wenn man auf die Terrasse wollte. Ich habe oft im Garten unter den Bäumen gesessen. Es war so schön friedlich dort. Sträucher gab es nicht, aber viele Bäume.
>
> HEIKE   Ja, so ungefähr kann ich's mir vorstellen. Vielleicht machst du mal 'ne Zeichnung von dem Haus irgendwann.
>
> TANJA   Ja, kann ich gleich machen.
>
> HEIKE   Na ja, muss ja nicht gleich sein ....

Additional Listening Activity 7-4, p. 57

> HEIKO   Ich bin der Heiko. Okay, also angenommen, ich habe drei Wünsche, dann wünsche ich mir als Erstes ein schönes Auto. Mein zweiter Wunsch ist ein großes, gemütliches Haus, natürlich mit einer netten Frau und zwei, vielleicht auch drei Kindern. Ja, und dann wünsche ich mir auch noch einen tollen Job, der Spaß macht und mit dem man auch Geld verdient. Denn die anderen Wünsche sind ja wohl ohne Geld nicht erfüllbar, oder?
>
> TARA   Ich bin die Tara. Bei drei freien Wünschen möchte ich als Erstes, dass es keine Armut und keinen Hunger mehr auf der Welt gibt. Dann wünsche ich mir noch, dass wir bald eine saubere Umwelt haben. Und außerdem wünsche ich mir dann noch, dass es keinen Krieg mehr auf der Erde gibt.
>
> JANA   Hallo, ich bin die Jana. Drei Wünsche habe ich frei, hmm, da möchte ich als Erstes ein neues Fahrrad. Ein Auto will ich mal nicht fahren, wegen der Umwelt, aber ein tolles Fahrrad ist schon was. Ja, was noch? Vielleicht ein Haus mit einem großen Garten, das finde ich gut. Und Wunsch Nummer drei, ja, vielleicht, dass ich eine gute Ausbildung und dann einen guten Job bekomme.
>
> MIKE   Ich bin der Mike. Drei Wünsche habe ich frei? Ja, also, was meine Mutter sich wünscht, das weiß ich. Die wünscht sich sicher, dass ich in Zukunft bessere Noten bekomme und dann auch einen Job. Und auch, dass mein Zimmer sauberer aussieht, na ja, und ich? Bei drei Wünschen, das ist doch klar: eine nette kleine Wohnung, ein eigenes Badezimmer und ein ruhiges Leben.

Additional Listening Activity 7-5, p. 57

> ARNO   Du, das war eine gute Idee von dir, hierher in den Urlaub zu fahren. Hier ist es so friedlich und ruhig. Ich bin immer froh, wenn ich den Großstadtlärm vermeiden kann.
>
> JENS   Ja, auf dem Dorf gefällt es mir auch besser, weil es halt ruhiger ist.
>
> ARNO   Ja, man kann eben auch noch ruhige Plätze finden. Und es sind nur 2 Minuten bis zum See. Das gefällt mir am besten. Wollen wir nicht gleich baden gehen?

JENS   Lass uns vorher das Zelt aufbauen. Da können wir uns dann gleich in die Sonne legen, wenn wir zurückkommen und die Ruhe genießen.

ARNO   Einverstanden. Aber ... *(radio starts playing very loudly)* Du, findest du nicht auch, dass der da sein Radio ganz schön laut spielt?

JENS   Ja, du hast Recht. *(lauter)* He, Sie da! Sie spielen das Autoradio zu laut!

ARNO   Ja, jetzt ist es leiser. Ach, ich mag diese friedliche Ruhe.
(Somebody slams the door)

JENS   Na, so friedlich ist die Ruhe aber nicht. He, können Sie vielleicht Ihre Autotür noch ein bisschen lauter zuschlagen!

ARNO   Keine Antwort. Na ja. Guck mal, der Vogel da drüben. Sieht der nicht schön aus, und der singt auch so schön.

JENS   Aber nicht mehr lange ...

ARNO   Was meinst du denn?

JENS   Guck mal, da hinten kommen mindestens zehn Motorräder.

ARNO   Ach du Schreck! Ich brauche gar nicht gucken, ich höre sie schon kommen. Na, die machen vielleicht einen Lärm.

JENS   Ja, da ist ja das Flugzeug leiser, das da oben fliegt, das kann ich nicht mal hören.

ARNO   Du, bist du sicher, dass wir hier bleiben wollen? Noch haben wir unser Zelt ja nicht aufgebaut.

JENS   Mmh, vielleicht hast du Recht. Komm, lass uns zusammenpacken und auf die Fahrräder steigen. Ich kenne noch einen anderen Campingplatz in der Nähe. Lass uns dorthin fahren.

ARNO   Na gut, hoffentlich ist es da ruhiger.

Additional Listening Activity 7-6, p. 58

MUTTER   Du, Jana, setz dich mal zu mir, ich muss mal mit dir reden.

JANA   So, habe ich was falsch gemacht? In der Schule, ich weiß gar nicht ...

MUTTER   Nein, nein, es ist was anderes. Das hat eher mit mir zu tun und natürlich auch mit dir. Ich habe nämlich das Angebot bekommen, in Berlin an der Freien Universität zu unterrichten. Das bedeutet aber, das wir nach Berlin ziehen müssen.

JANA   Was, weg aus Dresden? Weg von hier, wo ich alle meine Freunde habe?

MUTTER   Ja, schon, aber du findest bestimmt neue Freunde in Berlin, da bin ich mir ganz sicher.

JANA   Ja, schon, aber die Freunde hier kenne ich schon so lange. Und dann muss ich auch in eine andere Schule. Und das vor meinem letzten Schuljahr, das ist vielleicht blöd.

MUTTER   Ja, da stimme ich dir zu, aber ich habe eben das Job-Angebot dieses Jahr. Wenn ich noch ein Jahr warte, haben sie jemand anderen. Dieses Angebot ist halt die Chance für mich, wieder an die Uni zu kommen.

JANA   Das stimmt schon ... Aber warum gerade Berlin? Kannst du nicht in Dresden an die Uni?

MUTTER   Tja, da habe ich leider kein Angebot für einen Job.

JANA   Aber gerade Berlin, diese Großstadt, und dieser Lärm. Da ist es in Dresden viel ruhiger, ist zwar auch 'ne Großstadt, aber Berlin ist so riesig. Ich habe gehört, da gibt's jetzt so viele PKWs, dass da ständig Stau auf den Straßen ist.

MUTTER   Ja, vielleicht schon, aber in Berlin gibt's viel mehr öffentliche Verkehrsmittel als in Dresden, zum Beispiel die U-Bahn, die es in Dresden nicht gibt. Und ein Auto fährst du ja sowieso nicht.

JANA   Im Moment nicht, aber ich will mir nächstes Jahr eins kaufen.

MUTTER   Was? Na, darüber müssen wir aber erst noch reden. Du hast doch dieses Jahr erst das Mofa bekommen.

JANA   Ja, schon, aber das fährt so langsam. Und außerdem ...

MUTTER   Du, aber für Berlin ist das genau das Richtige. Damit kommst du durch jeden Verkehrsstau. Und außerdem kannst an den Wochenenden in die Umgebung von Berlin fahren. Weißt du, dass Berlin die Großstadt mit den meisten Seen in Deutschland ist? Und auch Wald gibt's viel, fast wie in Dresden. Also, lass dir die Sache mal durch den Kopf gehen. Ich will natürlich nicht allein nach Berlin ziehen. Und ich will auch, dass es dir dort gefällt. Also, denk mal nach, und wir reden morgen nochmal darüber. Einverstanden?

JANA   Okay, einverstanden!

Answers to Additional Listening Activities

Additional Listening Activity 7-1, p. 55

1. She and her family had moved from Hamburg to Thale, and moving took all of her time.
2. falsch
3. richtig
4. falsch
5. richtig
6. richtig
7. falsch
8. falsch

Additional Listening Activity 7-2, pp. 55–56

1. b - Thomas
2. a - Ines
3. c - Ines
4. b - Thomas
5. a - Ines
6. c - Thomas

Additional Listening Activity 7-3, p. 56

Tanja beschreibt das Haus im Bild Nr. 1.

Additional Listening Activity 7-4, p. 57

	Heiko	Tara	Jana	Mike
ein schönes Auto	✔			
ein Haus mit Garten			✔	
ein eigenes Badezimmer				✔
saubere Umwelt		✔		
großes gemütliches Haus	✔			
einen guten Job			✔	
ein ruhiges Leben				✔
eine nette kleine Wohnung				✔
keinen Krieg		✔		
keine Armut, keinen Hunger		✔		
einen tollen Job	✔			
neues Fahrrad			✔	

Additional Listening Activity 7-5, p. 57

1. falsch
2. richtig
3. falsch
4. falsch
5. falsch
6. richtig
7. richtig

Additional Listening Activity 7-6, p. 58

1. a   2. b   3. c   4. a   5. b   6. b   7. b   8. c

Erste Stufe

7 Hör gut zu!, p. 189

KLAUS Also, der Lutz sieht immer total ordentlich aus: weißes Hemd, schicke Hose, glänzende Lederschuhe. Und wenn er mal 'ne Jeans trägt, dann hat die garantiert 'ne Bügelfalte! Die Katrin hat immer tolle Klamotten an, je nachdem, was gerade so „in" ist. Enger Minirock, „cooles" Lederoutfit und hohe Stöckelschuhe. Sie sieht fast aus wie Claudia Schiffer! Die Silke sieht auch ganz Klasse aus. Sie hat zwar nicht immer den neuesten Look, aber dafür zieht sie sich echt originell an! Große, silberne Ohrringe, ein buntes Stirnband, 'ne fetzige Jeans und das geknotete Männerhemd ... eigentlich viel zu weit, steht ihr aber toll! So wie der Udo, lauf ich gerne selber 'rum. Er trägt die bequemsten Klamotten: ausgewaschene Jeans und alte Turnschuhe. Heute sieht er echt lässig aus in dem T-Shirt von seiner Lieblingsfußballmannschaft!

Answers to Activity 7
Answers will vary. Possible answers:
a) Katrin: toll, eng, „cool", hoch
b) Udo: bequem, ausgewaschen, alt
c) Silke: groß, silbern, bunt, fetzig, geknotet, weit
d) Lutz: weiß, schick, glänzend

11 Hör gut zu!, p. 190

ERIK Also, mein Freund, der Otto, hat immer wahnsinnig witzige Klamotten an. Er kombiniert die unmöglichsten Farben miteinander. Heute hat er zum Beispiel ein oranges Hemd an, drei Nummern zu groß natürlich! Das trägt er ganz lässig über der Hose. Am Kragen steht es offen, und um den Hals hat er locker eine alte Seidenkrawatte von seinem Opa geschlungen, weiß mit großen roten Punkten. Seine fetzigen Jeans sind an den Knien zerrissen und ganz hellblau verwaschen. Dazu trägt er knallgrüne Socken und, typisch Otto, die feinsten Schuhe aus schwarzem Leder! Tja, alle finden Otto supercool!

Zweite Stufe

17 Hör gut zu!, p.194

MIRIAM Ich interessiere mich für Sprachen. Französisch ist mein Lieblingsfach, und in den Sommerferien fahre ich nach Paris. Es macht mir Spaß, die Sprache eines anderen Landes zu lernen, um die Mentalität und Kultur dieser Menschen besser zu verstehen.

AXEL Mich interessiert klassische Musik. Ich höre Schumann, Bach und Tschaikowsky sehr gern, besonders wenn ich Hausaufgaben mache. Am meisten interessiere ich mich für die Klavierstücke von Chopin. Ich mag klassische Musik, weil ich selber ein klassisches Instrument spiele.

TINA Es gefällt mir, wenn ich Komplimente für mein Aussehen bekomme. Deswegen interessiere ich mich für Mode und Kosmetik. Es macht mir Spaß, mich zu stylen und immer die neuesten Klamotten zu haben. Am liebsten probiere ich verschiedene Frisuren aus. Wenn ich mit der Schule fertig bin, möchte ich irgendwas mit Mode und Design machen.

BEATE Ich interessiere mich für Politik. Ich finde es sehr wichtig, darüber informiert zu sein, was so alles in der Welt los ist. Ich sehe gern die Nachrichten im Fernsehen und lese jeden Morgen die Zeitung.

Answers to Activity 17
a) 1. Miriam: Sprachen, Französisch; 2. Axel: klassische Musik; 3. Tina: Mode und Kosmetik; 4. Beate: Politik
b) 1. Miriam: um Mentalität und Kultur zu verstehen; 2. Axel: weil er selbst ein klassisches Instrument spielt; 3. Tina: weil sie gern Komplimente für ihr Aussehen bekommt; 4. Beate: weil sie es wichtig findet, informiert zu sein

Dritte Stufe

26 Hör gut zu!, p. 197

SYLVIA Hallo, Elke! Du hast es aber eilig. Wo willst du denn hin?
ELKE Ach, hallo, Sylvia! Hallo, Tina! Ich will den Bus um drei Uhr noch bekommen, um in die

Stadt zu fahren. Heute kaufe ich mir endlich die schwarze Lederjacke aus der kleinen Boutique neben dem Kaufhaus. Morgen Abend ziehe ich sie an, wenn wir zum Pop-Festival am Brandenburger Tor gehen. Hast du dir schon die fransige Jeansweste geholt, die du so gern haben wolltest, Sylvia?

SYLVIA   Nein, und ich werde sie mir auch nicht kaufen. Ich hab sie vor ein paar Tagen mal anprobiert. Die Tina und ich, wir waren letzten Donnerstag zusammen in der Stadt. Die Weste sah schrecklich an mir aus, stimmt's Tina? Viel zu weit und zu lang. Ich war echt enttäuscht.

TINA   Ja, das stimmt, leider! Aber ich hatte auch ein ziemliches Pech an diesem Tag. Ich wollte mir so gern dieses gepunktete Outfit aus Seide kaufen, weißt du, so eins, wie die Julia Roberts in *Pretty Woman* anhatte. Im „Mode-Schlösschen" gab es nur noch eins in meiner Größe. Die Sylvia hat gesagt, dass es mir super steht. Aber dann, an der Kasse, haben wir bemerkt, dass es einen großen Fleck auf dem Ärmel hatte. Ich hab mich vielleicht geärgert und war den ganzen Donnerstag lang schlecht gelaunt deswegen!

ELKE   Du, Tina, ich hab das gleiche Outfit im Heinemann-Katalog gesehen. Bestell es dir doch einfach dort!

TINA   Echt? Das mach ich bestimmt! Ich komm heute Abend mal bei dir vorbei und schau mir den Katalog an, okay?

ELKE   Ja, klar. Gern! Aber jetzt muss ich schnell zur Bushaltestelle laufen. Also tschüs dann, bis heute Abend!

TINA   Tschüs!

SYLVIA   Tschüs, Elke!

Answers to Activity 26
Elke: will Lederjacke kaufen fürs Pop-Festival
Sylvia: will Jeansweste nicht kaufen, weil sie ihr nicht passt
Tina: will gepunktetes Outfit kaufen, aber es hat einen Fleck; will es dann aus dem Katalog bestellen

32 Hör gut zu!, p. 199

DORO   Ich fahr eigentlich nur mit dem Auto zur Schule, wenn mein Fahrrad mal kaputt ist. Das heißt, ich fahr nicht selber, sondern meine Mutter fährt mich natürlich, weil ich noch keinen Führerschein habe.

ROLAND   Am Wochenende oder in den Ferien gehe ich gerne segeln, aber nur wenn es sonnig und warm ist. Bei schlechtem Wetter und stürmischer See segeln zu gehen, ist viel zu gefährlich.

ANITA   Wenn es draußen regnet, gehe ich meistens ins Jugendzentrum, um Schach zu spielen. Dort sind immer zwei, drei Leute, die auch gern Schach spielen. Ich finde es ziemlich langweilig, an einem regnerischen Tag zu Hause herumzusitzen.

HOLGER   Normalerweise muss ich mich bei uns zu Hause nicht um den Einkauf kümmern, das besorgt alles meine Mutter. Ich gehe eigentlich nur Lebensmittel einkaufen, wenn ich meine Oma besuche. Aber das mache ich gern, weil sie nicht so schwere Sachen schleppen kann.

Answers to Activity 32
1. b   2. d   3. c   4. a

Anwendung

Activity 1, p. 202

KATRIN   Boris, kauf dir doch diese Jacke aus Baumwolle hier! Die ist nicht so teuer wie die Wildlederjacke dort, und außerdem sieht sie echt sportlich aus. Probier sie doch mal an! Also, ich finde, du solltest sie unbedingt nehmen!

BORIS   Wirklich? Ja, wenn du meinst, sie steht mir, dann kauf ich sie doch glatt!

KATRIN   Du, Judith, gestern wollte ich mir Schuhe in dem neuen Schuhgeschäft am Bahnhof kaufen. Als ich ein Paar Stiefel anprobiert habe, ist ein Absatz kaputtgegangen und die Sohle war auch schon lose. Kauf dir ja keine Schuhe dort! Die haben eine ganz schlechte Qualität.

JUDITH   Ja, das habe ich auch schon gehört. Da geh ich bestimmt nichts kaufen.

Answers to Activity 1
Baumwolljacke kaufen; sieht sportlich aus
keine Schuhe in dem neuen Schuhgeschäft kaufen; schlechte Qualität

Scripts for Additional Listening Activities

Additional Listening Activity 8-1, p. 63

HEIKO	He, Andreas, schön, dich wieder zu sehen. Du, die Jeansweste sieht aber toll aus. Hast du die neu?
ANDREAS	Hallo, Heiko. Ja, die Weste habe ich mir im Urlaub gekauft.
HEIKO	Echt Spitze!
ANDREAS	Danke. Aber dein kariertes Hemd sieht auch gut aus, ist das ein Wollhemd?
HEIKO	Ja, das trage ich immer zu dieser Hose hier.
ANDREAS	Ja, das Hemd passt toll zu der Hose. Sieht echt modisch aus.
HEIKO	Findest du?
ANDREAS	Ja, klar. Ich mag bunte Sachen. Die rote Hose finde ich gut zu dem rot-grün karierten Hemd. Außerdem passt es zu deinem Typ. Eh, da kommt ja Sebastian. Oh, guck mal! Sebastian hat einen neuen Anorak.
SEBASTIAN	Hallo, Leute.
HEIKO	Na, Sebastian, hast wohl deinen Stil geändert, Mantel ist wohl nicht mehr in, jetzt trägt man Anorak.
SEBASTIAN	Ja, genau. Wie findet ihr denn meinen neuen Anorak, he? Sieht der nicht fetzig aus?
HEIKO	Ist ganz witzig. Zum Glück ist er ja nicht geblümt, aber reichlich bunt ist er ja. Du hast ja fast alle Farben drin, die es gibt: blau, gelb, rot, orange, grün, braun ... Fehlt nur noch schwarz.
SEBASTIAN	Ne, Schwarz ist konservativ. Das ist nicht cool. Bunt ist jetzt in.
ANDREAS	Kann man den Anorak denn waschen, oder musst du den in die Reinigung geben?
SEBASTIAN	Ich werde wohl das gute Stück nicht waschen! Natürlich bringe ich den in die Reinigung. Ihr habt mich noch gar nicht gefragt, was ich darunter trage.
HEIKO	Na, Sebastian, was trägst du denn unter dem Anorak?
SEBASTIAN	Hier!
HEIKO	Echt scharf, weißes Jeanshemd mit Krawatte, na, wenn das nichts ist.
ANDREAS	Rote Krawatte mit grünen Punkten, musst du sagen. Cool.
SEBASTIAN	Ja, was. Meiner Mutter hat's zwar nicht gefallen, die hat heute früh Theater gemacht. Aber ich hab gesagt: Mutter, das ist mein neuer Stil, ab und zu muss man sich doch verändern. Na, dann konnte sie nichts mehr sagen.
ANDREAS	Dahinten kommt der Deutsch-Müller. Die Stunde fängt gleich an, vielleicht sollten wir mal reingehen.
HEIKO	Ja, du hast Recht. Lass uns reingehen.

Additional Listening Activity 8-2, p. 63

C&A begrüßt alle Kunden im Modehaus! Wie immer gibt es auch heute phantasti-sche Sonderangebote bei C&A. Mit dieser Ansage wollen wir Sie auf einige unserer Sonderangebote aufmerksam machen. Immer modisch und sportlich sind die Wollhemden, zu kaufen in der Herrenabteilung. Unser Sonderangebot sind unsere karierten Wollhemden für nur 34 DM in den Farbkombinationen grün-blau, weiß-blau und rot-weiß. Ebenfalls für die kühlere Jahreszeit genau richtig sind gefütterte Anoraks im modisch-sportlichen Design für jedermann. Zu finden sind diese Angebote in der Damen-, der Herren- und auch in der Kinderabteilung. Preislich sind unsere Anoraks ein Knüller: Sie bezahlen zwischen 45 und 95 DM, wo sonst als bei C&A gibt's das? Auf besonderes Interesse bei unserer Kundschaft stoßen auch immer wieder unsere Wind- und Wetterjacken. Als Sonderangebot sind diese Jacken in buntem, witzigem Design für nur 48 DM zu haben. Immer modisch-aktuell sind Sie auch mit einem Blazer, sei es in konservativem Stil oder sportlich, ein Blazer passt zu jeder Gelegenheit. Bei C&A gibt's jetzt Blazer in allen Farben, und auch kariert, zu Minimalpreisen zwischen 79 und 96 DM. Bei C&A finden Sie für jeden Typ den passenden Stil. Kommen Sie und finden Sie den Stil auch für Ihren Typ.

HEIKE He, Andrea, guck mal! Wie findest du diese ärmellose Bluse hier? Die gefällt mir.

ANDREA Welche meinst du, Heike, die weiße mit den blauen Punkten?

HEIKE Nein, nicht die gepunktete, sondern die daneben, die blau-weiß gestreifte.

ANDREA Ja, die finde ich scharf. Du stehst doch so auf Blau, das ist doch was für dich, oder?

HEIKE Ja, ich brauche da aber noch eine Hose oder einen Rock dazu.

ANDREA Na, lass uns mal weitersehen. Hier ist ein kurzer Rock, aber der ist gemustert.

HEIKE Der Rock soll einfarbig sein, am besten blau. Ich will auch lieber einen längeren Rock oder eine kurze Hose.

ANDREA Du, ich glaube, ein Rock passt besser zu der Bluse. Hier ist doch einer, ein dunkelblauer langer Rock, na, das sieht doch modisch aus, die Bluse zusammen mit dem Rock.

HEIKE Ja, das gefällt mir auch, das werde ich mir bestellen. Und was willst du bestellen?

ANDREA Ich habe da schon was gesehen. Hier, wie findest du den mehrfarbigen Blazer?

HEIKE Die Farben sind eigentlich nicht schlecht, aber das Geblümte gefällt mir nicht. Das finde ich unsportlich.

ANDREA Ja, du hast eigentlich Recht. Hier, sieh mal, da ist noch ein anderer Blazer, der sieht fetzig aus. Findest du nicht?

HEIKO Ja, mir gefällt kariert auch gut, das ist wieder in. Und das steht dir bestimmt auch, dieses braun-weiß-grün Karierte.

ANDREA Denke ich auch, den werde ich mir bestellen. Und dazu diese helle Hose hier.

HEIKO Na, die ist nicht gerade fetzig. Da finde ich die enge grüne da besser. Das Grün passt genau zum Grün des Blazers, das ist die gleiche Farbe.

ANDREA Das stimmt. Meinst du, ich kann dazu flache Schuhe anziehen? Du weißt doch, ich mag keine hohen Absätze tragen.

HEIKO Ja, klar. Das sieht bestimmt cool aus.

ANDREA Gut, dann bestelle ich mir die Hose und den Blazer.

JULIA Du, Kati, was trägst du eigentlich morgen zur Modenschau?

KATI Ich trage eine Bluse, die ist ärmellos, rot und weiß gestreift und dazu einen langen weißen Rock und weiße Schuhe mit hohen Absätzen.

JULIA Mmh, das klingt 'n bisschen konservativ, aber macht ja nichts. Trägst du auch Schmuck zu den Klamotten?

KATI Ja, eine weiße Kette und silberne Ohrringe. Und eine weiße Handtasche werde ich auch dazu tragen. Interessierst du dich eigentlich für Mode, Julia?

JULIA Na, klar. Ich bin morgen auch mit dabei.

KATI Ja? Was ziehst du denn an?

JULIA Ich trage meine schwarze Lederjacke, die mit den silbernen Knöpfen ...

KATI Was, die du immer beim Motorradfahren trägst?

JULIA Ja, klar, warum nicht? Auf unserer Modenschau soll man ja wohl alles tragen können. Zu der Jacke habe ich eine kurze Jeanshose. Das war mal 'ne lange Jeanshose, aber die habe ich abgeschnitten. Sieht fetzig aus!

KATI Na, ich weiß ja nicht. Ich finde das eher langweilig. Und dazu trägst du wohl die Lederstiefel, die du immer beim Motorradfahren anhast?

JULIA Ja, genau. Woher weißt du das?

KATI Na, war ja nicht schwer zu erraten. Du, Thorsten, du kommst doch morgen auch zur Modenschau, nicht?

THORSTEN Mode interessiert mich nicht, das weißt du doch.

KATI Aber morgen kannst du wirklich mal kommen. Wir brauchen doch auch Publikum morgen.

THORSTEN Ist mir egal, ich habe kein Interesse an Mode und damit basta.

KATI Na, dann eben nicht. Aber Heinz, du kommst doch.

HEINZ Na klar, ich bin doch ein Mode-Freak, weißt du doch. Übrigens, Kati, was du heute anhast, das steht dir prima.

KATI Wirklich?

HEINZ Ja, sieht echt gut aus!

KATI Danke!

MARION	Guten Tag. Otto-Katalog Versandhaus, Marion Dietrich am Apparat. Sie wünschen?
ANKE	Ja, guten Tag. Anke Reinhausen hier. Ich möchte gern etwas aus Ihrem Sommerkatalog bestellen.
MARION	Ja, gern. Was soll es denn sein?
ANKE	Die Nummer 334552, das ist eine Baumwollbluse, die einfarbige, in Rot, bitte nicht die bedruckte.
MARION	Welche Größe soll es sein?
ANKE	Größe 38, bitte.
MARION	Was möchten sie noch?
ANKE	Den Faltenrock, Nummer 888722. Farbe Dunkelblau und auch Größe 38.
MARION	Soll es noch etwas sein?
ANKE	Ja, der Blouson mit der Kapuze, Nummer 888645, in Grün, bitte.
MARION	Mit Reißverschluss oder Druckknöpfen?
ANKE	Druckknöpfen. Und der hat auch eine Brusttasche, nicht?
MARION	Moment. Nein, der leider nicht. Wollen sie den dann nicht?
ANKE	Ach, ich nehme ihn trotzdem. Und dann möchte ich noch ein Träger-Shirt, Nummer 665542, nein zwei, eins gelb, einfarbig und das andere rot-gelb, das bedruckte mit dem Blumenmuster.
MARION	Beide Größe 38?
ANKE	Ja, bitte!
MARION	Soll es noch etwas sein?
ANKE	Nein, danke, das ist alles.
MARION	Gut. Ich bedanke mich für Ihre Bestellung. In ungefähr 10 Tagen kommt die Lieferung an.
ANKE	Danke schön. Wiederhören.
MARION	Auf Wiederhören.

Additional Listening Activity 8-6, p. 66

| SPRECHERIN | Als Nächstes kommt Sabine. Sie trägt einen lässigen Blazer, wie er bei Frauen wieder sehr beliebt ist. Das Dunkelrot des Blazers steht ihr gut und ist farblich abgestimmt auf das etwas hellere Rot der Steghose, die sie dazu trägt. Zur Steghose trägt Sabine helle Schuhe mit hohen Absätzen. Sabines mehrfarbige Strümpfe geben dem ganzen etwas Fetziges. Wenn Sabine den Blazer ablegt, sieht man ihr Träger-Shirt. Es passt farblich zur Steghose und auch zu den Strümpfen. Es ist wie die Strümpfe mehrfarbig. Danke, Sabine! Damit kann man sich doch auf jeder Party sehen lassen, oder? *(applause)* |

Und da kommt auch schon Jochen. Er demonstriert, wie man auch auf Geschäfts- treffen und bei eleganten Partys sportliche Kleidung tragen kann. Zur engen dunk- len Hose trägt er ein einfarbiges Seidenhemd. Das helle Gelb erinnert etwas an den Safarilook. Auch das helle Sakko, das er darüber trägt, hat eine sportliche Note. Der gerade Schnitt und das Einfarbige gibt dem Ganzen aber auch etwas Ernsthaftes. Deshalb eine perfekte Kombination für alle, die zu ernsten Gelegenheiten auch sportlich aussehen wollen. Einen Applaus auch für Jochen. *(applause)*

Mit dem nächsten Modell sind wir bei der Freizeitkleidung. Das ist Michael. Er trägt einen lässigen Blouson. Lustig ist die Farbkombination. In der Freizeit trägt man nicht monoton, sondern mehrfarbig. Besonders fetzig wirkt der Blouson durch die Kombination aus gestreiften und gepunkteten Teilen. Die Kapuze gibt ihm einen sportlichen Look. Man kann den Blouson bei jedem Wetter tragen. Die große Brusttasche mit Reißverschluss ist sehr praktisch, die Schlaufe an der Seite ist ein kleines modisches Extra. Zum Blouson trägt Michael eine kurze weiße Hose und Turnschuhe. Danke, Michael. *(applause)*

Answers to Additional Listening Activities

Additional Listening Activity 8-1, p. 63

1. clothing

	Heiko	Andreas	Sebastian
Jeansweste		✔	
rote Hose	✔		
rot-grün kariertes Hemd	✔		
rote Krawatte mit grünen Punkten			✔
bunter Anorak			✔
weißes Jeanshemd			✔

2. He told his mother he had a new style.

Additional Listening Activity 8-2, p. 63

Wollhemden: für Herren, in den Farben
grün-blau, weiß-blau, rot-weiß; 34 DM
Anoraks: modisch-sportlich, für jedermann
(Damen, Herren, Kinder); zwischen 45 und
95 DM
Wind- und Wetterjacken: bunt, witzig; 48 DM
Blazer: konservativ oder sportlich, kariert;
zwischen 79 DM und 96 DM

Additional Listening Activity 8-3, p. 64

1. falsch
2. richtig
3. falsch
4. falsch
5. richtig
6. richtig
7. falsch

Additional Listening Activity 8-4, pp. 64–65

1. c   2. a   3. a   4. b   5. a   6. a

Additional Listening Activity 8-5, p. 65

Artikel	ja/nein	Nummer
Baumwollbluse, bedruckt	nein	
Baumwollbluse, einfarbig, rot	ja	33 45 52
langer Rock, dunkelblau	nein	
Faltenrock, dunkelblau	ja	22 87 22
Blouson mit Kapuze, Reißverschluss, grün	nein	
Blouson mit Kapuze, Druckknöpfen, grün	ja	88 86 45
Blouson mit Kapuze, Druckknöpfen, Brusttasche, grün	nein	
Träger-Shirt, einfarbig, gelb	ja	66 55 42
Träger-Shirt, einfarbig, rot	nein	
Träger-Shirt, gelb-rot, bedruckt, Blumenmuster	ja	66 55 42

Additional Listening Activity 8-6, p. 66

Name	Kleidungsartikel	Beschreibung Farbe	Muster	Andere Artikel erwähnt
Sabine	Blazer Steghose * (Schuhe mit hohen Absätzen) Strümpfe Träger-Shirt	dunkelrot hellrot mehrfarbig mehrfarbig		(Schuhe mit hohen Absätzen)
Jochen	Hose Seidenhemd Sakko	dunkel einfarbig einfarbig		
Michael	Blouson mit Kapuze Brusttasche Reißverschluss und Schlaufe Hose * (Turnschuhe)	 weiß	gestreift, gepunktet	(Turnschuhe)

*can be listed in either column

Erste Stufe

6 Hör gut zu!, p. 212

1. **HORST** Mit der Bahn drei Tage an die Nordsee in das kleine Fischerdorf Bensersiel. In diesem Dorf direkt an der Küste sind noch Zimmer frei. Entspannen Sie im Hallenbad, beim Reiten und Stadtwandern. Ein Besuch im Buddelschiffmuseum lohnt sich!

2. **HANNI** Einmalig preiswert! Eine Drei-Tage-Busfahrt nach Dresden und in die Sächsische Schweiz. In Dresden besuchen Sie den berühmten Zwinger, und Sie erleben die einmalig schönen Sandsteinfelsen der Bastei.

3. **HORST** Eine Tagesfahrt an den Bodensee nach Unteruhldingen und weiter mit dem Schiff auf die Insel Mainau, wo Sie unter Palmen spazieren und die Blumenwelt bewundern können. Abfahrt sechs Uhr.

4. **HANNI** Eine Wochenendfahrt (Samstag/Sonntag) in die Schweiz. Übernachtung in Brienz. Am nächsten Vormittag mit der Bergbahn aufs Brienzer Rothorn, die Schweizer Bergwelt genießen. Ein Superangebot!

5. **HORST** Sonderfahrt mit dem Bus nach Ulm zum bekannten Fischerstechen auf der Donau. Am Vormittag Gelegenheit zum Messebesuch im Dom. Mittagessen in einem soliden Gasthaus. Das Fischerstechen beginnt um 14 Uhr. Rückkehr gegen 19 Uhr 30.

6. **HANNI** Drei Tage mit dem Bus durch die schönsten Täler in der Schweiz. Im Emmental Besichtigung eines typischen Bauernhauses und Besuch einer Käserei.

7. **HORST** Drei Tage (von Dienstag bis Donnerstag) mit dem Bus nach Österreich, nach Alpbach in Tirol. Sehr preisgünstig. Ideal für Bergwanderer und solche, die's noch werden wollen!

Answers to Activity 6
1. f   2. b   3. d   4. e   5. g   6. c   7. a

Zweite Stufe

14 Hör gut zu!, p. 217

1. **TANJA** Ich möchte so gern im Sommer nach Südfrankreich, an die Atlantikküste zum Zelten. Es gibt dort ganz tolle Campingplätze, hab ich gehört! Aber in den Sommerferien ist da natürlich Hochsaison. Ich bezweifle, dass es dort noch einen freien Platz für ein 4-Personen-Zelt gibt.

   RUTH Ja also, wir waren letztes Jahr an der französischen Atlantikküste, auch mitten in den großen Ferien. Wir hatten überhaupt nicht im Voraus gebucht und haben trotzdem einen Platz auf einem schönen großen Campingplatz direkt am Meer bekommen. Ich bin sicher, dass du auch etwas findest.

2. **DIRK** Ich habe zum Geburtstag eine neue Taucherausrüstung bekommen. Martin, hast du vielleicht Lust, am Wochenende mit mir an den Strümper See zu fahren? Ich weiß nur nicht genau, ob man dort auch tauchen darf.

   MARTIN Mein Bruder hat mir gesagt, dort gibt es Schilder, auf denen steht, dass man dort weder schwimmen noch angeln darf. Also, das mit dem Tauchen, das kannst du vergessen. Da kann man nichts machen.

3. **MARITA** Wir haben ein Zimmer in einem ganz modernen Sporthotel im Schwarzwald gebucht. Dort gibt es ein Schwimmbad, 'ne Sauna, ein Fitnessstudio und einen Golfplatz nebenan. Ich bin nur nicht sicher, ob es dort auch Tennisplätze gibt.

   OLIVER Also, wenn es ein ganz modernes Sporthotel ist, dann gibt es dort bestimmt auch einen Tennisplatz. Das kannst du mir glauben!

4. **NINA** Ich freu mich schon wahnsinnig auf unseren Urlaub. Wir fahren an die Nordsee, in ein kleines Fischerdorf am Meer. Ich werde jeden Tag an den Strand gehen, um zu

schwimmen und ein Sonnenbad zu nehmen. Ich möchte auch gern unseren Hund, den Waldi, mitnehmen. Aber ich weiß nicht, ob er auch mit an den Strand darf.

BERT   Also, ich bin ziemlich sicher, dass man Hunde nicht mit an den Strand nehmen darf. Besonders dann nicht, wenn es ein Badestrand ist und viele Touristen dort sind. Tja, das ist leider so.

Answers to Activity 14
1. ob sie noch einen Zeltplatz bekommt; hat andere Meinung
2. ob man im See tauchen darf; stimmt zu
3. ob es einen Tennisplatz gibt; hat andere Meinung
4. ob der Hund mit an den Strand darf; stimmt zu

16 Hör gut zu!, p. 219

KATJA   Ja, hallo Sandra! Katja hier. Du, die Fahrt nach Zürich ist endlos! Wir sind heute Morgen ganz früh von Berlin losgefahren, so um vier Uhr! Jetzt sind wir gerade in Nürnberg und machen eine kleine Pause. Wir haben ungefähr noch fünf Stunden vor uns. Puh! Du kannst dir gar nicht vorstellen, wie froh ich bin, wenn wir endlich ankommen! Also, ich meld mich wieder, wenn wir in Zürich sind. Tschüs!

BERND   Hallo Sandra! Hier ist Bernd. Ja, also ich wollte eigentlich nur mal sehen, wie es dir so geht in Berlin. Echt schade, dass du die ganzen Ferien zu Hause bleiben musst. Aber wir können ja was zusammen unternehmen, wenn der Patrick und ich wieder zurückkommen. Also, unser Zug ist gerade erst in Lindau angekommen, so ungefähr vor einer Minute! Wir sind noch auf dem Bahnhof und müssen jetzt erstmal herausfinden, wie wir zum Campingplatz kommen. Also, wir sehen uns dann in zwei Wochen! Tschüs!

PINAR   Sandra! Hier ist die Pinar! Du, endlich sind wir in Antalya angekommen! Es ist einfach herrlich hier! Die Sonne, der Strand, traumhaft, sag ich dir! Und ich hab dir ja schon erzählt, dass meine Großeltern ein kleines Häuschen direkt am Meer haben! Einfach sagenhaft! Meine Eltern sind natürlich auch total happy, wieder hier zu sein. Das nächste Mal musst du unbedingt mit in die Türkei kommen! Also, viel Spaß noch in Berlin. Bis nach den Ferien!

BORIS   He Sandra! Hier ist Boris. Schade, dass du nicht zu Hause bist. Ich wollte dir halt nur schnell schöne Ferien wünschen. Wir haben uns ja gar nicht mehr gesehen, bevor ich losgefahren bin. Ach übrigens, der Enrico und ich, wir sind gerade unterwegs nach Thüringen. Wir wollen uns Weimar, Jena und Eisenach anschauen. Die Hälfte der Strecke haben wir schon hinter uns. Also, na ja, wie gesagt, schöne Ferien dann noch, und bis bald! Ach ja, und viele Grüße auch vom Enrico!

Answers to Activity 16
Katja: auf dem Weg dorthin
Bernd: aus dem Ferienort
Pinar: aus dem Ferienort
Boris: auf dem Weg dorthin

Dritte Stufe

22 Hör gut zu!, p. 221

1. Beginnen Sie Ihren Rundgang durch das schöne Städtchen Bietigheim am großen Parkplatz an der Holzgartenstraße. Überqueren Sie die Metter und gehen Sie geradeaus, bis Sie auf der linken Seite das Stadttor sehen, ein imposantes Mauerwerk aus dem 14. Jahrhundert. Spazieren Sie durch das Stadttor und biegen Sie dann gleich nach rechts in die Fräuleinstraße ein. Gehen Sie in die zweite Straße links, dann die erste Straße rechts. Dort sehen Sie direkt an der Ecke das Kachelsche Haus aus dem 16. Jahrhundert. Direkt neben dem Kachelschen Haus auf der rechten Seite endet der Rundgang vor einem prächtigen Fachwerkhaus.

2. Treffpunkt für diesen Rundgang ist der Ulrichsbrunnen am Marktplatz. Gehen Sie von dort aus in die Farbstraße hinein, um auch die schönen Seitenfassaden des Bietigheimer Rathauses aus dem 16. Jahrhundert zu besichtigen. Hinter dem Rathaus biegen Sie in die nächste Straße rechts ein, und Sie werden auf der linken Seite eines der ältesten Wohnhäuser Bietigheims sehen, das Hormoldhaus. Gehen Sie nun wieder rechts und dann nach links. Halten Sie sich geradeaus, bis Sie auf der linken Seite ein imposantes Gebäude erblicken. Der Stadtrundgang endet mit einer Innenbesichtigung dieses Gebäudes.

3. Dieser Rundgang beginnt am alten Stadttor auf der Hauptstraße, die in die Innenstadt hineinführt. Gehen Sie hinter dem Stadttor nach rechts in die Fräuleinstraße. Biegen Sie dann in die vierte Straße links. Auf der rechten Seite befindet sich das alte, sehenswürdige Backhaus. Wenn Sie an dem Backhaus vorbei weiter geradeaus gehen, sehen Sie auf der linken Seite das stattliche Bürgerhaus, ein Fachwerkgebäude aus dem 17. Jahrhundert. Gehen Sie weiter die Schieringbrunnerstraße entlang, bis Sie zum Marktplatz kommen. Dort biegen Sie nach rechts in die Hauptstraße. Biegen Sie die erste Straße rechts ein, gehen Sie am Dom vorbei und überqueren Sie das Schwätzgäßle. Vor dem Fachwerkgebäude auf der rechten Seite endet der Rundgang.

Answers to Activity 22
1. Schieringerstraße, Bürgerhaus
2. Schieringsbrunnerstraße, Evangelische Kirche
3. Pfarrstraße, Kleines Bürgerhaus

Anwendung

Activity 1, p. 226

Hi, ich bin's, die Gabi! Stell dir vor, ich war in den Sommerferien drei Wochen lang in Österreich. Es war ganz toll, ich bin gerade vor ein paar Tagen wieder zurückgekommen. Die Moni, das ist meine Freundin, und ich, wir sind zuerst mit dem Zug von München nach Salzburg gefahren. Dort haben wir uns erstmal die Innenstadt angeschaut und, ach ja, auch das Schloss Mirabell haben wir besichtigt! Wunderschön, sag ich dir! Dann sind wir von Salzburg aus mit dem Reisebus nach Tirol gefahren. Auf dem Wolfgangsee haben wir eine super Bootsfahrt gemacht. Ach ja, und hab ich dir schon von den wunderschönen Bergen in Österreich erzählt? Wir wollten so gern eine Bergtour in den Alpen machen, aber stell dir mal vor, Moni und ich hatten leider keine richtigen Wanderschuhe mit, nur unsere Turnschuhe. So was Blödes! Damit kann man natürlich nicht wandern gehen! Na ja, aber dafür haben wir jeden Morgen Tennis gespielt. Wir haben übrigens in einer kleinen Pension gewohnt, die gleich in der Nähe von einer supermodernen Sportanlage war, sogar mit Schwimmbad. Aber Moni und ich sind lieber im See schwimmen gegangen. Das hat viel mehr Spaß gemacht. Und du, erzähl doch mal, was hast du denn alles in den Ferien gemacht?

Answers to Activity 1
ist mit dem Zug nacht Salzburg gefahren; hat die Innenstadt von Salzburg angeschaut; hat Schloss Mirabell besichtigt; ist mit dem Reisebus nach Tirol gefahren; hat eine Bootsfahrt auf dem Wolfgangsee gemacht; hat Tennis gespielt; ist im See schwimmen gegangen

Scripts for Additional Listening Activities

Additional Listening Activity 9-1, p. 71

JENS   Mist, der Zug ist schon weg. Den haben wir verpasst. Was machen wir denn jetzt?

CLAUS   Wir fliegen mit dem Flugzeug nach Hamburg.

JENS   Ne, auch wenn das Fliegen normalerweise vielleicht nicht teurer ist als die Bahnfahrt, wir haben doch unseren Interrail-Pass für die Bahn. Hast du keine Idee, was wir machen können, Heike?

HEIKE   Ich schlage vor, dass wir hier auf den nächsten Zug warten. Laut Fahrplan kommt der in 4 Stunden. Da müssen wir eben hier auf dem Bahnhof warten.

CLAUS   Ne, also, damit bin ich gar nicht einverstanden. Vier Stunden hier warten und mich langweilen, ne!

HEIKE   Na, was schlägst du denn vor? Vorher fährt kein Zug nach Hamburg.

CLAUS   Das stimmt. Aber vielleicht können wir hier noch etwas Interessantes unternehmen. Wir können vielleicht herausfinden, was es in dieser Stadt gibt, vielleicht ein Kino oder so ...

JENS   Ja, Claus, das ist eine gute Idee. Seht mal, dort drüben ist eine Tafel mit Informationen über die Stadt. Lasst uns doch da mal draufschauen.

CLAUS   Ja, okay. Kommst du mit, Heike?

HEIKE   Na, wenn ihr meint. Ich bin echt geschafft von der Zugfahrt. Dachte, wir können uns auf dem Bahnhof noch ein bisschen ausruhen ...

CLAUS   Mensch, das kannst du doch während der Zugfahrt nach Hamburg, da fahren wir noch 3 Stunden.

JENS   He, seht mal, hier gibt's einen Vergnügungspark, aber der hat leider nur abends geöffnet. Schade. Und ein Hallenbad sehe ich auch nicht auf der Tafel.

HEIKE   Hier gibt's ja 'ne Menge Tennisplätze. Schade, dass ich jetzt meinen Tennisschläger nicht dabeihabe ...

CLAUS   Seht mal, einen Zoo gibt's hier auch. Also, ich schlage vor, dass wir in den Zoo gehen.

JENS   Das ist eine gute Idee. Ich bin dafür. Was meinst du, Heike?

HEIKE   Ja, Zoos mag ich eigentlich. Und wir können unsere Taschen auf dem Bahnhof lassen, in der Gepäckaufbewahrung.

CLAUS   Ja, du hast Recht. Lasst uns also zur Gepäckaufbewahrung gehen.

Additional Listening Activity 9-2, p. 71

JANA   Doris, was machst du eigentlich dieses Jahr in den Ferien?

DORIS   Stell dir vor, meine Eltern wollen dieses Jahr wieder an die Nordsee fahren!

JANA   Mensch, das ist doch toll, ich war noch nie an der See, weder an der Ostsee noch an der Nordsee. Ich möchte gerne mal dorthin fahren.

DORIS   Wir sind schon die letzten sechs Jahre dort gewesen! Ich kenne da alles schon, und es wird bestimmt wieder langweilig.

JANA   Wo wohnt ihr denn da?

DORIS   Wir haben immer zwei Zimmer in einer Pension in Stauffenhagen.

JANA   Das kenne ich nicht. Ist denn da was los?

DORIS   Na ja, da gibt's ein Hallenbad und einen Park. Letztes Jahr war auch ein Zirkus da.

JANA   Gibt's auch einen Tennisplatz dort?

DORIS   Ja, aber ich hatte nie jemanden zum Spielen. Meine Mutter und mein Vater spielen ja kein Tennis.

JANA   Ja, das ist schade. Wenn ich in den Urlaub fahre, mag ich auch gern Tennis spielen. Was macht ihr denn sonst noch so?

DORIS   Ach, wenn es warm ist, gehen wir in der Nordsee baden. Oder bei kühlem Wetter gehen wir ins Hallenbad. Dort haben sie Wasser aus der Nordsee, nur nicht ganz so salzig. Manchmal fahren wir auch mit dem Schiff. Letztes Jahr sind wir zweimal mit dem Schiff zur Insel Helgoland gefahren.

JANA   Gibt's da auch 'ne Disko?

DORIS   Ja, aber meine Eltern sind nicht gerade Diskofans, wie du dir vorstellen kannst. Und allein lassen sie mich nicht lange weggehen. Es macht auch nicht so viel Spaß alleine.

JANA   Ja, das glaube ich. Wir zwei zusammen hätten bestimmt viel Spaß.

DORIS   Ja, das kann ich mir gut vorstellen. Eh, das ist überhaupt die Idee! Warum soll ich meine Eltern nicht mal fragen, ob du mitfahren kannst? Hast du keine Lust, mit uns in den Urlaub zu kommen?

JANA   Ja, klar, das möchte ich gern. Ich weiß nur nicht, was deine Eltern dazu sagen.

DORIS   Ich frag sie heute gleich mal. Ich glaube nicht, dass sie etwas dagegen haben. Mensch, das wäre toll, wenn du mitkommen kannst. Dann wird es bestimmt nicht langweilig werden.

Additional Listening Activity 9-3, p. 72

VATER   Na, Ingo, kommst du mit auf den Golfplatz?

INGO   Nicht schon wieder! Wir waren doch schon gestern und vorgestern da! Dort ist es so langweilig!

VATER   Was schlägst du denn vor?

INGO   Gehen wir windsurfen!

VATER   Ich glaube nicht, dass wir da heute Spaß haben werden.

INGO   Warum denn nicht?

VATER   Ich kann mir nicht vorstellen, dass genug Wind da ist.

INGO   Ich bin sicher, dass der Wind ausreicht. Außerdem kann es heute Nachmittag noch windiger werden. Jetzt habe ich mein eigenes Surfboard zum Geburtstag bekommen, jetzt will ich auch windsurfen!

VATER   Aber wenn kein Wind geht, kann man nicht surfen, das ist leider so.

INGO   Ich bin mir gar nicht sicher, dass kein Wind geht. Lass uns doch ans Meer fahren mit dem Surfboard, und dann werden wir sehen, ob genug Wind da ist.

VATER   Gut, wir können gern ans Meer fahren. Und wenn kein Wind da ist, können wir vielleicht angeln gehen, was meinst du?

INGO   Das ist ja noch langweiliger als Golf spielen. Dann schon lieber tauchen oder wir können auch Boot fahren.

VATER   Ja, wenn schon, dann lieber Boot fahren. Zum Tauchen habe ich keine Lust, das kannst du mal mit deinen Freunden machen.

INGO   Na, ist ja auch egal. Ich bin sicher, dass genug Wind da ist. Lass uns gehen.

Additional Listening Activity 9-4, p. 72

KATRIN   Hi, Martin.

MARTIN   Was macht ihr denn hier?

ULRIKE   Ach, wir überlegen gerade, wo wir im Sommer Urlaub machen können.

KATRIN   Ja, wir haben hier einen Prospekt, da sind interessante Sachen drin. Zum Beispiel die Türkei. Da gibt es tolle Hotels am Meer. Hier zum Beispiel, das Hotel Neptun, das hat eine Sauna, einen Fitnessraum, aber leider keinen Whirlpool.

ULRIKE   Aber es gibt eine Diskothek im Hotel. Und es sind nur 2 Minuten zum Strand.

MARTIN   Gibt es auch einen Golfplatz?

ULRIKE   Nein, aber ich denke nicht, dass ich dort unbedingt Golf spielen will.

KATRIN   Du, das Hotel ist zu teuer für uns. Es kostet 989 DM pro Person für nur eine Woche.

MARTIN   Ich bezweifle, dass ihr etwas Billigeres findet.

ULRIKE   Also, ich bin sicher, es gibt billigere Hotels. Hier zum Beispiel, das Hotel Aurora, das kostet nur 456 DM für eine Woche.

KATRIN   Ja, die haben aber auch keine Sauna und keinen Whirlpool.

MARTIN   Dafür einen Fitnessraum, aber den braucht ihr ja nicht...

ULRIKE   Ganz richtig. Einen Pool haben sie, das ist gut. Und auch Tennisplätze. Aber wir wollen ja nicht Tennis spielen, sondern windsurfen lernen.

MARTIN   Was, windsurfen wollt ihr?

KATRIN   Klar, warum denn nicht?

MARTIN   Na, ich bin nicht sicher, ob du überhaupt das Segel halten kannst.

KATRIN   Na, lass das mal unser Problem sein! Ich glaube, wir schaffen das schon.

ULRIKE   Du, auf dem Foto hier sieht man auch eine tolle Liegewiese.

KATRIN   Ja, und das Hotel ist nur 3 Minuten vom Meer entfernt. Ich bin mir nur nicht sicher, ob wir da auch windsurfen dürfen.

ULRIKE   Du, Katrin, guck mal. Hier ist noch ein anderes Hotel, Hotel Flamingo. Der Strand ist nur 5 Minuten entfernt, und es gibt sogar eine Schule, wo man windsurfen lernen kann.

KATRIN   Klingt toll. Und eine Sauna gibt's auch, nur keinen Whirlpool, aber das macht nichts. Einen Pool gibt's aber.

ULRIKE Es gibt keinen Golfplatz und keinen Fitnessraum, aber das ist ja auch egal.
KATRIN Dafür gibt's einen Fernsehraum und eine Diskothek.
ULRIKE He, das klingt gut. Und der Preis ist auch okay. Eine Woche pro Person kostet 519 DM. Sollen wir das versuchen?
KATRIN Ja, da rufen wir morgen gleich an. Und vielleicht überlegt sich dann Martin auch noch, ob er mitkommen will.
MARTIN Ne, ich habe schon was anderes im Urlaub vor.

Additional Listening Activity 9-5, p. 73

STADTFÜHRER Wir befinden uns jetzt auf dem Marktplatz. Unsere Stadtbesichtigung ist fast zu Ende. Lassen Sie mich nur noch ein paar Worte zum Marktplatz sagen. Den Marktplatz gibt es seit dem 14. Jahrhundert. Während des 2. Weltkrieges wurde vieles zerstört, unter anderem auch Teile der Kirche auf dem Marktplatz, die Sie hier sehen. Inzwischen hat man die Marienkirche, so heißt die Kirche, wieder ganz aufgebaut. Vor der Kirche sehen Sie einen Brunnen. Dieser ist aus dem 15. Jahrhundert. Gegenüber der Kirche, wenn Sie sich umdrehen, befindet sich das Rathaus und daneben die Post. Der Marktplatz wird jetzt teilweise als Parkplatz benutzt, da es in der Innenstadt von Meiningen noch zu wenig Parkplätze gibt. So, damit habe ich meine Einführung beendet. Haben Sie noch Fragen?

1. TOURIST Ja, ich, hm, Entschuldigung, ich habe eine Frage.
STADTFÜHRER Ja, bitte.
1. TOURIST Wir haben vorhin ein altes Fachwerkhaus angesehen, gegenüber vom Schloss. Aus welchem Jahrhundert ist dieses Fachwerkhaus?
STADTFÜHRER Die meisten Fachwerkhäuser hier sind aus dem 16. Jahrhundert, und so auch dieses. Andere Fragen?
2. TOURIST Gibt es ein Stadttor in Meiningen?
STADTFÜHRER Ja, es befindet sich zwischen dem Schloss und der Hauptstraße, aber es ist zur Zeit kaputt, und es wird daran gebaut. Gibt es noch Fragen?
3. TOURIST Ja, Verzeihung, können Sie mir vielleicht noch mal sagen, wie ich von hier zum Theater komme?
STADTFÜHRER Ja, natürlich. Sie gehen die kleine Straße zwischen der Post und dem Schuhgeschäft entlang. Dann biegen sie beim Metzger um die Ecke und gehen die Straße entlang, bis Sie auf die Hauptstraße kommen. Dort ist das Theater, Sie sehen es dann schon. Es ist das große Gebäude mit den großen Treppen und den Säulen. Wenn es sonst keine Fragen mehr gibt, wünsche ich Ihnen einen guten Aufenthalt und viel Spaß in Meiningen.

Additional Listening Activity 9-6, p. 74

REZEPTIONIST Ja, bitte, kann ich etwas für Sie tun?
PERSON 1 Ja, können Sie mir bitte sagen, wo die Sauna im Hotel ist?
REZEPTIONIST Ja. Sie biegen hier um die Ecke und gehen die Treppe hinunter. Dann sehen Sie auf der linken Seite eine Tür, zwischen dem Fitnessraum und dem Fersehraum, das ist die Sauna.
PERSON 1 Danke schön!
REZEPTIONIST Bitte. Und Sie, haben Sie eine Frage?
PERSON 2 Ja, wissen Sie vielleicht, wie ich zum Vergnügungspark komme?
REZEPTIONIST Ja, wenn Sie vom Hotelparkplatz kommen, biegen Sie hier um die Ecke. Dann sind Sie auf der Hauptstraße. Sie fahren die Hauptstraße entlang durch die Innenstadt. Beim Rathaus biegen Sie rechts um die Ecke. Dann sehen Sie den Vergnügungspark schon. Wissen Sie, wo das Stadttor ist?
PERSON 2 Ja, an der Westseite des Marktplatzes, beim Brunnen?
REZEPTIONIST Na ja, nicht direkt, der Brunnen steht vor dem Rathaus. Daneben ist ein Fachwerkhaus. Und daneben ist das Stadttor. Der Eingang zum Park ist dort genau gegenüber.
PERSON 2 Gut, danke.
REZEPTIONIST Gern geschehen. Und viel Spaß im Vergnügungspark.
PERSON 2 Danke.

Answers to Additional Listening Activities

Additional Listening Activity 9-1, p. 71

1. a   2. b   3. c   4. b
5. a   6. b   7. b

Additional Listening Activity 9-2, p. 71

1. richtig
2. falsch
3. falsch
4. richtig
5. falsch
6. richtig
7. richtig

Additional Listening Activity 9-3, p. 72

Activity	Vater ja	Vater nein	Ingo ja	Ingo nein
Golf spielen	✔			✔
windsurfen		✔	✔	
angeln	✔			✔
tauchen		✔	✔	
Boot fahren	✔		✔	

Additional Listening Activity 9-4, p. 72

	Hotel Neptun	Hotel Aurora	Hotel Flamingo
Preis pro Person pro Woche	989 DM	456 DM	519 DM
Wie weit vom Strand/Meer?	2 Minuten	3 Minuten	5 Minuten
Golfplatz	ja / (nein) / ?	ja / nein / (?)	ja / (nein) / ?
Liegewiese	ja / nein / (?)	(ja) / nein / ?	ja / nein / (?)
Sauna	(ja) / nein / ?	ja / (nein) / ?	(ja) / nein / ?
Whirlpool	ja / (nein) / ?	ja / (nein) / ?	ja / (nein) / ?
Pool	ja / nein / (?)	(ja) / nein / ?	(ja) / nein / ?
Fitnessraum	ja / (nein) / ?	(ja) / nein / ?	ja / (nein) / ?
Tennisplätze	ja / nein / (?)	(ja) / nein / ?	ja / nein / (?)
Fernsehraum	ja / nein / (?)	ja / nein / (?)	(ja) / nein / ?
Diskothek	(ja) / nein / ?	ja / nein / (?)	(ja) / nein / ?

Katrin und Ulrike wollen in die Türkei fahren
und Windsurfen lernen.

Additional Listening Activity 9-5, p. 73

1. b   2. b   3. c
4. b   5. b   6. c

Additional Listening Activity 9-6, p. 74

Person 1: a
Person 2: b

Gespräch 1:
  _3_ auf der linken Seite eine Tür
  _1_ um die Ecke
  _4_ zwischen dem Fitnessraum und dem
      Fernsehraum
  _2_ die Treppe hinunter

Gespräch 2:
  _2_ auf der Hauptstraße
  _5_ rechts um die Ecke
  _4_ durch die Innenstadt
  _1_ um die Ecke
  _3_ die Hauptstraße entlang

1. an der Westseite des Marktplatzes
2. vor dem Rathaus
3. neben dem Rathaus
4. daneben
5. dem Stadttor gegenüber

Erste Stufe

6 Hör gut zu!, p. 239

VERONIKA   Welche Sendungen ich sehe? Tja, eigentlich gucke ich außer Sportsendungen fast gar nichts. Für Tennis interessiere ich mich am meisten. Bei den Australian Open habe ich sogar ganz früh morgens vor dem Fernseher gesessen, um ja nichts zu verpassen. Ich spiel selber Tennis im Verein, hier bei uns in Leimen. Das ist übrigens der gleiche Club, in dem auch Boris Becker angefangen hat.

AXEL   Ich guck mir zwar auch mal ab und zu Sportsendungen an, weil ich mich für Fußball interessiere, aber eigentlich sehe ich am liebsten spannende Krimis. Am besten gefallen mir die alten Filme mit Sherlock Holmes. Es macht mir total Spaß, selbst Detektiv zu spielen und die Fälle vor dem Fernseher zu lösen.

PATRICK   Also, wenn ich Fernseh gucke, dann will ich mich in erster Linie informieren. Deswegen gucke ich am liebsten die Nachrichten und das Auslandsmagazin. Ich seh auch gern mal eine Talkshow, in der Politiker über verschiedene aktuelle Themen diskutieren. Besonders vor den Bundestagswahlen! Der Meinungsaustausch ist dann fast so spannend wie ein Krimi!

TINA   Ja, also die Nachrichten schau ich mir natürlich auch fast jeden Tag an, aber eigentlich nur wegen dem Wetterbericht. Ich fahr nämlich jeden Tag mit dem Rad zur Schule, und deswegen interessiert es mich, wie das Wetter jeden Tag wird. Na ja, und außer dem Wetterbericht schaue ich auch unheimlich gern Tier- und Natursendungen an. Wir wohnen ja hier mitten im Industriegebiet, da ist nicht viel los mit Natur und so. Deswegen gefallen mir alle Sendungen, die mit der Natur oder mit Tieren zu tun haben.

Answers to Activity 6
1. Veronika: Sportsendungen/Tennis, weil sie selber Tennis spielt
2. Axel: Sportsendungen, weil er sich für Fußball interessiert; Kriminalfilme, weil er selber gern Detektiv spielt
3. Patrick: Nachrichten/Auslandsmagazin, weil er sich informieren will; Talkshow/Politikerdiskussionen, weil er sie spannend findet
4. Tina: Nachrichten, weil sie den Wetterbericht sehen will; Tier- und Natursendungen, weil es nicht viel Natur in ihrer Umgebung gibt

Zweite Stufe

15 Hör gut zu!, p. 247

ROLF   Also, ich bin total begeistert von meiner neuen Anlage. Du musst sie dir so vorstellen: die komplette Anlage ist in einem ganz tollen Fernseh- und Videowagen im Wohnzimmer untergebracht. Der Fernseh- und Videowagen hat vier Ablagefächer. Also, auf dem Regalfach ganz unten ist das Videogerät. Direkt darüber, also im zweiten Regalfach von unten, da stehen links alle meine Videokassetten und auf der rechten Seite die CDs. Auf dem zweiten Ablagefach von oben stehen der CD-Spieler und über dem CD-Spieler das Radio mit doppeltem Kassettendeck, alles Stereo natürlich! Ja, und ganz oben auf dem Wagen, da habe ich das Farbfernsehgerät hingestellt. Es hat achtundvierzig Programme und eine super Bildqualität! Auf dem Fernseher steht natürlich die Zimmerantenne. Ach ja, und links außen am Fernseh- und Videowagen, da ist ein Haken für den Kopfhörer. Also, meine neue Anlage sieht einfach phantastisch aus!

Answers to Activity 15
bottom shelf: video   second shelf from bottom: videocassettes on left side, CDs on right side
second shelf from top: CD player and radio/cassette deck
top shelf: TV   on top of TV: antenna

Dritte Stufe

24 Hör gut zu!, p. 251

TILL   Hallo Silke! Komm steig ein!
SILKE   Ach, hallo Till! Das ist ja nett von dir, dass du angehalten hast. Kannst du mich ein Stück mitnehmen?
TILL   Ja klar! Wo musst du denn hin?
SILKE   Ich muss in die Werkstatt, mein Auto abholen. Es war kaputt. Hoffentlich läuft es jetzt wieder!
TILL   Was war denn kaputt?

SILKE	Ach, irgendwas am Motor! Und die Scheibenwischer haben auch nicht mehr funktioniert. Na ja. Aber sag mal, das ist ja ein toller Wagen, den du hier fährst. Ist der neu?
TILL	Ja, ich hab ihn erst letzte Woche bekommen. Schau mal, er hat ganz tolle Extras: Automatik und Klimaanlage ...
SILKE	Eine Klimaanlage hätte ich auch gern! Aber dafür hat mein Auto wenigstens ein Schiebedach.
TILL	Hier, Silke, hör dir mal den Sound von meinem Stereo-Radio an! Toll, was?
SILKE	Spitze! Der Sound ist viel besser als bei meinem Stereo. Du, Till, die Sitzschoner sehen ja toll aus! Gehören die zur Grundausstattung?
TILL	Nee! Die hab ich extra dazubestellt, genauso wie die Rallyestreifen außen. Hast du nicht auch die Rallyestreifen an deinem Auto?
SILKE	Nee! Nur so'n paar blöde Aufkleber hinten. Aber mein Bruder hat mir vor ein paar Tagen ganz tolle Breitreifen ans Auto gemacht. Sieht echt super aus!
TILL	Ja, Breitreifen find ich auch toll! Aber die waren so teuer. Da hab ich lieber die Servolenkung als Extra genommen.
SILKE	Was? Auch noch Servolenkung? Du, lässt du mich mal mit deinem Auto fahren?
TILL	Ja, gern! Ich halte gleich da drüben an der Ecke an!

Answers to Activity 24
beide Autos: Stereo-Radio
Tills Auto: Automatik, Klimaanlage, Sitzschoner, Rallyestreifen, Servolenkung
Silkes Auto: Schiebedach, Aufkleber, Breitreifen

27 Hör gut zu!, p. 252

SVEN	Du, Jürgen, gestern habe ich einen tollen Abenteuerfilm im Fernseher gesehen! Der Film hat von einem Rennfahrer gehandelt, der sich auf den Grand Prix in Monte Carlo vorbereitet hat. Der Film war echt super! Nächste Woche kommt der zweite Teil. Den werde ich mir bestimmt ansehen.
JÜRGEN	Ja, genau! Den Film hab ich gestern auch gesehen. Der war echt Klasse! Hast du die tollen Autos im Film gesehen? Super Sportflitzer mit 5-Gang-Getriebe, Breitreifen und Rallyestreifen! Einfach sagenhaft! So ein Auto zu haben, Mensch, Sven, das wäre mein Traum!
SVEN	Hm, nicht schlecht. Aber damit kann man ja nicht im normalen Straßenverkehr rumfahren!
JÜRGEN	Da hast du Recht! Aber ich werde mir trotzdem einen ganz tollen Sportwagen mit Schiebedach kaufen, wenn ich 'nen Job habe und Geld verdiene.
SVEN	Hast du gestern in den Nachrichten dieses neue Solarmobil gesehen? Find ich echt stark, so ein Auto, das nur mit Sonnenenergie betrieben wird!
JÜRGEN	Ja, Autos mit Sonnenenergie — das ist ein tolles Konzept, was?
SVEN	Also, ich find das echt super! Nur leider gibt es noch nicht so viele Autos damit! Aber in ein paar Jahren ist die Technologie bestimmt so weit. Dann werde ich mir ein Solarmobil kaufen.

Answers to Activity 27
Sven: nächste Woche den zweiten Teil des Filmes gucken; ein Solarmobil kaufen   Jürgen: einen Sportwagen kaufen

Anwendung

Activity 3, p. 254

PETER	Klasse! Heute kann sich jeder Krimi-Fan freuen! Es kommen gleich zwei Krimis heute Abend!
FRAU BAUER	So? Was kommt denn?
PETER	Also, wir können erstmal um sechs Uhr *Mord ist ihr Hobby* mit Angela Lansbury sehen und später dann um acht Uhr den Agatha Christie-Film. Heute soll er besonders spannend sein!
HERR BAUER	Ja, will denn keiner heute die Nachrichten sehen?
ANKE	Doch, na klar, Vati! Aber die kommen doch genau dazwischen, um sieben Uhr! Das passt doch prima!
FRAU BAUER	Ja, heißt das etwa, dass wir heute den ganzen Abend vor dem Fernseher verbringen? Das kann doch nicht euer Ernst sein! Lasst uns lieber mal was anderes zusammen unternehmen!
ANKE	Was schlägst du denn vor, Mutti?
FRAU BAUER	Lasst uns doch mal wieder einen Spaziergang machen und zum See runter gehen.
HERR BAUER	Ja, das ist eine gute Idee! Gleich nach dem Agatha-Christie-Krimi um neun können wir doch einen schönen Abendspaziergang machen!
PETER	Ja, aber spätestens um halb elf müssen wir wieder zu Hause sein!
ANKE	Wieso das denn?
PETER	Weil ich dann unbedingt die Fußballberichte aus der ersten Liga sehen will!

Answers to Activity 3
18 Uhr: RTL; 19 Uhr: 3SAT; 20 Uhr: SW3; 22.30 Uhr: SAT1

Komm mit! Level 2, Chapter 10

Scripts for Additional Listening Activities

Additional Listening Activity 10-1, Seite 79

VATER Na, Jens, ist dein Fußballtraining schon zu Ende?

JENS Ja, wir haben heute ein bisschen früher aufgehört, weil die meisten von uns heute Fernsehen wollen. Da kommt so ein toller Abenteuerfilm.

VATER Hm, na hoffentlich kommt der Film nicht zur gleichen Zeit wie die Sportübertragung, die ich sehen will. Heute ist doch das Länderspiel im Hockey zwischen Polen und Deutschland. Wann kommt denn dein Film?

JENS In fünf Minuten fängt er an. Und ich will unbedingt ...

VATER In fünf Minuten, da fängt doch das Hockeyspiel an.

JENS Oh, nein! Jedes Mal, wenn ich mich auf eine Sendung freue, willst du etwas anderes sehen! Das war letzten Freitag auch schon so.

VATER Ja, aber da haben wir alle geguckt, was du sehen wolltest, nämlich den Wildwestfilm, nicht? Ich wollte da gern einen Krimi sehen, und Mutti wollte ein Lustspiel sehen, erinnerst du dich?

JENS Ja, aber ...

VATER Nichts „aber", heute schaue ich mir das Hockeyspiel an und damit Schluss.

MUTTER Ach, ihr habt ja schon den Fernseher an. Ich muss mal schnell sehen, ob die Sendung schon angefangen hat, die ich sehen will.

VATER Hm, die Sportübertragung? Seit wann interessierst du dich denn für Hockey?

JENS Oder meinst du den Abenteuerfilm, Mutti? Willst du den auch sehen?

MUTTER Nein, keins von beiden. Jetzt kommt eine Tiersendung, die solltet ihr euch auch anschauen.

JENS Oh, nein, ich will jetzt den Film sehen.

VATER Und ich die Sportübertragung.

MUTTER Na, dann gehe ich eben in die Küche, da haben wir ja auch noch einen Fernseher.

JENS Ach, Mensch, so ein Mist, da kann ich meinen Film ja wohl vergessen!

VATER Hör mal, Jens, vielleicht kannst du einen Freund anrufen und fragen, ob du da fernsehen kannst? Ach, du Schreck, schon zwanzig nach acht! Das Spiel läuft schon seit fünf Minuten.

JENS Na gut, ich rufe jetzt den Claus an. Der wollte den Film auch sehen, dann gehe ich eben zu ihm.

Additional Listening Activity 10-2, Seite 79

MIKE Na, Glenn, was wollen wir heute machen?

GLENN Ich möchte mich am liebsten ein bisschen ausruhen. Wir haben die letzten Tage schon so viel gesehen. Vielleicht können wir heute mal einen Fernsehtag machen?

MIKE Ja, klar. Können wir machen. Ich habe hier die Fernsehzeitung von dieser Woche, lass uns doch mal reinsehen! Was haben wir denn heute, Sonnabend, den 4. März. Also um zwei am Nachmittag kommt im ARD „Die Tagesschau", das sind Nachrichten, und die bringen auch immer den Wetterbericht. Aber das willst du vielleicht nicht sehen, oder?

GLENN Nein, nicht unbedingt. Aber hier im ARD, sieh mal, da kommt um 14 Uhr 35 eine Spielshow, „Der Preis ist heiß". Ist die interessant?

MIKE Ach, die ist total langweilig. Lass uns mal sehen, was im ZDF um diese Zeit kommt. Hier, um drei kommt eine Tiersendung, die heißt „Der Wal", scheint also über Wale zu sein, das ist bestimmt sehr interessant. Willst du das sehen?

GLENN Das klingt zwar gut, aber zur gleichen Zeit, also auch um 15 Uhr, kommt im ZDF ein Wildwestfilm. Der heißt „Die Cowboys im Wilden Westen". Wollen wir den nicht lieber sehen?

MIKE Na gut, den kenne ich auch noch nicht. Der soll aber lustig sein. Ach, und später will ich gern die Sportschau sehen, die kommt um Viertel nach 6 im ARD. Wollen wir die sehen?

GLENN Okay, im ZDF kommt ja nur eine Diskussion zur Gesundheit, die ist bestimmt langweilig, fängt um 18 Uhr 20 an und heißt „Wie halte ich mich fit und gesund". Na, das wissen wir ja schon.

MIKE Und wenn wir dann abends noch fernsehen wollen, können wir um Viertel nach 8 im ARD einen Kriminalfilm sehen, der heißt „Das Messer".

GLENN Ach, den kenne ich schon. Den brauche ich nicht unbedingt zu sehen.

MIKE	Ja, ich auch nicht. Ich glaube, wir haben dann auch genug gesehen. Obwohl, das Lustspiel im ZDF um 20 Uhr 45 klingt auch ganz gut. Das heißt „Was darf's denn sein?" Hast du Lust, das zu sehen?
GLENN	Hm, ich weiß nicht. Du, ist nicht heute Abend eine Party bei Janett?
MIKE	Ach ja, klar! Also, die Sportschau können wir uns noch ansehen, aber danach geht's auf jeden Fall zur Party. Mensch, super, dass du daran gedacht hast!

Additional Listening Activity 10-3, Seite 80

VERKÄUFER	Kann ich Ihnen helfen?
JENS	Ja, also, ich möchte mir gern Ihre Fersehgeräte ansehen.
VERKÄUFER	Also, unser neuestes Modell ist dieses hier. Dies ist ein Stereo-Farbfernsehgerät. Man kann auch Stereo-Kopfhörer anschließen.
JENS	Na ja, Stereo ist eigentlich nicht so wichtig. Wissen Sie, es soll für meine Oma sein. Sie hatte bis jetzt nur einen Schwarz-Weiß-Fernseher. Wichtig ist, dass das Gerät leicht zu bedienen ist.
VERKÄUFER	Ja, dann würde ich Ihnen dieses Gerät hier empfehlen. Es hat eine Fernbedienung mit automatischem Sendersuchlauf, Farb- und Kontrasteinstellung, Lautstärkeregler und so weiter.
JENS	Darf ich die Fernbedienung mal ausprobieren?
VERKÄUFER	Ja, natürlich. Hier! Bitte!
JENS	Ja, die ist gut. Einfach zu bedienen und große Tasten. Meine Oma versteht nämlich nicht so viel von Technik. Es soll so einfach wie möglich sein. Ach, sagen Sie, funktioniert der Fernseher mit Zimmerantenne?
VERKÄUFER	Ja, im Moment ist die Zimmerantenne angeschlossen. Das Bild ist doch gut, oder?
JENS	Ja, es ist prima. Aber muss ich die Antenne extra kaufen?
VERKÄUFER	Ja, die gehört eigentlich nicht zum Fernseher dazu.
JENS	Ach so, na ja, mal sehen. Vielleicht funktioniert er ja auch über unsere Dachantenne. Ich muss mal meinen Vater fragen. Haben Sie zur Zeit auch irgendwelche besonderen Angebote?
VERKÄUFER	Ja, sicher. Hier zum Beispiel, dieses Videogerät ist diese Woche im Angebot. Oder dort drüben, der Fernseh- und Videowagen mit Ablagefach für Videokassetten ist auch sehr preisgünstig. Wollen Sie den mal sehen?
JENS	Nein, danke schön. Ein Videogerät wollen wir meiner Oma eigentlich nicht kaufen und den Fernseh- und Videowagen brauchen wir auch nicht. Ich komme morgen mit meinem Vater noch mal her. Ich denke, wir werden den Farbfernseher hier kaufen. Vielen Dank für die Beratung.
VERKÄUFER	Bitte schön!

Additional Listening Activity 10-4, Seiten 80–81

VATER	Oma, alles Gute zum Geburtstag von uns allen!
OMA	Ach, ihr seid so lieb zu mir. Ich freue mich so, dass ihr alle heute gekommen seid.
JENS	Oma, wir haben eine Überraschung für dich zum Geburtstag.
OMA	So?
JENS	Du guckst doch viel Fernsehen, und mit dem Schwarz-Weiß-Fernseher macht das doch auf die Dauer keinen richtigen Spaß, und deshalb bekommst du zu deinem Geburtstag einen Farbfernseher.
OMA	Ach, ist das wahr? Ein neuer Fernseher? Ich kann's kaum glauben!
VATER	Ja, Oma. Sieh, hier ist er.
OMA	Ach, so ein großer schöner Fernseher! Oh, vielen Dank ihr Lieben! Aber kann ich den denn auch bedienen? Der ist doch bestimmt ganz modern und furchtbar kompliziert!
JENS	Oma, das ist ganz leicht, ich zeige dir das. Hier ist die Zimmerantenne, die müssen wir erst noch aufstellen. So. Der Fernseher hat auch Stereo, Oma. Aber Kopfhörer haben wir nicht dazu gekauft, vielleicht willst du die später noch dazuhaben. So, jetzt können wir den Fernseher anschalten. So, Oma, jetzt kannst du dich aufs Sofa setzen.
OMA	Aber ich muss doch erst den Sender einstellen, den ich will.
JENS	Das kannst du alles vom Sofa aus machen. Hier ist die Fernbedienung. Ich stelle dir das alles ein.
OMA	Lass mich mal selbst machen, ich muss das ja später auch allein machen können.
JENS	Gern! Hier ist die Fernbedienung! Siehst du, wo du die Sender einstellen musst?
OMA	Hier vielleicht?
JENS	Ja, genau. Und dann gibt's da auch noch einen Lautstärkeregler.
OMA	Ja, hier.

JENS   Es funktioniert. Siehst du?

OMA   Ach, da kann ich heute Abend meine Lieblings-Talkshow auf dem neuen Fernseher sehen.

JENS   Ja, Oma, und sonntags guckst du doch immer die Ratesendung, die siehst du jetzt in Farbe.

OMA   Und den Krimi im ARD dienstags ...

VATER   Ja, Oma. Und wenn du irgendwann einen Videorekorder haben willst, dann brauchst du es nur zu sagen.

OMA   Ich glaube, der Fernseher reicht für mich. Es kommen ja so viele interessante Sendungen. Ach, vielen Dank euch allen noch mal, das ist so lieb von euch.

JENS   Na, Oma, Hauptsache, wir haben dir eine Freude gemacht!

Additional Listening Activity 10-5, Seite 81

BERNDT   Du, André, ich habe mir gestern ein Auto gekauft.

ANDRÉ   Das gibt's doch nicht!

BERNDT   Doch, kannst du mir glauben. Na ja, mein Vater hat mir Geld dazugegeben, ist doch klar.

ANDRÉ   Aber du hast doch gar keinen Führerschein.

BERNDT   Noch nicht, aber den mache ich in zwei Monaten, dann bin ich 18. Aber was ich sagen wollte, an dem Auto gibt's einige Extras, das ist nämlich kein normales Auto. Das hat zum Beisiel eine Klimaanlage, die funktioniert auch schon, ehe ich ins Auto einsteige und fahre. Die kann ich mit Fernbedienung von weitem einstellen, und wenn ich ins Auto einsteige, ist es schon kühl.

ANDRÉ   Ach, das ist doch nicht möglich!

BERNDT   Doch! Ehrlich! Das kannst du mir glauben! Aber das ist noch nicht alles. Es hat auch automatische Scheibenwischer, die fangen von selbst an zu wischen, wenn es regnet.

ANDRÉ   Ach, das gibt's doch gar nicht!

BERNDT   Doch, das stimmt! Und die Scheinwerfer gehen auch von selbst an, wenn es dunkel wird und ...

ANDRÉ   Ach, du spinnst! Und die Fuß- und Handbremse brauchst du wohl auch nicht bedienen, weil das Auto von allein bremst, nicht?

BERNDT   Ja, genau, aber woher weißt du das?

ANDRÉ   Mir fiel gerade ein, was für ein Tag heute ist.

BERNDT   April, April!

ANDRÉ   Ja, genau. Na ja, für 'n ersten Aprilscherz war's ja nicht schlecht.

BERNDT   Mensch, das ist mein Wunschauto! Ist das nicht toll, wenn man nicht mehr bremsen muss, und die Scheibenwischer von selbst bei Regen losgehen und ...

ANDRÉ   Na, das finde ich nicht. Dann macht das Autofahren ja gar keinen Spaß mehr, da kann ich ja gleich Bahn fahren, wo ich mich nur reinsetze und nichts machen muss.

BERNDT   Na ja, vielleicht hast du Recht. Außerdem habe ich sowieso noch kein Geld für das Auto, vielleicht in zwei Jahren. Aber meinen Führerschein mache ich in zwei Monaten, wenn ich 18 bin, das steht fest.

Additional Listening Activity 10-6, Seite 82

HEIKE   He, Annette, schalt doch mal das Programm mit der Vorschau ein. Lass uns mal sehen, was heute im Fernsehen kommt. Ach, sieh mal, das klingt interessant: „Die Dinosaurier kommen", um 12 Uhr 50 im ARD, ein Tierfilm.

ANNETTE   Ne, interessiert mich nicht. Hier ist was Besseres. „Detektiv Schlitzohr", klingt wie 'n Krimalfilm, ist aber 'ne Komödie. Das kommt im Pro 7 um 17 Uhr 20.

HEIKE   Oh, sieh mal, im ZDF kommt heute wieder mal 'ne Sendung über gesundes Essen „Das tägliche Gemüse", um 18 Uhr 20. Die muss ich mir ansehen.

ANNETTE   Ja, das klingt gut. Oder auch der Kriminalfilm um 20 Uhr 15 im ARD.

HEIKE   Meinst du „Eine lange Fahrt"?

ANNETTE   Ja, genau.

HEIKE   Ach, den habe ich schon gesehen, der ist langweilig. Aber die Talkshow im ARD um 22 Uhr 15 ist toll, die hab ich schon mal gesehen.

ANNETTE   Ach, „Rudis Gäste"? Ja, die finde ich auch toll, der Typ ist ganz irre. Aber im ZDF kommt zur gleichen Zeit, um 22 Uhr 15, auch was Interessantes, „Die schwarze Spinne", eine Natursendung.

HEIKE   Na ja, das können wir uns ja später noch überlegen, was wir heute Abend sehen wollen. Aber jetzt schalte mal aufs ARD um, sonst verpasse ich noch die Dinosaurier!

Answers to Additional Listening Activities

Additional Listening Activity 10-1, p. 79

1. falsch
2. richtig
3. richtig
4. falsch
5. falsch
6. falsch
7. richtig
8. richtig
9. richtig

Additional Listening Activity 10-2, p. 79

Fernsehprogramm für ___Sonnabend, den 4. März___

Zeit	Sender	Titel	Art der Sendung
14.00	ARD	Die Tagesschau	Nachrichten und Wetterbericht
14.35	ARD	Der Preis ist heiß	Spielshow
15.00	ZDF	Der Wal	Tiersendung
15.00	ARD	Die Cowboys im Wilden Westen	Wildwestfilm
18.15	ARD	Die Sportschau	Sportsendung
18.20	ZDF	Wie halte ich mich fit und gesund?	Diskussion über Gesundheit
20.15	ARD	Das Messer	Kriminalfilm
20.45	ZDF	Was darf's denn sein?	Lustspiel

Additional Listening Activity 10-3, p. 80

	ja	vielleicht	nein
Schwarz-Weiß-Fernseher			✔
Farbfernsehgerät	✔		
Stereo-Farbfernsehgerät			✔
Stereo-Kopfhörer			✔
Fernbedienung mit Lautstärkeregler	✔		
Zimmerantenne		✔	
Videorekorder			✔
Fernseh- und Videowagen mit Ablagefach für Videokassetten			✔

Additional Listening Activity 10-4, pp. 80–81

1. c   2. c   3. b   4. a   5. c   6. a

Additional Listening Activity 10-5, p. 81

1. falsch
2. falsch
3. richtig
4. falsch
5. richtig
6. richtig

Additional Listening Activity 10-6, p. 82

1. falsch
2. richtig
3. richtig
4. falsch
5. falsch
6. richtig

LISTENING ACTIVITIES • SCRIPTS & ANSWERS

Erste Stufe

7 Hör gut zu!, p. 266

SIMONE Ich gehe sehr gerne ins Theater. Zum Geburtstag habe ich von meinen Großeltern ein Abonnement für das Landestheater in unserer Stadt bekommen. Es gefällt mir sehr, ganz vorne in einer der ersten Reihen im Theater zu sitzen und die Schauspieler aus der Nähe zu sehen. Letzte Woche habe ich eine bayerische Bauernkomödie gesehen. Das Publikum hat Tränen gelacht. Also, ich finde die Atmosphäre in einem Theater tausendmal besser als zu Hause vor dem Fernseher zu sitzen.

ARNO Also, wenn ich mal am Wochenende was ganz Besonderes machen will, dann geh ich in ein Musical. Vor ein paar Monaten habe ich „Das Phantom der Oper" gesehen. Einfach sagenhaft! Ich hab mir sofort danach die CD gekauft! Leider werden bei uns in der Stadt keine Musicals aufgeführt. Da muss man schon bis nach Hamburg reinfahren. Das dauert so ungefähr zwei Stunden, bis man dort ist. Aber der weite Weg lohnt sich auf jeden Fall! Ich finde Musicals einfach toll!

JUTTA Ich liebe Opern! Wagner, Mozart, Verdi ... ich höre alles gern. Am liebsten mag ich es, wenn die Oper in Italienisch gesungen wird. Die italienische Sprache ist so temperamentvoll und dramatisch! Aber an einer Oper gefällt mir nicht nur der Gesang, mich faszinieren auch die schönen Kostüme der Sänger. Leider sind Opernkarten so teuer, und deswegen gehe ich nur selten ins Opernhaus. Die meisten Opern hab ich im Fernsehen gesehen.

Answers to Activity 7
Simone: Theaterstück „Andorra" von Max Frisch   Arno: Musical „Oklahoma" von Hammerstein
Jutta: Oper „Die Zauberflöte" von Mozart

10 Hör gut zu!, p. 267

1. PAUL Was sollen wir denn heute unternehmen, Thomas? Hast du Lust, in den Stadtpark zu gehen und Frisbee zu spielen? Oder wir können auch einfach nur so in den Park gehen, uns auf die Wiese legen und faulenzen.

THOMAS Nee, das ist mir zu langweilig! Hast du keine andere Idee?

PAUL Ja, also gehen wir doch wieder zum Hafen runter und gucken, welche Schiffe dort liegen.

THOMAS Mensch, Paul! Das haben wir doch erst letzte Woche gemacht. Ich bin nicht dafür, dass wir schon wieder dorthin gehen.

2. KARSTEN He, Dominik! Sollen wir mal das neue argentinische Steakhaus an der Ecke ausprobieren? Hast du am Samstag Zeit? Danach können wir uns den neuen Action Thriller mit Mel Gibson im Cinemax ansehen. Also, was meinst du?

DOMINIK Ja, das wär' nicht schlecht!

3. ULRIKE Hi, Moni! Du, mein Opa hat mir zwei Karten für „Cats" geschenkt. Wie wär's? Willst du mitkommen?

MONI Ach, ich weiß nicht. Ich interessiere mich nicht so sehr für Musicals. Frag doch mal die Alexandra! Ich glaube, die mag so was. Ich bin dafür, dass wir lieber mal zusammen ins Theater gehen.

Answers to Activity 10
1. nicht einverstanden   2. einverstanden   3. nicht einverstanden

Zweite Stufe

16 Hör gut zu!, p. 270

MARITA Du, Beate, wo wollen wir denn heute Abend hin? Ich hätte Lust, essen zu gehen.

BEATE Ja, lass uns doch mal wieder zu dem Türken an der Kreuzberger Straße gehen. Weißt du noch, der hat diese tolle Joghurtsoße zu dem gebratenen Lammfleisch!

MARITA Ja, stimmt! Dort ist das Essen wirklich schön würzig, und viel Knoblauch ist überall drin! Aber könnten wir nicht mal was Neues ausprobieren? Wie wäre es zum Beispiel mit dem mexikanischen Restaurant, das vor kurzem auf der Bismarckstraße aufgemacht hat? Acapulco heißt das oder so!

BEATE Ach, Marita, ich weiß nicht. Mexikanisch hab ich noch nie probiert. Das soll doch ziemlich scharf sein, oder?

MARITA Ja, ich glaub schon. Aber vielleicht gibt es dort auch milde Gerichte. Was meinst du?

BEATE Ja, bestimmt. Aber heute möchte ich eigentlich lieber zum Türken. Ich habe dort noch nie den gegrillten Fisch gegessen.

MARITA Also gut, gehen wir halt dorthin. Bis jetzt hat es mir dort immer gut geschmeckt. Ich glaub, ich weiß auch schon, was ich nehme.

BEATE Was denn?

MARITA Ich probiere mal den gebratenen Reis mit den kleinen deftigen Fleischbällchen, die der Johannes hatte, als wir das letzte Mal dort waren.

BEATE Ja, prima! Komm, wir gehen los!

Answers to Activity 16

türkisch und mexikanisch
Sie gehen türkisch essen, weil …
    … das Essen dort würzig ist.
    … Beate noch nie den gegrillten Fisch gegessen hat.
    … es Marita bis jetzt immer gut dort geschmeckt hat.

18 Hör gut zu!, p. 271

OLIVER	Na endlich sind wir in Berlin! Du, ich freue mich schon auf die Stadtrundfahrt. Oder sag mal, Kati, sollen wir zuerst etwas essen gehen?
KATI	Also, weißt du, Oliver, eigentlich würde ich lieber zuerst die Stadtrundfahrt machen, um halt so viel wie möglich von Berlin zu sehen. Hunger hab ich noch keinen.
OLIVER	Also gut! Dann gehen wir erst heute Abend essen. Die Manuela hat mir zwei Restaurants empfohlen, die sie ziemlich gut fand, als sie hier in Berlin war. Das eine heißt „Zum Anker". Dort gibt es hauptsächlich Fischgerichte. Es soll ganz toll eingerichtet sein. Sie hat gesagt, dass an der Eingangstür ein richtig schwerer Anker befestigt ist, und an der Decke sollen Fischernetze hängen. Also, eine richtige Seemannsatmosphäre.
KATI	Hat Manuela auch etwas über die Preise und die Bedienung gesagt?
OLIVER	Ja, also über die Preise weiß ich nichts. Ach ja, über die Bedienung hat sie auch etwas gesagt. Und zwar kommt der Chef persönlich an den Tisch, um das Tagesgericht zu empfehlen.
KATI	Und welches Restaurant hat Manuela dir noch empfohlen?
OLIVER	Ja, warte mal, das heißt „Schanghai", ein Chinese natürlich. Dort soll es die beste Pekingente geben, die Manuela jemals gegessen hat. Und die Preise sollen völlig okay sein.
KATI	Und was ist mit der Bedienung?
OLIVER	Ja, also die Bedienung soll nicht so gut sein. Manuela hat erzählt, dass alle Kellner unfreundlich sind.
KATI	Ach, du meine Güte! — Du, der Tobias hat mir hier ein Restaurant empfohlen, das ausschließlich hausgemachte, ostdeutsche Spezialitäten serviert. Also zum Beispiel Thüringer Rostbratwurst oder Leipziger Allerlei. Ist übrigens mein Lieblingsgericht! Tobias hat gesagt, dass man dort ziemlich große Portionen für wenig Geld bekommt!
OLIVER	Mmm. Nicht schlecht! Richtig gute Hausmannskost! Wie ist es mit der Atmosphäre? Hat Tobias auch etwas über die Einrichtung gesagt? Wie heißt das Restaurant überhaupt?
KATI	Ja, also das Restaurant heißt „Ossi", ist rustikal eingerichtet mit alten Holztischen und Bänken. Ziemlich einfach, aber dafür urgemütlich!
OLIVER	Du, Kati, ich glaub, da würd ich gern mal hingehen. Das scheint genau das Richtige für heute Abend zu sein, wenn wir von der Besichtigungstour zurückkommen.
KATI	Ja, das find ich auch. Aber nun mal los, auf in die Stadt!

Answers to Activity 18

Zum Anker — Essen: Fischgerichte; Bedienung: Chef; Atmosphäre: Seemannsatmosphäre; Preise: (Oliver doesn't know anything about the prices.)
Schanghai — Essen: beste Pekingente; Bedienung: unfreundlich; Atmosphäre: (not mentioned); Preise: okay
Ossi — Essen: hausgemachte, ostdeutsche Spezialitäten, große Portionen; Bedienung: (not mentioned); Atmosphäre: rustikal, einfach, urgemütlich; Preise: nicht teuer

Dritte Stufe

24 Hör gut zu!, p. 274

DAGMAR	Mmm! Seebarschfilet! Hast du das hier schon mal gegessen, Lutz?
LUTZ	Nein, ich bin kein Fischfan! Ich esse lieber Fleisch! Aber Manuela, du magst doch gerne Fisch, oder?
MANUELA	Ja schon, aber ich war vorher noch nie im Haus Dannenberg. Also, ich weiß nicht, wie es hier schmeckt.
KELLNER	Guten Tag! Haben Sie schon gewählt?
DAGMAR	Ja, ich hätte gerne das gegrillte Seebarschfilet mit Salzkartoffeln und gemischtem Gemüse. Und bringen Sie mir bitte auch einen Salatteller dazu!
KELLNER	Gern! Was möchten Sie trinken?
DAGMAR	Ein Mineralwasser, bitte!
KELLNER	Möchten Sie auch einen Nachtisch bestellen?
DAGMAR	Ach ja, ich nehme zum Nachtisch die frischen Erdbeeren mit Sahne. Und du Lutz, nimmst du auch die Erdbeeren zum Nachtisch?
LUTZ	Nein, ich nehme nur das Wiener Schnitzel, ohne Beilage bitte, und einen Apfelsaft dazu!
KELLNER	Apfelsaft und Wiener Schnitzel ohne Beilage. — Und was darf ich Ihnen bringen?
MANUELA	Ich bekomme die Seezunge nach Art des Hauses. Und bringen Sie mir doch bitte eine Scheibe Brot dazu!
KELLNER	Ja, unsere Seezunge ist ausgezeichnet. Was hätten Sie gern zu trinken?
MANUELA	Also, ich nehme eine Fruchtlimo, bitte!
KELLNER	Zum Nachtisch kann ich Ihnen die Rote Grütze sehr empfehlen. Sie ist hausgemacht und wird mit feiner Vanillesoße serviert.
MANUELA	Für mich keinen Nachtisch, bitte!
KELLNER	Sehr wohl! — Die Getränke kommen sofort.

1. Lutz: Wiener Schnitzel   2. Dagmar: Seebarschfilet mit Salatteller; Manuela: Seezunge mit einer Scheibe Brot
3. Lutz und Manuela

27 Hör gut zu!, p. 275

Gruppe 1

HERR GÖTZ	Na, wo bleibt denn der Herr Neumann? Wissen Sie, ob er noch kommt, Frau Jäger? Schließlich haben wir es ja vor allem ihm zu verdanken, dass wir heute den Abschluss unseres Projektes hier feiern! Da sollte er doch auf keinen Fall fehlen, finden Sie nicht?
FRAU JÄGER	Ach, der Herr Neumann wird bestimmt in einer halben Stunde hier sein. Er kommt doch direkt vom Flughafen hierher.
HERR GÖTZ	Wieso Flughafen? War er denn heute noch auf einer Geschäftsreise?
FRAU JÄGER	Ja, natürlich! Heute Morgen ist er doch nach Hamburg geflogen, um den neuen Vertrag zu unterschreiben. Wir können gleich am Montag mit der Planung anfangen!
HERR GÖTZ	Ja, dann können wir ja schon mal auf das nächste Projekt anstoßen. Zum Wohl, Frau Jäger!
FRAU JÄGER	Prost, Herr Götz!

Gruppe 2

ARNO	Achtung! Alle mal aufpassen! Hier kommt die Torte mit den Kerzen drauf! Susi, zähl mal, ob es auch wirklich sechzehn sind!
SUSI	Zwei, vier, sechs ... vierzehn, fünfzehn, sechzehn! Stimmt genau! Find ich ja super von euch, dass ihr mir eine Torte bestellt habt. Also, wer will das erste Stück?
ANITA	Mensch, Susi, das erste Stück ist doch für dich! Komm, gib mal das Messer her! Ich schneide die Stücke für die anderen ab. — Hier, Arno, probier mal! Volker und Andrea, gebt mir mal eure Teller rüber!
ARNO	Mhm, echt lecker! Schokolade mit Erdbeeren und Vanillecreme! — Also, herzlichen Glückwunsch, Susi! Ach, da kommen ja auch schon die Getränke!
ANITA	Ja, also dann ... auf dein Wohl, Susi!
ARNO	Prost, Susi!
SUSI	Danke! Prost alle zusammen!

Gruppe 3

ONKEL NORBERT	Also, weil's so schön ist, wollen wir doch noch einmal einen Toast auf das neue Ehepaar aussprechen! Auf eine glückliche Zukunft, Kinder! Prost!
CLAUDIA	Ach, Onkel Norbert. Nun hast du uns schon zum dritten Mal gratuliert! Komm, Stefan, sprich du doch mal einen Toast auf unsere Gäste aus! Vati hat doch auch schon seine Rede gehalten. Jetzt bist du dran!
STEFAN	Äh, also, vielen Dank, dass ihr heute alle ins Haus Dannenberg gekommen seid. Claudia und ich, äh, wir freuen uns, dass alle die Einladung zu unserer Hochzeitsfeier angenommen haben. Äh, und ganz besonders möchten wir uns bei Onkel Norbert und Tante Hiltrud bedanken, die die weite Reise aus Österreich gemacht haben, nur um heute mit uns zu feiern. Also, äh, auf das Wohl unserer Gäste!
ONKEL NORBERT	Prost!
TANTE HILTRUD	Danke! Zum Wohl! — Claudia und Stefan, ihr müsst uns recht bald in Salzburg besuchen kommen!
CLAUDIA	Versprochen, Tante Hiltrud!

Answers to Activity 27
Gruppe 1: Abschluss eines Projekts; Geschäftsleute   Gruppe 2: Geburtstag; Freunde
Gruppe 3: Hochzeit; Familienmitglieder

Anwendung

Activity 1, p.278

OLIVER	Also, ich bin dafür, dass wir zuerst einmal eine Stadtrundfahrt durch Berlin machen. Ich finde, dass man so die Stadt ziemlich gut kennen lernen kann. Und man sieht eine ganze Menge.
LARS	Ja, da hast du Recht. Nur leider hält so ein Bus nicht überall an. Ich möchte zum Beispiel unheimlich gerne die Nationalgalerie sehen — aber nicht nur von außen! Ich glaube, dass der Bus bei einer Stadtrundfahrt einfach nur an dem Gebäude vorbeifährt. Also, ich fahr dann schon lieber selbst mit der U-Bahn zur Museumsinsel, wo die Nationalgalerie ist.
JUTTA	Ich will unbedingt zum Ku'damm! Dort gibt es tolle Geschäfte, und ich möchte ein paar Souvenirs einkaufen.
SILKE	Zum Ku'damm? Nee, da ist es mir zu voll! Hat denn keiner von euch Lust, Schloss Charlottenburg zu besichtigen? Ich möchte da auf jeden Fall hingehen!
OLIVER	Also, es scheint, als ob jeder etwas anderes machen will. Ich habe einen Vorschlag. Jeder sieht sich das an, wofür er sich interessiert, und am Abend, wenn wir alle wieder zurück sind, gehen wir zusammen essen. Einverstanden?
LARS	Ja! Das ist eine prima Idee! Also, treffen wir uns dann um halb sieben in dem kleinen Café neben dem Hotel!
JUTTA	Gut! Ich bin auch dafür! Also, dann, bis um halb sieben!
SILKE	Tschüs, und viel Spaß!

Answers to Activity 1
Oliver: Stadtrundfahrt; Lars: Nationalgalerie; Jutta: Ku'damm; Silke: Schloss Charlottenburg
Jeder macht, was er will. Am Abend gehen sie dann zusammen essen.

Scripts for Additional Listening Activities

Additional Listening Activity 11-1, Seite 87

Liebe Tanja,

ich freue mich schon sehr auf ein Wiedersehen mit dir und auch auf Berlin. Ich habe schon viel über Berlin gehört und gelesen. Gestern habe ich mir ein Buch über Berlin gekauft. Ich würde mir am liebsten alles ansehen, was in diesem Reiseführer steht. Aber ich weiß, dass dafür eine Woche sicher nicht ausreicht, da Berlin ja viel größer ist. Aber da ich auch noch meine Tante in Magdeburg besuchen will, kann ich nicht länger als eine Woche bei dir bleiben. Aber zurück zu Berlin. Ich würde gern eine Stadtrundfahrt mitmachen, ich war ja noch nicht in Berlin, und so lerne ich die Stadt sicher am besten kennen. Dann würde ich auch gern mal ins Opernhaus gehen. Am liebsten würde ich in ein Ballett gehen, aber eine Operette oder ein Musical würde ich mir auch ansehen. Vielleicht kannst du für irgendwas Karten bekommen? In Berlin soll's auch schöne Theater geben. Wenn es gerade ein interessantes Theaterstück gibt, würde ich auch gern mal ins Theater gehen. Das wär' nicht schlecht. Ich habe gehört, dass Berlin auch gute Kunstaustellungen hat, die ich mir gern ansehen würde. Aber wenn wir dafür keine Zeit mehr haben, mache ich das vielleicht ein anderes Mal. Noch lieber würde ich in den Zoo gehen. Und dann muss ich mir auch die Synagoge und die Baudenkmäler in Berlin ansehen. Und außerdem würde ich auch gern einen Ausflug zum Müggelsee machen, vielleicht können wir Boot fahren. Aber wenn dafür keine Zeit mehr ist, gehen wir vielleicht nur spazieren. Ich würde ja gern länger bleiben, aber das geht leider nicht. Aber sicher werden wir viel Spaß haben, auch wenn wir nicht alles sehen können, was ich gern sehen würde.

Bis bald. Tschüs, Jennifer.

Additional Listening Activity 11-2, Seite 88

ANKE Jochen, was würdest du gern in Berlin machen?

JOCHEN Ich bin ein großer Theaterfan, also ein Schauspiel wär' nicht schlecht. Also, Operetten, Ballett oder Musicals interessieren mich nicht so. Kabarett soll in Berlin gut sein, da würde ich gern hingehen. Eine Stadtrundfahrt finde ich nicht so gut, ich sehe mir lieber alles selbst an. Die Synagoge würde ich mir auf alle Fälle ansehen. Kunstausstellung, da kommt es drauf an, was es für eine ist. Moderne Kunst interessiert mich, alte Kunst weniger, also, bei moderner Kunst würde ich vielleicht in die Kunstausstellung mitkommen.

ANKE Clara, was meinst du, was wir in Berlin machen sollen?

CLARA Ja, also, ich bin dafür, dass wir eine Stadtrundfahrt machen. Und natürlich würde ich mir auch gern die Synagoge ansehen. Ich würde auch gern etwas Kulturelles machen, also zum Beispiel ins Ballett gehen oder in ein Musical, finde ich beides gut. Operette oder Ballett, das ist nicht so mein Fall. Beim Schauspiel kommt's immer drauf an, wer der Autor ist, also ein Stück von Max Frisch würde ich mir schon gern ansehen, aber Bertolt Brecht mag ich nicht so. Für Kunst interessiere ich mich nicht, also in die Kunstausstellung würde ich nicht gern gehen. Ach, aber Kabarett natürlich, dafür ist Berlin ja berühmt, das wär' schon was.

Additional Listening Activity 11-3, Seite 88

MARTINA Na, Jens, wo wollen wir denn heute essen gehen? Hast du eine Idee?

JENS Also, ich würde gern mal türkisch essen. Das kenne ich noch nicht.

MARTINA Na klar kennst du das, das haben wir doch gestern gegessen. Schisch-Kebab ist doch türkisch. Kannst du dich nicht mehr erinnern?

JENS Ach, doch, du hast ja Recht. Das war ganz schön scharf. Na, was schlägst du denn vor?

MARTINA Ich würde gern chinesisch essen gehen. Ich mag besonders Köstlichkeiten wie Pekingente oder Huhn, süßsauer.

JENS Ach, chinesisch gehen wir so oft essen. Das wird schon langweilig. Ich habe gehört, die bürgerliche Küche in Berlin soll gut sein. So deftige Klöße mit einem herzhaften Braten und Rotkohl ...

MARTINA Wollen wir nicht lieber ausländisch essen? Das andere können wir auch zu Hause kochen. Kennst du nicht ein mexikanisches Restaurant? Mexikanisch mag ich.

JENS Hm, lass mich mal überlegen, das wird schwierig. Da kenne ich kein Restaurant in Berlin. Außerdem habe ich gehört, dass mexikanisch so scharf sein soll. Das mag ich nicht so. Aber ich kenne ein gutes französisches Restaurant. Der Fisch dort soll prima sein, besonders gebratener Hummer und marinierte Austern.

MARTINA Uhh, ich mag doch keinen Fisch, das weißt du doch. Wie wär's denn mit italienisch?

JENS Na, dann schon lieber griechisch. Da kenne ich auch ein gutes Restaurant hier in Berlin. Da war ich schon mal essen, und es war Spitze.

MARTINA Ja, das ist auch nicht schlecht. Griechisch kenne ich noch nicht, das ist mal was Neues.

JENS Gut, dann lass uns gehen, ich habe schon einen Bärenhunger!

MARTINA Ja, ich auch!

Additional Listening Activity 11-4, Seite 89

   Die Deutschen und ihre Speisen. Dazu kann man im Allgemeinen sagen, dass die deutsche Speisekarte sehr international ist. Generell kann man in Deutschland von ägyptisch bis bulgarisch alles finden. Es hängt natürlich etwas davon ab, wo in Deutschland Sie sich befinden. In den Großstädten gibt es normalerweise eine größere Auswahl an internationaler Küche als in kleineren Orten. In den Kleinstädten und auf den Dörfern findet man dagegen oft eine ausgezeichnete bürgerliche Küche. Dort stehen auf der Speisekarte Gerichte wie der deftige Braten mit Rotkohl und Klößen oder die Bratwurst mit Kartoffeln und Sauerkraut. Und zum Nachtisch gibt's Mutters hausgemachte Rote Grütze. In Großstädten wie Frankfurt oder Berlin ist's internationaler, dort finden Sie auch italienische, chinesische, indische oder gar die griechische Küche. Die Deutschen lieben auch würzige und scharfe Speisen der mexikanischen und türkischen Art. Im Norden Deutschlands, an der Küste, sind Fischgerichte besonders beliebt: ob gebraten, geräuchert oder mariniert spielt keine Rolle — die Hauptsache ist, frisch muss er sein. Und dafür ist eine Hafenstadt wie Hamburg genau das Richtige.
   Also dann: Nehmen Sie Platz und „Guten Appetit!"

Additional Listening Activity 11-5, Seiten 89–90

MARTINA	Oh, der Kellner kommt schon mit den Getränken.
KELLNER	So, bitte schön, das Spezi für Sie, junge Dame.
MARTINA	Danke schön!
KELLNER	Und der Apfelsaft für Sie, mein Herr!
THOMAS	Danke sehr!
KELLNER	Haben Sie schon die Speisen gewählt?
MARTINA	Ja, wir sind so weit.
KELLNER	Darf ich Ihnen als Vorspeise unsere Pilzsuppe oder den italienischen Salat empfehlen?
MARTINA	Nein, danke, Vorspeise möchten wir nicht. Von den Hauptgerichten hätte ich gern das Wiener Schnitzel mit Kroketten.
KELLNER	Gut. Dazu gibt es gefülltes Ei, ist das recht?
MARTINA	Ja, sehr. Ach, und bringen Sie mir bitte noch ein Glas Wasser?
KELLNER	Ja, gern, wir haben Liechtensteiner Mineralbrunnen oder Elbtaler Quellwasser. Welches möchten Sie?
MARTINA	Das Erste, und mit Eiswürfeln, bitte!
KELLNER	Ja, gern. Und was darf ich Ihnen bringen?
THOMAS	Ich hätte gern das Schweinerückensteak mit Bratkartoffeln und Rotkohl.
KELLNER	Gut, möchten Sie schon einen Nachtisch bestellen?
THOMAS	Nein, danke. Im Moment nicht, vielleicht später.
KELLNER	Gut.
MARTINA	So, na dann zum Wohl!
THOMAS	Ja, auf dein Wohl! Alles Gute zum Geburtstag!

Additional Listening Activity 11-6, Seite 90

HANS	Mutti, ich möchte bitte Rote Grütze.
MUTTER	Du, Hans, das tut mir Leid, aber das gibt's hier nicht. Das gibt's nur bei gutbürgerlicher Küche.
HANS	Dann möchte ich aber bitte Klöße und Rotkohl.
MUTTER	Du, wir sind hier in einem chinesischen Restaurant. Da …
HANS	Ach, ist das das, wo es immer den Schisch-Kebab gibt, das will ich aber nicht!
MUTTER	Nein, nun mach mich nicht verrückt! Hier ist die Speisekarte, ich lese dir vor, was es gibt.
HANS	Ich möchte Lachs, geräucherten Lachs und dazu Bratkartoffeln, mmh, mein Lieblingsessen.
MUTTER	Das gibt's hier auch nicht, hier, hör zu: Pekingente mit Reis, aber die ist dir vielleicht zu fett …
HANS	Eis, ich will Eis.
MUTTER	Ja, zum Nachtisch können wir Eis bestellen, aber jetzt sind wir erst mal beim Hauptgericht. Also, es gibt auch noch Huhn mit süßsaurer Soße und Reis.
HANS	Oh, süß, ja, das mag ich. Aber nur, wenn nicht so viel Knoblauch drin ist, den mag ich nicht, so wie letzten Sonnabend in dem mexikanischen Restaurant …
MUTTER	Das war aber ein französisches Restaurant, nicht?
HANS	Dort, wo ich das scharfe Steak mit der braunen Soße gegessen habe?
MUTTER	Nein, das war im griechischen Restaurant letzten Freitag.
HANS	Am besten hat's mir am Donnerstag gefallen, wo ich den scharfen Hummer mit der gelben Soße in dem russischen Restaurant hatte.
MUTTER	Aber in einem russischen Restaurant waren wir noch nie, das kann nur das spanische Restaurant gewesen sein. Ja, da hat mir's auch geschmeckt. Da hatte ich die Austern, die waren gut, schön mild und nicht zu scharf gebraten.
HANS	Ach, am liebsten würde ich mal wieder Schweinerückensteak und Bratkartoffeln essen.
MUTTER	Ja, das können wir morgen machen, da gehen wir in ein Restaurant mit gutbürgerlicher Küche. Oh, der Kellner kommt. Weißt du noch, was du willst?
HANS	Ja, ich glaube, den Hummer.
MUTTER	Aber …

Answers to Additional Listening Activities

Additional Listening Activity 11-1, p. 87

1. a   2. b   3. c   4. b   5. a   6. a

Additional Listening Activity 11-2, p. 88

	Jochen	Clara
Stadtrundfahrt	nein	ja
Synagoge	ja	ja
Kunstausstellung	vielleicht	nein
Kabarett	ja	ja
Operette	nein	nein
Schauspiel	ja	vielleicht
Ballett	nein	ja
Musical	nein	ja

Additional Listening Activity 11-3, p. 88

1. falsch
2. falsch
3. richtig
4. richtig
5. falsch
6. richtig

Additional Listening Activity 11-4, p. 89

1. ägyptische, bulgarische, italienische, chinesische, indische, griechische, mexikanische, türkische Küche
2. In den Großstädten gibt es mehr internationale Küche, in den Kleinstädten/Dörfern mehr gutbürgerliche Küche.
3. deftiger Braten mit Rotkohl und Klößen, Bratwurst mit Kartoffeln und Sauerkraut, Rote Grütze, Fischgerichte (gebraten, geräuchert oder mariniert)
4. Fisch kann man besonders gut in Hafenstädten wie Hamburg essen.

Additional Listening Activity 11-5, pp. 89–90

1. b   2. a   3. b   4. a   5. c   6. b

Additional Listening Activity 11-6, p. 90

1. richtig
2. falsch
3. falsch
4. richtig
5. richtig
6. falsch
7. falsch
8. richtig
9. richtig

Erste Stufe

6 Hör gut zu!, p. 289

MIRIAM Ach, war die Reise phantastisch! Die fünf Tage sind so schnell vergangen. Das war wirklich ein toller Geheimtip von meiner Tante. Das nächste Mal müssen wir unbedingt länger dort bleiben. Ich hab echt nicht gewusst, dass Schweden so ein tolles Land ist. Das Meer, der Strand, ach ja, und die steilen Klippen direkt am Wasser ...

GABI Ja, stimmt! Schweden hat mir auch wahnsinnig gut gefallen. Die Ostsee ist viel sauberer an den skandinavischen Küsten als hier bei uns. Ich wäre so gern dort segeln gegangen. Aber, na ja, das Segelboot, das wir gemietet hatten, war halt zu klein für uns alle.

MIRIAM Ach, Gabi, es war doch nicht so schlimm. Der Lars und du, ihr seid dann doch zu der kleinen Insel hingeschwommen. Das war doch gar nicht so weit. Dafür brauchte man nun wirklich extra kein Boot mieten, um dahin zu kommen.

GABI Ja, es war zwar nicht weit, aber das Wasser war doch ziemlich kalt! Und außerdem gehe ich nun mal gern segeln. Du hast echt Glück gehabt, dass du noch einen Platz im Boot bekommen hast! Aber, na ja, ist ja jetzt auch egal. Warum bist du eigentlich keinmal mit uns schwimmen gegangen?

MIRIAM Tja, ich war halt lieber auf dem Tennisplatz. Das macht mir mehr Spaß als schwimmen zu gehen. Und gewandert bin ich auch einmal, weißt du, zusammen mit den Engländern, die auch in unserer Pension waren.

GABI Ach, das wusste ich gar nicht. Da wär ich aber auch gern mitgekommen. Warum hast du denn nichts gesagt?

MIRIAM Ganz einfach! Du warst ja nie da, sondern hast nur den ganzen Tag am Strand gelegen. Ach, schau mal! Jetzt sind wir an der Reihe! Komm, gib mir auch dein schwedisches Geld, damit wir gleich alles zusammen umtauschen können.

Answers to Activity 6
Sie haben eine Reise nach Schweden unternommen; Miriam hat am meisten Spaß gehabt; sie tauschen ihr schwedisches Geld um.

10 Hör gut zu!, p. 291

MUTTER Also, Markus und Annette, Vati und ich haben uns gestern Abend mal die Urlaubsbilder vom letzten Jahr angesehen. Vati meint, dass es schön wäre, wieder in die Schweiz zu fahren ...

MARKUS Oh nein, nicht schon wieder!

ANNETTE Ja, ich finde, der Markus hat Recht. Nur weil ihr gern in den Bergen wandern geht, heißt das noch lange nicht, dass wir das auch gern machen! Können wir nicht mal was anderes machen?

VATER Also, dann sagt doch mal, wohin ihr gern fahren möchtet!

ANNETTE Nach Griechenland!

VATER Also, ich weiß nicht. Wir fahren doch jedes Jahr nach Interlaken in die Schweiz, und jedes Mal verbringen wir eine herrliche Zeit in den Bergen und am See. Dieses Jahr wird es auch nicht anders sein.

MARKUS Ja eben! Jedes Jahr das Gleiche! Ich bin echt dafür, dass wir mal woanders hinfahren. In Griechenland gibt es tolle Strände, klares blaues Wasser ... ideal zum Surfen. Das würd ich gern mal machen! Wir könnten doch auf einer Insel Urlaub machen, auf Kreta zum Beispiel!

ANNETTE Ja, oder auf Rhodos! Eine Insel mit wahnsinnig viel Kultur und wunderschönen alten Tempelruinen. Ach, das wäre schön, wenn ich die mal besichtigen könnte. In unserem Geschichtsbuch sind sie alle abgebildet! Und Vati, außerdem gibt es in Griechenland auch Berge, wenn du unbedingt wandern willst!

VATER Hmm! Also, ich befürchte, dass mir in Griechenland das Essen bestimmt nicht schmecken wird. Außerdem spricht keiner von uns Griechisch! Was meinst du denn dazu, Helga?

MUTTER Ja also, Günther, ich finde, die Kinder haben Recht! Wir fahren immer nur in die Schweiz! Es wird langsam mal Zeit, dass wir uns was anderes anschauen!

VATER Und was schlägst du vor?

MUTTER Wie wäre es mit ... Afrika? Eine richtig abenteuerliche Safari in Kenia, das ist mein Traum!

ANNETTE Ui, Mutti, was für eine super Idee!

VATER Ja, wenn das so ist, dann gehe ich morgen mal ins Reisebüro und hole uns die neuesten Sommerkataloge für Kenia und Griechenland.

MARKUS Prima, Vati! Ich komm mit!

Answers to Activity 10
Vater: Interlaken, Schweiz; wandert gern in den Bergen und am See
Markus: Kreta, Griechenland; will an den Strand und im Meer surfen
Annette: Rhodos, Griechenland; interessiert sich für Kultur und die Tempelruinen
Mutter: Kenia, Afrika; möchte auf eine abenteuerliche Safari

Zweite Stufe

19 Hör gut zu!, p. 295

KARSTEN	Find ich echt super von dir, Jutta, dass du mich heute Abend einlädst! Guck dir nur mal diese Speisekarte an! Die haben hier echt alles Mögliche! Du, das meiste kenn ich überhaupt nicht.
JUTTA	Ja, genau deswegen hab ich dieses Restaurant ja ausgesucht. Ich möchte gern mal was völlig Neues ausprobieren. Schau mal, Karsten, die Gerichte auf der Karte sind alle aus Ländern am Mittelmeer. Griechenland, Türkei, Italien, Spanien und sogar Portugal!
KARSTEN	Aha! Jetzt weiß ich auch, warum das Restaurant „Mediterraneo" heißt!
KELLNER	Guten Abend! Haben Sie schon etwas ausgewählt?
KARSTEN	Wir sind gerade dabei! Ich möchte gerne wissen, was Moussaka ist.
KELLNER	Moussaka ist unser beliebtestes griechisches Gericht. Es besteht aus Kartoffeln und Auberginen und wird im Ofen mit Käse überbacken. Sehr zu empfehlen!
JUTTA	Und was ist Calzone?
KELLNER	Calzone ist eine zusammengeklappte Pizza mit verschiedenen Füllungen, ganz nach Ihrem Geschmack!
JUTTA	Ach so! So ähnlich wie 'ne Pizza ... also, nee, was Italienisches esse ich eigentlich öfters, also Pizza und Spaghetti und so ... Heute möchte ich lieber etwas anderes ausprobieren. Was ist denn alles in der Paella drin?
KELLNER	Paella ist ein köstliches spanisches Reisgericht aus der Pfanne. Es wird mit Hähnchen, Krabben, Muscheln und Gemüse zubereitet.
JUTTA	Mhm! Das hört sich lecker an. Ich mag Reis sehr gern. Also, ich nehme dann die Paella. Und du, Karsten, was nimmst du?
KARSTEN	Ich probiere lieber mal die Moussaka. Was Griechisches hab ich noch nie gegessen!
KELLNER	Und was hätten Sie gerne zu trinken?
JUTTA	Ein Mineralwasser für mich, bitte.
KARSTEN	Und ich nehme eine Limo.
KELLNER	Kommt sofort!

Answers to Activity 19

Jutta: Paella, spanisches Gericht; Sie mag Reis.
Karsten: Moussaka, griechisches Gericht; Er hat noch nie was Griechisches gegessen.

Dritte Stufe

24 Hör gut zu!, p. 298

ROLAND	Also, heut' Abend ziehe ich ein echt klassisches Outfit an, das heißt: weiße Shorts, weißes T-Shirt, weiße Socken und ... ach so, meine Schuhe, die sind natürlich auch weiß. Halt! Ich zieh auch noch ein neues Stirnband an. Es ist total bunt und sieht völlig flippig aus! Das gibt einen tollen Kontrast zum traditionellen Weiß! Das Stirnband hat mir die Silke geschenkt, um mir Glück zu wünschen für das Doppel heute Abend mit Klaus, Andreas und Ralf.
KATJA	Ich ziehe eine saloppe Hose, bequeme Schuhe und eine kurzärmelige Baumwollbluse an. Ja, ach so, einen Pulli nehm ich halt auch noch mit, denn es wird manchmal ganz schön kalt im Flugzeug. Den Rest meiner Klamotten hab ich schon in den Koffer gepackt. Alles nur leichte Sommersachen, genau richtig für den Strand.
AXEL	Meine Schwester will, dass ich einen schwarzen Smoking anziehe, mit weißem Hemd und auch noch 'ne passende Weste dazu! Also, echt schick und elegant. Ist eigentlich überhaupt nicht mein Stil, aber es ist nun mal ein ganz besonderer Tag für meine Schwester und ihren zukünftigen Mann! Da trag ich dann halt ausnahmsweise mal diese edlen Klamotten!
BÄRBEL	Zuerst wollte ich ja mein neues gepunktetes Kleid anziehen, aber dann hat mir der Martin erzählt, dass die ganze Sache draußen im Garten stattfindet! Also, das Barbecue und das Buffet, alles draußen auf der Terrasse! Ja, da ziehe ich lieber meine Jeans an und meine gestreifte Bluse, die mit den kurzen Ärmeln. Ach so, meine Wildlederjacke nehm ich auch noch mit, falls es dann später kalt wird, wenn der Martin dann um Mitternacht seine Geschenke aufmacht.

Answers to Activity 24

Roland: zum Tennis
Katja: in die Ferien
Axel: zur Hochzeit seiner Schwester
Bärbel: zur Geburtstagsfete von Martin

Komm mit! Level 2, Chapter 12

Scripts for Additional Listening Activities

Additional Listening Activity 12-1, Seite 95

Für alle, die mich noch nicht kennen — ich bin der Steffen aus der 10b. Falls ihr noch nichts für diese Ferien geplant habt, kann ich euch einen heißen Tip geben. Ich war letzten Sommer in Irland. Das ist genau richtig, wenn ihr einen ruhigen Urlaub mit vielen Naturerlebnissen verbringen wollt.

Ich habe mir mit einem Freund ein Auto gemietet, und dann sind wir auf der ganzen Insel herumgefahren. Das Auto zu mieten ist ganz schön teuer. Es ist billiger, wenn ihr euch einfach aufs Fahrrad setzt und losradelt. Das Auto hat den Vorteil, dass wir im Trockenen saßen, wenn es geregnet hat, denn in Irland regnet's häufig. Aber die Natur in Irland ist toll, selbst bei Regen. Besonders schön fand ich's an der Westküste Irlands. Dort gibt es steile Klippen und Buchten. Ich bin aber nicht viel im Atlantik schwimmen gewesen, weil das Wasser sehr kalt ist.

Irland hat auch einige Golfplätze. Dort habe ich mit meinem Freund manchmal Golf gespielt. Mein Freund hat natürlich meistens gewonnen, er ist eben ziemlich gut im Golfspielen. Am Anfang unseres Urlaubs war ich der totale Anfänger im Golfspielen, am Ende gehörte ich schon zu den Fortgeschrittenen. Dann hat es richtig Spaß gemacht. An den Regentagen sind wir auch manchmal in der Pension geblieben und haben einfach gefaulenzt oder gelesen.

In Dublin waren wir auch drei Tage. Dort haben wir in der Jugendherberge übernachtet. In Dublin haben wir viel gesehen. Abends sind wir in eins der vielen Pubs gegangen. Die Pubs sind sehr gemütlich. Dort trifft man auch immer Leute, mit denen man sich unterhalten kann. Die Leute in Irland sind sehr freundlich, und man kommt schnell mit ihnen ins Gespräch. Oft gibt es auch Live-Musik in den Pubs, eine irische Band spielt oder nur ein oder zwei Leute mit Gitarre. Und oft singen die Leute in dem Pub die Lieder mit. Es war ein interessanter Urlaub, sehr abwechslungsreich, ich habe mich nie gelangweilt und viel gesehen und mich auch gut erholt. Ich würde immer wieder nach Irland fahren. Und vielleicht habt ihr auch mal Lust.

Additional Listening Activity 12-2, Seite 95

ANDREA Also, wenn ihr mich fragt, wohin wir unsere Klassenfahrt machen sollen: ich würde gern nach San Francisco oder Washington fliegen, irgendwohin in den USA. Was meinst du, Heike?

HEIKE Na, wer soll denn das bezahlen? Das wird wohl 'n bisschen teuer, findest du nicht auch, Mike?

MIKE Das denke ich auch. Also, ich kann mir den Flug dahin nicht leisten. Ich würde lieber hier in Deutschland Urlaub machen. Ich würde gern ins Gebirge fahren, da können wir wandern gehen.

ANDREA Ach, wandern in den Bergen! Das macht mir keinen Spaß, das ist viel zu anstrengend.

MIKE Na, Andrea, was schlägst du denn vor?

ANDREA Also, wenn wir schon in Deutschland bleiben, dann würde ich gern an die See fahren, Nordsee oder Ostsee ist eigentlich egal.

MIKE Aber nicht, wenn wir da jeden Tag am Strand liegen und uns sonnen. Das finde ich langweilig.

HEIKE Nein, wir können uns ja auch die Gegend angucken oder wandern. Ich habe gehört, dass die Küste an der Ostsee toll ist, da gibt's zum Beispiel interessante Klippen. Eine heißt der „Kreidefelsen". Das ist an der Steilküste auf der Insel Rügen.

ANDREA Ja, wir können unsere Fahrt ja auch auf die Insel Rügen machen.

MIKE Ich würde nicht die ganzen 14 Tage unserer Fahrt nur auf der Insel Rügen bleiben. Für einen kurzen Ausflug ist die Insel zwar gut, aber sonst ist das keine Erholung, da sind zu viele Urlauber. Ich war da schon mal im Sommer, ich fand das nicht so

LISTENING ACTIVITIES · SCRIPTS & ANSWERS

gut. Aber der Kreidefelsen und die Steilküste sind interessant. Ich würde auch gern
mal auf die Insel Hiddensee.

HEIKE Ach, ist das nicht die kleine Insel, wo man nicht mit dem Auto fahren darf?

MIKE Ja, genau. Da können wir uns Fahrräder ausleihen.

HEIKE Gute Idee!

ANDREA Ja, das wäre toll! Und wir können in einem Hotel an der Küste übernachten, zum
Beispiel im Hotel Neptun auf der Insel Rügen. Dort gibt's auch tolle Anlagen,
Golfplätze, Tennisplätze, Pools ...

MIKE He, ich dachte, wir wollen keinen Hotelurlaub machen.

HEIKE Ja, ich würde eigentlich auch lieber campen gehen. Das ist billiger und macht auch
mehr Spaß, weil wir da selber kochen können.

MIKE Ja, und ich würde gern abends mal ein Lagerfeuer machen. Das würde dir doch auch
Spaß machen, Andrea, oder?

ANDREA Na ja, das klingt eigentlich nicht schlecht.

MIKE Wisst ihr, wir haben ja noch etwas Zeit. Wir können uns das ja mal überlegen, und
nächste Woche treffen wir uns noch mit Dieter und Ursula. Mal sehen, was die zu
unserem Vorschlag sagen.

Additional Listening Activity 12-3, Seite 96

OMA Na, Dieter, wohin fährst du denn dieses Jahr in den Urlaub?

DIETER Ach, Oma, dieses Jahr wird es toll! Ich mache nämlich eine Fahrradtour.

OMA Durch ganz Deutschland?

DIETER Nein, nur im Norden, durch Mecklenburg und die Ostseeküste entlang, und vielleicht
fahre ich auch zur Insel Rügen. Bis zur Nordsee werde ich es nicht schaffen.

OMA Übernachtest du in Pensionen oder in einem Hotel?

DIETER Nein, Oma, ich werde das Zelt mitnehmen.

OMA Ach, da willst du wohl campen gehen?

DIETER Ja, genau.

OMA Da brauchst du aber ein leichtes Zelt!

DIETER Klar, Oma, das habe ich letztes Jahr von den Eltern zum Geburtstag bekommen.

OMA Dann nimm aber nicht zu viele Klamotten mit, damit das Gepäck nicht zu schwer
wird!

DIETER Nein, Oma, ich weiß schon.

OMA Aber eine lange Hose und einen dicken Pulli darfst du nicht vergessen, es kann nämlich auch mal kühl sein.

DIETER Ja, ich nehme auch eine Wetterjacke mit, falls es mal regnet.

OMA Ja, das ist gut, denn einen Regenschirm kannst du nicht gebrauchen. Aber nimm
auch Sonnenschutz mit, denn wenn die Sonne scheint, kann es ganz schön heiß
werden.

DIETER Ja, stimmt.

OMA Aber vor allem musst du dich richtig ausruhen, bevor du diese Tour machst. Es wird
bestimmt ein schöner Urlaub für dich. Aber denke dran, was ich dir alles gesagt
habe!

Additional Listening Activity 12-4, Seite 97

ANKE Ich bin die Anke. Also, ich gehe am liebsten griechisch essen. Ich mag das besonders, weil die Griechen so tolle Gewürze haben. Ich mag es auch, wenn das Essen
scharf ist, es darf nur nicht zu salzig sein. Beim Griechen esse ich am liebsten Gyros.
Was ich überhaupt nicht mag, ist Fisch. Deshalb gehe ich auch nicht spanisch essen,
Paella ist nicht mein Fall.

MICHAEL Ich heiße Michael. Ich bin ein totaler Freak der internationalen Küche. Ich mag
deshalb auch deutsches Essen nicht so gern, so was wie Rotkraut, Braten oder Klöße.
Da mag ich schon lieber Gyros oder Schisch-Kebab. Türkisch esse ich am liebsten,
wegen der vielen Zwiebeln und des Lammfleisches bei den meisten Speisen. Dann
mag ich auch noch chinesisch sehr gern, weil ich gern Pekingente und süßsaures
Huhn esse.

Komm mit! Level 2, Chapter 12

STEFFEN Ich bin der Steffen. Essen ist nicht gerade meine Lieblingsbeschäftigung. Ich gehe ab und zu mal ins Restaurant, aber am liebsten esse ich deutsche Speisen zu Hause. Ich mache zum Beispiel oft Schnitzel und Bratkartoffeln. Auch Klöße mag ich gern. Wenn ich ins Restaurant essen gehe, dann nur chinesisch. Ich mag das, weil das Essen meist nicht sehr scharf ist. Manchmal koche ich chinesisch auch zu Hause. Überhaupt nicht gern mag ich griechisch oder mexikanisch, alles, was scharf ist.

Additional Listening Activity 12-5, Seite 97

ANKE Ich bin die Anke. In diesem Sommer will ich eine Fahrradtour durch Deutschland machen. Da kann ich nicht viele Klamotten mitnehmen. Eine lange Jeans zum Beispiel brauche ich nicht. Auf alle Fälle nehme ich saloppe und leichte Kleidung mit, einige T-Shirts sicherlich und kurze Hosen. Mein Lieblings-T-Shirt ist eins mit Streifen. Es ist mir zwei Nummern zu groß, aber dafür ist es schön weit. Meine kurze Hose hat ein Loch, das finde ich cool. Es kann natürlich auch kühl sein auf der Tour. Deshalb nehme ich auch einen dicken Pulli und eine lange Jogging-Hose mit. Und falls es regnet, habe ich eine Wetterjacke.

THORSTEN Hallo, ich bin der Thorsten. Ich mache mit meinen Eltern dieses Jahr eine Schiffsreise auf dem Mittelmeer. Auf diesem Schiff gibt es alles: einen Pool, einen Whirlpool, eine Sauna, ein Kino, eine Disko, Tanzabende usw. Neben sportlich-salopper Kleidung werde ich deshalb auch was Schickes mitnehmen. Am Anfang und am Ende der Reise ist wohl ein Ball. Da gehen die Frauen im Abendkleid und die Männer im Smoking, mit Fliege und Lackschuhen. Ich werde keinen Smoking mitnehmen. Ich habe ein schickes Jackett mit Karo-Muster und eine schwarze Hose, das ist das richtige Outfit für mich für solche Gelegenheiten. Natürlich nehme ich auch meine Lieblingsjacke mit, das ist eine schwarze Lederjacke. Die kann ich gut auf dem Schiff gebrauchen, wenn es mal kühler wird.

Additional Listening Activity 12-6, Seite 98

KARIN Ich heiße Karin, bin 17 Jahre alt und suche jemanden für einen Gebirgsurlaub. Ich bin ein sportlicher Typ und mag wandern und bergsteigen. Da ich nicht 14 Tage im Urlaub am Strand liegen kann, fahre ich lieber ins Gebirge. In diesem Jahr würde ich gern in die Alpen fahren, nach Österreich oder in die Schweiz. Ich würde gern campen gehen. Ich gehe auch gern mal abends aus, ins Kino oder zum Tanzen oder zum Essen. Was ich nicht mag, ist lesen oder ins Theater gehen.

JAN Ich bin der Jan. Ich bin 18 Jahre alt. Ich will im Urlaub eine Rundreise machen, auf der ich verschiedene Städte Europas besuche, auf alle Fälle Paris, Amsterdam, Berlin, Prag, Wien und Budapest. Ich will einen Interrail-Pass für die Bahn kaufen und damit von Stadt zu Stadt fahren. Übernachten möchte ich in Jugendherbergen. Ich bin ein Museums-Freak und würde mir in den Städten die Museen ansehen und andere interessante Sachen, wie Kirchen oder Schlösser. Ich mag auch Zoos und Parks. Abends gehe ich auch gern mal ins Theater.

SUSANNE Hallo, ich bin die Susanne, bin 17 Jahre alt. Ich will mich im Urlaub richtig ausruhen, will faulenzen, Bücher lesen und mich in die Sonne legen. Ich würde gern irgendwohin fahren, wo's warm ist und es Strand und Meer gibt. Ich würde gern nach Mallorca fahren. Aber ich würde auch an die Nordsee oder die Ostsee mitkommen, wenn dir Mallorca zu weit ist. Ich würde gern in einem Hotel wohnen. Das Hotel soll einen Pool haben und einen Whirlpool und eine Sauna. Ich spiele gern Tennis, und es wäre gut, wenn du auch Tennis spielen könntest.

Answers to Additional Listening Activities

Additional Listening Activity 12-1, p. 95

    1. b   2. b   3. a   4. b   5. a

Additional Listening Activity 12-2, p. 95

    1. richtig
    2. falsch
    3. richtig
    4. falsch
    5. richtig
    6. falsch

Additional Listening Activity 12-3, p. 96

    1. b   2. c   3. c   4. a   5. b   6. b

Additional Listening Activity 12-4, p. 97

	Was ich mag:	Was ich nicht mag:
Anke	griechisch, wegen tollen Gewürzen, Gyrossteak	Fisch, spanisches Essen, z.B. Paella
Michael	Gyros, Schisch-Kebab, türkisch, wegen Zwiebeln und Lammfleisch	chinesisch, z. B. Pekingente und Huhn, süßsauer, deutsches Essen, z.B. Rotkraut, Braten, Klöße
Steffen	deutsche Speisen, z.B. Schnitzel, Bratkartoffeln, Klöße, chinesisch	griechisch, mexikanisch, weil es scharf ist

Additional Listening Activity 12-5, p. 97

	Anke	Thorsten
1. Was wollen sie machen (und wo)?	Fahrradtour durch Deutschland	Schiffsreise auf dem Mittelmeer
2. Was für Klamotten nehmen sie mit?	saloppe, leichte Kleidung, einige T-Shirts, kurze Hosen, dicken Pulli, lange Hosen, Wetterjacke	sportlich-saloppe Kleidung, schicke Kleidung, schickes Jackett mit Karo-Muster und schwarze Hose
3. Lieblingsbekleidung	weites T-Shirt mit Streifen	schwarze Lederjacke
4. Was nehmen sie <u>nicht</u> mit?	lange Jeanshose	Smoking

Additional Listening Activity 12-6, p. 98

	Karin	Jan	Susanne
faulenzen, Bücher lesen			✔
mit der Bahn fahren		✔	
in Jugendherbergen übernachten		✔	
camping gehen	✔		
ins Theater gehen		✔	
im Hotel wohnen			✔
in Museen, Kirchen, Schlösser gehen		✔	
tanzen oder ins Kino gehen	✔		
sich am Strand sonnen			✔
in Zoos oder Parks gehen		✔	
wandern oder bergsteigen	✔		
Tennis spielen			✔

Scripts and Answers for Testing Program

Listening Scripts for Quizzes 1-1B, 1-2B, 1-3B

Quiz 1-1B Kapitel 1 Erste Stufe

I. Listening

A.

JUTTA   Wer ist das mit dem Tennisschläger? Ist das deine Schwester Kati?

ALEX   Die mit dem Tennisschläger? Ach, nein! Kati spielt nicht Tennis — sie ist überhaupt nicht sportlich. Das ist meine Kusine Hannelore. Kati ist schlank und hat lange, blonde Haare wie Hannelore, aber Hannelore hat grüne Augen, und Katis Augen sind blau. Beide Mädchen sind natürlich sehr hübsch.

JUTTA   Also, Kati ist nicht sportlich. Was macht sie denn gern?

ALEX   Meistens liest sie Sciencefictionbücher oder bastelt an Modellen. Sie ist auch sehr fleißig in der Schule.

Quiz 1-2B Kapitel 1 Zweite Stufe

I. Listening

A.

Verkäuferin:

Viele Sachen sind schon ausverkauft, aber weiße Polohemden haben wir noch in allen Größen. Rote Hemden haben wir aber nur noch in S und XL. Blaue Polohemden haben wir nicht mehr in XL.

Polyacryl-Pullover für Damen gibt es noch in Blau, Weiß und Rot in Größen 36, 38 und 42; Größe 40 haben wir leider nicht mehr. Für Herren gibt es keine Pullis mehr. Sie sind leider alle ausverkauft.

Die Sweatshirts mit Aufdruck sind auch fast alle. Wir haben nur noch die mit Rockermotiven in allen Größen — S, M, L, XL und XXL.

Quiz 1-3B Kapitel 1 Dritte Stufe

I. Listening

A.

BEDIENUNG   Was bekommen Sie?

SUSA   Na, Klaus, du hast großen Hunger, nicht? Was bekommst du?

KLAUS   Ich möchte die Tagessuppe, ein Wurstbrot und eine Limo, bitte. Und du, Susa?

SUSA   Für mich einen Eisbecher.

BEDIENUNG   Es gibt verschiedene Eisbecher. Möchten Sie lieber einen mit Südfrüchten oder mit Schokoladensoße und Schlagsahne, oder mit ...

SUSA   *[lacht]* Am besten einen mit ganz viel Kalorien! Also den mit Schokoladensoße und Sahne, bitte. Und eine Tasse Kaffee. Und du, Dieter?

DIETER   Im Moment will ich gar nichts.

KLAUS   Komm, Dieter, wir laden dich doch ein!

DIETER   Also, schön. Dann nehme ich eben ein Stück Himbeertorte.

BEDIENUNG   Und etwas zu trinken?

DIETER   Nein, danke!

TESTING PROGRAM • SCRIPTS & ANSWERS

I. Listening

A.   In meiner Familie ist es eigentlich so: ich sehe mehr wie mein Vater aus, und mein Bruder sieht meiner Mutter ganz ähnlich.

Hier — das kannst du auf diesem Familienfoto sehen. Vater und ich, wir haben dunkelbraune Haare und braune Augen, aber mein Bruder Klaus und Mutti sind ganz blond. Von meinem Vater habe ich den breiten Mund und das schöne Lächeln. *[Laughs]* Der Klaus ist ein Meter neunzig, also viel größer als Vati, und hat zudem sehr breite Schultern. Vati und ich, wir sind kleiner, und ich bin leider nicht so schlank wie die Mutti.

Aber das macht doch nichts. In Sport bin ich gar nicht schlecht. Ich spiele ganz gut Tennis und Handball. Manchmal spielen Vati und ich zusammen. Klaus schwimmt ganz gern und spielt ab und zu ein bisschen Frisbee®, ist aber nicht sehr sportlich. Er interessiert sich mehr für Computer und Musik.

Wir sind alle ziemlich musikalisch. Unsere Eltern haben sich ja auf der Musikhochschule kennen gelernt. Mutti spielt Klavier und Gitarre. Vati spielt Geige und Saxophon. Ich spiele Cello, und Klaus spielt prima Trompete und Kontrabass. Wenn wir sonntags alle zu Hause sind, machen wir zusammen Musik. Das finde ich echt schön!

B. and C.

MARTIN	Guck mal, das ist die Sabine! Sieht doch schick aus, nicht wahr?
ERIKA	Soll sie auch! Hast du eine Ahnung, wie viel Geld die für Klamotten ausgibt?
MARTIN	Wie meinst du das?
ERIKA	Na, schau dir die Jacke an — echt Wildleder! Wie viel kostet wohl so was?
MARTIN	Keine Ahnung. 200 Mark? 250?
ERIKA	Du träumst, Mensch! Sag lieber drei- oder vierhundert! Und ihre Jeans ist von Calvin Klein, also mindestens hundert Mark.
MARTIN	Ja, ich sehe schon, was du meinst. So eine antike, goldene Halskette ist bestimmt auch nicht billig, oder?
ERIKA	Pass auf! Sie kommt zu uns. Abend, Sabine!
SABINE	Na, grüß dich, Erika! Abend, Martin! Ihr seht aber toll aus, ihr beiden. Du, Erika, dein Stirnband ist echt Klasse. Passt genau richtig zu den Haaren.
ERIKA	Meinst du? Wir bewundern gerade dein Outfit.
MARTIN	Die antike Halskette ist doch elegant.
SABINE	Gefällt sie dir? Na, sie ist natürlich nicht echt. Ich habe sie für 30 Mark in dem Secondhandladen in der Ritterstraße gekauft.
MARTIN	30 Mark! Ich glaubte vielleicht 300.
SABINE	Martin, altes Haus, du meinst doch nicht, ich bin das Fräulein Neureich! Diese Jacke kommt auch aus einem Secondhand Shop — 70 Mark hat sie gekostet. Die Ärmel waren mir allerdings ein wenig zu lang, da habe ich sie zu Hause geändert und etwas kürzer gemacht. Für die Jeans habe ich nur 35 Mark bezahlt — schon bleich gewaschen. Nur die Handtasche ist neu. Die habe ich von der Omi zum Geburtstag bekommen. Schaut mal! Die ist aus Kunststoff, sieht aber genau wie Leder aus, nicht wahr?

Answers to Listening Activities in Quizzes 1-1B, 1-2B, 1-3B

ANSWERS Quiz 1-1B

I. Listening

    A. (8 points: 2 points per item)
1. Aussehen: hübsch; schlank *(given)*
2. Haare: lang, blond
3. Augen: blau
4. Eigenschaft(en): unsportlich; fleißig

ANSWERS Quiz 1-2B

I. Listening

    A. (8 points: 2 points per item)
1. yes
2. no
3. no
4. yes

ANSWERS Quiz 1-3B

I. Listening

    A. (12 points: 4 points per item)
1. Klaus: Suppe, Wurstbrot; Limo
2. Susa: Eisbecher [mit Schokoladen-soße und Sahne]; Kaffee
3. Dieter: Himbeertorte; nichts

Answers to Chapter Test Listening Activities • Kapitel 1

I. Listening Maximum Score: 30 points

A. (10 points: 2 points per item)	B. (10 points: 2 points per item)	C. (10 points: 2 points per item)
1. a	6. b	11. c
2. a	7. c	12. a
3. d	8. c	13. b
4. b	9. b	14. d
5. d	10. c	15. d

Komm mit! Level 2, Chapter 1

Listening Scripts for Quizzes 2-1B, 2-2B, 2-3B

Quiz 2-1B Kapitel 2 Erste Stufe

I. Listening

A. *[sound of phone ringing]*

REGINA   Hier Kleinert.

DIETER   Tag, Regina. Ich bin's — der Dieter. Wie geht's dir denn?

REGINA   Ganz gut, danke! Und dir?

DIETER   Es geht schon. Hör mal, Regina! Ich habe gerade eine neue CD gekauft. Willst du nicht gleich zu mir kommen und sie mit mir anhören?

REGINA   Jetzt gleich? Nun, das geht leider nicht. Ich muss heute Nachmittag zu Hause helfen.

DIETER   Was musst du denn machen?

REGINA   Ja, ... zuerst muss ich das Geschirr vom Mittagessen spülen und danach die Küche aufräumen. Wir bekommen am Sonntag Besuch.

DIETER   Wer kommt denn?

REGINA   Meine Mutter hat die Tante Irmgard und ihre Familie eingeladen. Also am Sonntag muss ich noch Staub saugen.

DIETER   Na ja. Wie sieht's denn mit heute Abend aus?

REGINA   Für den Abend habe ich schon die Beatrice eingeladen. Wir müssen Hausaufgaben machen.

DIETER   Prima! Dann bringe ich heute Abend meine CD, und wir hören sie bei dir.

REGINA   Aber Dieter! Nein ... *[click of telephone being hung up as Regina protests]*

Quiz 2-2B Kapitel 2 Zweite Stufe

I. Listening

A. MUTTER   Was brauchen wir denn für die Fete? Sollen wir einen Einkaufszettel zusammenstellen?

MICHAEL   Ja, wie viele sind wir denn? Neun?

MANDY   Wenn die Beate ihre Kusine mitbringt, sind wir zehn.

MUTTER   Na schön. Also, Aufschnitt für zehn Personen. Rechnen wir rund hundert Gramm pro Person, so macht das genau ein Kilo.

MICHAEL   Und dann noch ein paar Tomaten ... ein Pfund Tomaten reicht schon. Wir schneiden sie dann in Scheiben für die Brote.

MUTTER   Ist mir recht. Und heute Nachmittag will ich euch eine Obsttorte backen. Wir können im Laden schauen, was es heute Frisches gibt.

MANDY   Vielleicht Pfirsiche oder Aprikosen?

MUTTER   Schön. Ich brauche so ungefähr 600 Gramm davon. So teuer ist das ja nicht.

MICHAEL   Die anderen Leute wollen alle verschiedene Dips und Chips mitbringen.

MUTTER   Gut! Dann kaufen wir noch vier Flaschen Cola, die Einliterflaschen. Vier Liter Cola — das ist bestimmt genug. Also, da haben wir's. Jetzt los in den Supermarkt!

Quiz 2-3B Kapitel 2 Dritte Stufe

I. Listening

A. OMA   Noch eine Tasse Kaffee, Anneliese?

ANNELIESE   Bitte!

OMA   Und du, Mark, noch etwas Kaffee?

MARK   Danke, Omi. Aber der war doch prima. Dein Kaffee duftet immer so schön kräftig.

OMA   Ich mahle den immer frisch, hier in der Küche, weißt du. Sonst habe ich Kaffee nicht so furchtbar gern. So, wollt ihr keinen Pflaumenkuchen mehr?

MARK   Ich kann wirklich nicht mehr. Leider!

ANNELIESE   Kein Wunder. Du hast schon drei Stück gegessen!

MARK   Und du hast schon zwei Stück Kuchen gegessen, Mädchen.

OMA   Das schadet doch nichts. Die Anneliese ist doch so schlank.

MARK   Nun, sie passt auf ihre schlanke Linie auf. Zu Hause isst sie keinen Kuchen und keine Torte und nichts, wo Schokolade drin ist.

ANNELIESE   Wir backen sowieso zu Hause keinen Kuchen, weil Mutti keine Zeit hat, weißt du, und die Sachen von der Bäckerei schmecken mir nicht besonders.

OMA   Selbstverständlich. Hausgemacht ist natürlich das Beste. Ich nehme auch noch ein Stück. Den Rest könnt ihr dann nachher mit nach Hause nehmen.

I. Listening

A.

KARL Opa hat nächste Woche den siebzigsten Geburtstag. Was schenken wir ihm?

TINA Vielleicht einen ganz großen Blumenstrauß?

MAX Na, Mensch, Blumen schenkt ihm doch jeder. Von uns Enkelkindern soll er doch was Besonderes bekommen, etwas ganz Persönliches, was zu ihm passt. Blumen sind doch zu unpersönlich.

KARL Ja, stimmt. Aber was? Etwas zum Essen? Zum Anziehen?

MAX Lieber nichts zum Essen. Der ist doch zuckerkrank. Es gibt eine Menge Sachen, die er gar nicht essen darf.

KARL Na, aber mit Klamotten ist's auch nicht so gut. Krawatten sind langweilig. Er hat schon 'nen ganzen Schrank voll Sporthemden und Jacken und so was.

TINA Ja, und die Oma strickt ihm doch das ganze Jahr über Pullis und Wollschals.

MAX Ich bin dafür, dass wir ihm ein schönes Buch geben. Er liest ganz gerne über Segelfahrten und große Entdeckungsreisen und so was mit möglichst vielen See- und Landkarten drin.

TINA Ich weiß was! Bei Bertelsmann im Schaufenster haben sie ein großes Bilderbuch über Magellan, das ist doch der, der die Weltumsegelung gemacht hat, nicht wahr?

MAX Über Magellan? Und illustriert?

TINA Ja, ganz toll — 138 Mark.

KARL Ach, das ist aber wirklich teuer!

MAX Ja, das finde ich auch. Aber Opas siebzigster Geburtstag ist doch was ganz Besonderes.

KARL Haben wir denn genug Geld? Bei mir sind bestimmt nicht mehr als 20 Mark in der Sparbüchse.

TINA Ich habe vielleicht 35.

MAX Und ich bin beinahe bankrott. Meint ihr, der Papa gibt uns vielleicht 80 Mark?

TINA Möglich ist's schon.

B.

JÜRGEN Hier ist eine Möglichkeit — Auto waschen.

KATI Was kostet das? Wie viel kann man dafür bekommen?

JÜRGEN Für einfaches Waschen siebzehn Mark dreißig und für Handtrocknen und Polieren noch fünf Mark dazu.

KATI Schön. Können wir machen. Sagen wir, wir machen das alles: waschen, trocknen und polieren, und bekommen 20 Mark dafür. Dann bekommt jeder von uns brutto 10 Mark.

JÜRGEN Jeder 10 Mark — nicht schlecht. Und wo machen wir das?

KATI Hier bei uns. Im Garten. Dann kostet das nichts, nur ein paar Mark für Flugblätter — die müssen wir natürlich in der Gegend verteilen.

JÜRGEN Aber Vati bezahlt das Wasser bestimmt nicht. Das kostet was. Und Waschmittel müssen wir kaufen und auch Wachs zum Polieren. Was meinst du, sollen wir das machen?

KATI Besser als Wäsche waschen und bügeln. Die Monika hat das eine Zeitlang gemacht — so drei Mark fünfzig für ein Hemd und eine Mark fünfzig für ein Betttuch. Das ist gar nicht viel Geld.

Komm mit! Level 2, Chapter 2

Answers to Listening Activities in Quizzes 2-1B, 2-2B, 2-3B

ANSWERS Quiz 2-1B

I. Listening
A. (10 points: 2 points per item)

	Samstagnachmittag	Samstagabend	Sonntag
Geschirr spülen	✔		
Betten machen			
die Küche aufräumen	✔		
Staub saugen			✔
Hausaufgaben machen		✔	
Rasen mähen			
einkaufen gehen			
Fenster putzen			

1. d

ANSWERS Quiz 2-2B

I. Listening
A. (10 points: 2 points per item)
1. 1 Kilo
2. 1 Pfund
3. 600 Gramm
4. 4 Liter
5. 10

ANSWERS Quiz 2-3B

I. Listening
A. (6 points: 2 points per item)
1. a
2. a
3. b

Answers to Chapter Test Listening Activities • Kapitel 2

I. Listening Maximum Score: 30 points

A. (20 points: 2 points per item)
1. c
2. b
3. d
4. c
5. b
6. c
7. d
8. c
9. c
10. b

B. (10 points: 2 points per item)
11. c
12. d
13. b
14. a
15. d

Listening Scripts for Quizzes 3-1B, 3-2B, 3-3B

Quiz 3-1B Kapitel 3 Erste Stufe

I. Listening

A. TINA Was hast du in den Ferien gemacht?

ULRICH Ich war in Dresden. Ich habe meinen Cousin besucht.

TINA Dresden? Was hast du denn alles gesehen? Hast du die Stadt besichtigt?

ULRICH Nein, eigentlich nicht.

TINA Du hast gefaulenzt, was?

ULRICH Nein, überhaupt nicht. Ich habe in Dresden einen Film gedreht — ein Video über die Stadt und die Leute.

TINA Und was hast du alles gefilmt?

ULRICH Na, ich bin einfach so mit der Videokamera losgelaufen und habe versucht, die Menschen in der Stadt zu filmen — ihre Klamotten, ihre Autos, was sie gekauft haben oder nicht gekauft haben und so was. Ich habe auch kurze Interviews mit ihnen gefilmt.

TINA Dein Film muss echt interessant sein. Die Leute in Dresden sind doch froh, dass sie jetzt alles kaufen können, was sie wollen, oder?

ULRICH Nicht immer! Ein Student, zum Beispiel, ist ganz traurig gewesen. Er hat gesagt, die Bücher sind nicht mehr so billig wie früher in der DDR. Sie sind jetzt ziemlich teuer. Als Student hat er natürlich nicht viel Geld. Die Wiedervereinigung hat manche Sachen einfach teurer gemacht.

Quiz 3-2B Kapitel 3 Zweite Stufe

I. Listening

A. 1. MARTINA Wo warst du denn in den Ferien, Rolf?

ROLF Ich hatte leider kein Geld, um wegzufahren. Also bin ich zu Hause geblieben und hab mir die Stadt angesehen. Ich war auf der Zeil, im Dom und im Goethehaus. Ach ja, und eine Bootstour auf dem Main habe ich auch noch gemacht. Und du, Peter, was hast du gemacht?

2. PETER Wir waren ein paar Tage lang an der Nordsee, in Cuxhaven. Aber leider hatten wir nur Regen. Und die See war ganz stürmisch und dunkel. Das waren leider keine schönen Ferien.

3. MARTINA Ach Gabi! Da bist du auch! Hast du schöne Ferien gehabt?

GABI Oh ja! Ich war in der Schweiz. Es war echt toll! In den Sommerferien wollen Andrea und ich wieder in die Schweiz fahren. Hättet ihr keine Lust mitzufahren?

Quiz 3-3B Kapitel 3 Dritte Stufe

I. Listening

A. MAX Ihr wart also doch in den Bergen! Du siehst ja ganz braun aus.

KATRINA Ja, wir sind dorthin gefahren. Aber außer Sonne hat es nichts gegeben.

MAX Wie meinst du das? Hat es dir nicht gefallen?

KATRINA Es geht so.

MAX Wieso denn? Was hat dir nicht gefallen?

KATRINA Nun, unser Gasthof hat mir nicht so gut gefallen. Es war ein bisschen langweilig. Da waren fast keine jungen Leute, nur Familien mit kleinen Kindern. Aber das Essen im Gasthof hat mir gut geschmeckt. Und mein Vater hat immer gesagt, das Essen war viel zu teuer. Das hat ihm natürlich nicht gefallen.

MAX Na ja. Erzähl weiter. Seid ihr wenigstens gewandert?

KATRINA Oh ja. Die Wanderwege waren sehr schön. Das hat mir gut gefallen, aber mein Bruder Günther findet Wandern immer langweilig, zu bequem, sagt er. Er geht lieber bergsteigen.

MAX Und deine Mutter?

KATRINA Sie wandert auch gern. Wir waren auch oft am See und sind geschwommen. Das war toll, aber das Wasser war eiskalt!

I. Listening

A.

GERD Wo warst du gestern Abend? Ich habe dich natürlich in der Oper gesucht, aber ich konnte dich nicht finden.

CHRISTA Ich bin nicht in die Oper gegangen, weil ich kein Geld hatte. Die Karten sind nicht gerade billig.

GERD Stimmt. Aber was hast du denn den ganzen Abend gemacht?

CHRISTA Ich habe mir gestern einen ganz tollen Roman von Heinrich Böll gekauft. Also dann habe ich eine Kassette mit Entspannungsmusik eingelegt und habe den ganzen Abend gelesen. Und eine Tafel Schokolade habe ich gegessen. Stell dir mal vor, ich habe bis zwei Uhr morgens gelesen, so spannend war der Roman!

GERD Also dann, willst du heute was machen?

CHRISTA Wenn du willst, können wir heute Nachmittag eine kleine Spazierfahrt machen — irgendwohin aufs Land fahren. Gefällt dir das?

GERD Eine Spazierfahrt?

CHRISTA Ja. Ich habe letzte Woche doch endlich das Auto gekauft, den Sportwagen von Audi.

GERD Mensch! Also du hast das Auto wirklich gekauft? Es hat bestimmt einen Haufen Geld gekostet!

CHRISTA Das stimmt. Und jetzt weißt du auch, warum ich kein Geld für die Oper hatte.

B.

AHMET Wo warst du in den Ferien?

ELENA In Zürich, in der Schweiz. Wir haben dort eine Kusine von meinem Vater besucht.

AHMET Wie war's denn? Langweilig?

ELENA Nein, gar nicht. Meine Verwandten sind wirklich nette Leute.

AHMET Und die Stadt? In Zürich gibt es doch nichts zu sehen, nur Banken, oder?

ELENA Das stimmt nicht ganz. Es gibt viel zu sehen. Wir haben die beiden großen Kirchen besichtigt. Und das Rathaus haben wir uns angesehen, und wir sind auch ins Schweizer Nationalmuseum gegangen und in eine Menge Galerien.

AHMET Du findest Kunst interessant?

ELENA Ja schon. Aber das Schönste war, die Stadt liegt direkt am See, und die Kusine von meinem Vater hat ein ganz tolles Segelboot. Wir waren dreimal auf dem See.

AHMET Wie war der Schweizer Käse? Hast du genug davon gegessen?

ELENA Schweizer Käse gibt es genug in der Schweiz und natürlich auch Schokolade. Das Essen war sonst auch wahnsinnig gut. Zweimal haben wir auch in einem sehr gemütlichen Lokal Käsefondue gegessen — das schmeckte sagenhaft!

AHMET Also hat dir Zürich dann sehr gut gefallen.

ELENA Ja, sehr gut. Aber ich freue mich auch, wieder in Hamburg zu sein.

C.

KARIN Hallo, Frank! Wie geht's denn?

FRANK Ganz prima. Ich bin gerade aus den Ferien zurückgekommen. Ich war fünf Wochen unterwegs.

KARIN Wo warst du denn?

FRANK Ich hab eine lange Reise durch Südeuropa gemacht. Ich war überall.

KARIN Wo denn?

FRANK Zuerst war ich in der Türkei, drei Tage in Istanbul. Das war wunderschön. Dann war ich vier Tage am Schwarzen Meer.

KARIN Und dann?

FRANK Dann bin ich nach Spanien geflogen und bin an die Mittelmeerküste gefahren. Ich hab meinen Freund Jochen dort getroffen, und wir haben zwei Wochen am Strand einfach gefaulenzt. Danach waren wir in den Bergen, in den Pyrenäen, und sind berggestiegen und haben kleine Dörfer besichtigt. Ich hab auch mein Spanisch geübt. Und zuletzt war ich am Atlantischen Ozean in Frankreich — noch zwei Wochen. Dort haben wir am Strand gezeltet. Dort ist das Wasser nicht so warm wie in Spanien, aber dafür ist es tagsüber auch nicht so heiß am Strand.

KARIN Mensch, das war bestimmt eine tolle Reise!

ANSWERS Quiz 3-1B

I. Listening

    A. (12 points: 2 points per item)
- 1. T
- 2. F
- 3. F
- 4. T
- 5. T
- 6. F

ANSWERS Quiz 3-2B

I. Listening

    A. (12 points: 2 points per item)

1. b	4. Gabi
2. d	5. Rolf
3. c	6. Peter

ANSWERS Quiz 3-3B

I. Listening

    A. (6 points: 2 points per item)
- 1. a
- 2. d
- 3. b

Answers to Chapter Test Listening Activities • Kapitel 3

I. Listening Maximum Score: 28 points

A. (10 points: 2 points per item)	B. (8 points: 1 point per item)	C. (10 points: 2 points per item)
1. b	6. a	14. c
2. d	7. a	15. b
3. a	8. b	16. e
4. b	9. a	17. d
5. b	10. b	18. a
	11. b	
	12. a	
	13. b	

Listening Scripts for Quizzes 4-1B, 4-2B, 4-3B

Quiz 4-1B Kapitel 4 Erste Stufe

I. Listening

A.
VATER Abend, Ulrike! Was liest du da?

ULRIKE Abend, Vati! Ich lese gerade ein Gesundheitsmagazin.

VATER Und? Hast du was gelernt?

ULRIKE Hier steht's, man soll keine Zigaretten rauchen und nur wenig Alkohol trinken.

VATER Nun, wir sind alle Nichtraucher, und Alkohol trinken Mutti und ich auch nicht.

ULRIKE Ja, und man soll wenig Fett essen, aber viel Obst und Gemüse — besonders Salat.

VATER Na, meine Mutter — deine Großmutter — hat immer gesagt, dass zum Beispiel Butter gesund macht. Und Gurkenscheiben esse ich eigentlich oft auf meinem Brot.

ULRIKE Ach Vati! Nun, sehr wichtig für das Herz ist es eben, dass man sich durch Sport fit hält, also richtig trainiert. Und das tust du aber nicht.

VATER Doch! Ich kegle jeden Freitag, und wenn das Wetter schön ist, gehe ich immer spazieren.

ULRIKE Nein, Vati, ich finde, dass du nicht genug für deine Gesundheit tust!

Quiz 4-2B Kapitel 4 Zweite Stufe

I. Listening

A. CORNELIA Michael, ich habe eine Frage: Hast du meine Zeichenstifte genommen?

MICHAEL Deine Stifte? Eigentlich schon, aber ich habe gedacht, du brauchst die Stifte nicht.

CORNELIA Hör mal, mein Lieber, es steht geschrieben: Du sollst nicht stehlen! Besonders nicht von deiner Schwester.

MICHAEL Mensch, ich habe sie doch nicht gestohlen.

CORNELIA Und meinen Radiergummi? Hast du dir den auch geborgt?

MICHAEL Ja ja.

CORNELIA Sag mal, warum hast du eigentlich keine Stifte und keinen Radiergummi? Kauf sie dir doch mal! Findest du das nicht auch besser?

MICHAEL Ja klar, aber ich habe kein Geld.

CORNELIA Wie steht's denn mit deinem Taschengeld?

MICHAEL Das Taschengeld ist alle.

CORNELIA Also, du sollst nicht gleich alles am Anfang des Monats ausgeben. Du sollst einen Teil von deinem Geld bis zum Ende des Monats aufheben.

MICHAEL Das kann sein, aber es ist nicht leicht, du, weil alles sehr teuer ist. Aber du hast Recht, Cornelia. Nun, sag mal, kannst du mir fünf Mark geben, damit ich Stifte kaufen kann?

CORNELIA Also! So ein Schlitzohr bist du! Nein. Kommt nicht in Frage! Ich habe sowieso bis zum Ersten nur noch eine Mark.

Quiz 4-3B Kapitel 4 Dritte Stufe

I. Listening

A.
LEHRER Guten Tag, Frau Albrecht! Was darf ich für Sie tun?

MUTTER Ja, wissen Sie, mein Sohn Bernd ist bei Ihnen in der Klasse 8b. Er hat uns gesagt, die Klasse will einen Bauernhof besuchen und dort übernachten.

LEHRER Ja, die Schüler wollen auf dem Lande wohnen und die Tiere sehen und füttern und so was.

MUTTER Nun, wissen Sie, Bernd ist allergisch gegen Haustiere. Ich glaube, dass er wahrscheinlich auch gegen Kühe allergisch ist.

LEHRER Das ist aber schade!

MUTTER Bernd darf gar keine Milch trinken. Käse und Butter soll er auch vermeiden, verstehen Sie? Und gegen Heu und verschiedene Gräser hat er auch Allergien.

LEHRER Ja, Frau Albrecht, dann darf Ihr Sohn natürlich nicht mit auf die Klassenfahrt kommen. Am besten bleibt er im Unterricht in der Parallelklasse, in der 8a, bei Herrn Pfost für drei Tage.

MUTTER Aber das gefällt dem Bernd doch bestimmt nicht! Wir machen nie Urlaub auf dem Land, sondern fahren woandershin. Wir wollen nicht, dass Bernd zu Hause bleiben muss, verstehen Sie?

LEHRER Ja, Frau Albrecht, es gibt aber noch 29 andere Schüler in der 8b ...

I. Listening

A.

INTERVIEWER	Tag, Johannes! Darf ich dich etwas fragen?
JOHANNES	Ja, klar.
INTERVIEWER	Was isst du am Morgen, also zum Frühstück?
JOHANNES	Eigentlich nichts.
INTERVIEWER	Wusstest du, dass Frühstück unsere wichtigste Mahlzeit ist?
JOHANNES	Ist das wahr? Na, das kann sein, aber ich habe keine Zeit, am Morgen zu essen. Ich muss schon morgens um halb acht abfahren. Vorher trinke ich eine Tasse Kaffee.
INTERVIEWER	Und du fährst mit dem Auto zur Schule?
JOHANNES	Mit dem Moped natürlich. Das ist ganz schön frustrierend. Manchmal dauert es 20 Minuten.
INTERVIEWER	Also könntest du fast so schnell mit dem Fahrrad zur Schule kommen?
JOHANNES	Stimmt!
INTERVIEWER	Und gehst du in der Pause spazieren oder laufen oder so was?
JOHANNES	In der Pause? Wir haben nur fünfzehn Minuten. Ich habe nur Zeit, meine Semmel schnell aufzuessen.
INTERVIEWER	Nur noch eine Frage: Was isst du gewöhnlich zu Mittag?
JOHANNES	Mittagessen? Ich esse in einer Imbissstube, Pommes frites, ein Paar Bratwürstchen. Mehr nicht. Ich möchte lieber in ein Café gehen und etwas Gesundes essen, Salat oder Suppe, aber ...
INTERVIEWER	Aber du hast keine Zeit dazu?
JOHANNES	Richtig!

B.

[*read slowly and clearly as if at a school assembly*]

Die Hausordnung:

Erstens: Schüler dürfen nicht in der Schule oder auf dem Schulhof rauchen. Auch das Mitbringen von Tabakwaren ist strengstens verboten.

Zweitens: Während der Pause müssen die Schüler auf dem Schulhof bleiben. Sie dürfen in der Pause nicht im Klassenzimmer bleiben.

Drittens: Auf den Korridoren und im Treppenhaus dürfen die Schüler nicht laufen. Sie sollen ruhig gehen und Rücksicht aufeinander nehmen.

Viertens: Schüler dürfen nicht vor acht Uhr zwanzig ins Hauptgebäude kommen. Schüler, die vor acht Uhr zwanzig ankommen, sollen sich auf dem Schulhof oder bei schlechtem Wetter in der Sporthalle aufhalten.

Fünftens: Schüler dürfen ein Pausenbrot von zu Hause mitbringen oder in der Pause sich etwas zu essen kaufen. Speisereste, Butterbrotpapiere, leere Milch- und Saftbeutel, Joghurtbecher und dergleichen müssen in die Mülleimer auf dem Schulhof hineingegeben werden. Sie dürfen nicht in die Papierkörbe in den Klassenzimmern kommen.

Answers to Listening Activities in Quizzes 4-1B, 4-2B, 4-3B

ANSWERS Quiz 4-1B

I. Listening (10 points: 2 points per item)

A.

Gesundheitstips	
☐ Rad fahren	☑ Sport machen
☐ die Sonne vermeiden	☑ nicht rauchen
☑ viel Obst und Gemüse essen	☐ genügend schlafen
☑ fettes Essen vermeiden	☑ wenig Alkohol trinken

ANSWERS Quiz 4-2B

I. Listening (8 points: 2 points per item)

A. 1. c
2. a
3. c
4. a

ANSWERS Quiz 4-3B

I. Listening (10 points: 2 points per item)

A. 1. T
2. F
3. F
4. T
5. The mother seems to be implying that the teacher should change his plans, so that her son does not have to miss out on the trip.

Answers to Chapter Test Listening Activities • Kapitel 4

I. Listening Maximum Score: 30 points

A. (20 points: 2 points per item)
1. b
2. b
3. a
4. a
5. b
6. a
7. b
8. b
9. a
10. a

B. (10 points: 2 points per item)
11. b
12. b
13. a
14. a
15. a

Listening Scripts for Quizzes 5-1B, 5-2B, 5-3B

Quiz 5-1B Kapitel 5 Erste Stufe

I. Listening

A.
EDGAR	Du, es tut mir furchtbar Leid! Wirklich! Wartest du schon lange?
KATRIN	Wo warst du denn? Es ist ja schon halb zwei. Ich bin um eins gekommen, wie wir gesagt haben.
EDGAR	Hast du schon bestellt?
KATRIN	Nein, noch nicht.
BEDIENUNG	Möchten Sie jetzt bestellen?
EDGAR	Ja, wir wollen doch Muscheln essen, nicht wahr?
KATRIN	Ja, ich freue mich schon darauf.
BEDIENUNG	Ich bedaure sehr, aber die Muscheln sind alle.
KATRIN	Schon gut. Dann esse ich eben Paella.
EDGAR	Was soll denn das sein, diese Paella?
BEDIENUNG	Es tut mir sehr Leid, aber Paella gibt es auch nicht mehr.
KATRIN	Nicht so schlimm. Dann nehme ich halt ein Fischfilet. Gegrillt.
BEDIENUNG	Wir haben nur noch den Heilbutt frisch. Den können Sie aber gerne gegrillt bekommen.
EDGAR	Also, zweimal Heilbutt. Und einen grünen Salat.

Quiz 5-2B Kapitel 5 Zweite Stufe

I. Listening

A.
GÜNTHER	Guck mal, Anke, da kommt Luise. Hallo, Luise! Komm! Setz dich einen Moment zu uns.
LUISE	Was ist denn?
GÜNTHER	Luise, du hast gestern gesagt, du magst keinen Tofu, nicht wahr? Und nichts aus Soja, oder?
LUISE	Ja, das stimmt. Wieso fragst du?
GÜNTHER	Sagen wir dir gleich. Zuerst sollst du Ankes Hamburger probieren und dann meinen. Dann sag mal, welcher dir besser schmeckt.
LUISE	Ja, gut.
ANKE	Bitte.
LUISE	Danke ... Hmmm. Ankes Hamburger schmeckt ganz gut.
GÜNTHER	Nun einen Biss von meinem.
LUISE	Danke. Der schmeckt genau so gut wie Ankes Hamburger.
GÜNTHER	Anke, sag, was hast du in deinem Hamburger?
ANKE	Na, Hackfleisch, ganz klar, das ist doch ein Hamburger.
LUISE	Aber Günthers Hamburger ist auch Hackfleisch, nicht wahr? Er schmeckt genau wie Ankes.
GÜNTHER	Eben nicht! Mein Burger ist ein Sojaburger. Kostet 80 Pfennig weniger.
LUISE	Stimmt das? Dann hole ich mir halt so einen Sojaburger. Und für die 80 Pfennig kann ich noch eine Cola kaufen.

Quiz 5-3B Kapitel 5 Dritte Stufe

I. Listening

A.
MONIKA	Schau mal, Martin!
MARTIN	Was ist?
MONIKA	Marmelade: Heute im Sonderangebot. Nur zwei Mark siebzig.
MARTIN	Schön. Nehmen wir doch ein Glas.
MONIKA	Was für Marmelade schmeckt dir am besten?
MARTIN	Erst mal schauen, welche Sorten es gibt ... Hmmm ... Himbeer, Erdbeer, Pfirsich, Pflaumen. ... Ja, mir ist's ziemlich gleich. Welche magst du lieber?
MONIKA	Am liebsten Himbeer. Die schmeckt mir am besten. Tust du bitte gleich zwei Gläser in den Einkaufswagen?
MARTIN	Ja, ... warte mal! Das ist doch nicht unser Wagen!
MONIKA	Wieso nicht?
MARTIN	Ja, in unserem Wagen müsste doch Aufschnitt und Quark sein, oder?
MONIKA	Ja, klar.
MARTIN	Nun, in diesem Wagen ist aber kein Quark, nur Tofu und Brot.
MONIKA	Wo ist denn bloß unser Wagen geblieben?
FRAU X	Entschuldigen Sie, aber ich glaube, Sie haben meinen Einkaufswagen da. Mit Tofu, nicht wahr? Und Vollkornbrot?
MARTIN	Stimmt schon! Verzeihung!
FRAU X	Ist das Ihr Wagen da drüben?
MONIKA	Ja, vielen Dank!
FRAU X	Bitte. Das ist nicht so schlimm.

I. Listening

A.

ELKE	Schau mal!
SUSA	Ja, was denn?
ELKE	Das ist doch der Thorsten, oder?
SUSA	Wo denn? Ich sehe ihn nicht. Ach doch! Aber er sieht so komisch aus — das Haar.
ELKE	Thorsten, wie siehst du denn aus? Hast du einen neuen Haarschnitt?
SUSA	*[laughs sarcastically as she says this]* Wie bist du aber schön!
THORSTEN	Schon gut.
ELKE	Nur eine Frage: Was hast du bloß mit deinem Haar gemacht?
THORSTEN	Ich muss mich fotografieren lassen. Meine Familie will meiner Oma zu Weihnachten ein Foto schenken. Ein Foto von meiner Schwester und mir.
ELKE	Dann ist mir alles klar! Weg mit den langen, struppigen Haaren, nicht wahr? Ich finde, du siehst eigentlich gar nicht so schlecht aus. Ist dir aber nicht ein bisschen kalt so um die Ohren?
THORSTEN	Ach, Elke! Es ist nicht so schlimm, wie es aussieht! Meine Haare wachsen doch furchtbar schnell. Meine Schwester ist aber ganz schön schlecht gelaunt.
SUSA	Warum denn?
THORSTEN	Ja, sie hat sich die Haare gefärbt — und nun sind sie grün. Und jetzt muss sie sich fotografieren lassen.
SUSA	Ach du meine Güte! Was für ein Pech!
ELKE	Grüne Haare. Na, grün passt doch prima zu Weihnachten, oder? *[laughter]*

B.

HERR	Guten Tag! Entschuldigen Sie, bitte. Ich glaube, das ist mein Platz.
ALICE	Dieser hier? Der Fensterplatz? Nein. Das tut mir Leid. Ich habe diesen Fensterplatz reserviert.
HERR	Schon gut. Dann nehme ich eben diesen Platz hier.
ALICE	Leider geht das auch nicht. Der Platz ist auch reserviert. Er gehört meiner Freundin. Sie kommt gleich wieder.
HERR	Ja? Schauen Sie doch mal. Hier ist meine Platzkarte: 3C, also, drittes Abteil, Platz C.
ALICE	Sehen Sie sich meine Platzkarte an: 3C! Bitte schön!
HERR	Ich bedaure, aber auf Ihrer Karte steht Wagen 173, nach Milano, nicht wahr?
ALICE	Ja, das stimmt, wir fahren nach Milano, in Italien.
HERR	Ja, sehen Sie, dieser Wagen ist Nummer 170 und fährt nur nach Zürich, in die Schweiz. Also, kann dieser nicht Ihr Platz sein. Sie müssen doch zuerst den richtigen Wagen suchen, dann finden Sie und Ihre Freundin schon Ihre Plätze.
ALICE	Ach, Verzeihung!
HERR	Nicht so schlimm. Darf ich Ihnen helfen? Sie sind ja nicht von hier, oder?
ALICE	Nein, eigentlich sind wir aus Amerika — aus den Staaten, meine ich.
HERR	Sie sprechen aber sehr gut Deutsch.
ALICE	Danke!
HERR	Darf ich mich vorstellen? Ich heiße Saeh Al-Harbin.

TESTING PROGRAM • SCRIPTS & ANSWERS

Answers to Listening Activities in Quizzes 5-1B, 5-2B, 5-3B

ANSWERS Quiz 5-1B

I. Listening

A. (10 points: 2 points per item)
1. T
2. T
3. T
4. F
5. F

ANSWERS Quiz 5-2B

I. Listening

A. (6 points: 2 points per item)
1. b
2. d
3. b

ANSWERS Quiz 5-3B

I. Listening

A. (10 points: 2 points per item)
1. F
2. T
3. T
4. F
5. F

Answers to Chapter Test Listening Activities • Kapitel 5

I. Listening Maximum Score: 30 points

A. (15 points: 1 ½ points per item)   B. (15 points: 1 ½ points per item)

1. T	11. T
2. F	12. F
3. F	13. T
4. T	14. F
5. F	15. F
6. T	16. T
7. F	17. T
8. F	18. T
9. T	19. T
10. F	20. F

Listening Scripts for Quizzes 6-1B, 6-2B, 6-3B

Quiz 6-1B Kapitel 6 Erste Stufe

I. Listening

A.

APOTHEKERIN	Was darf's sein, bitte?
HANNO	Ich habe hier einen Abholschein für ein Medikament. Bitte!
APOTHEKERIN	Von Doktor Wertmüller. Hmmm. Das Rezept ist aber nicht für Sie, oder?
HANNO	Nein. Ich hole es für meine Mutter. Der Arzt hat ihr Tabletten gegen Kopfschmerzen verschrieben.
APOTHEKERIN	Moment, bitte. So, bitte schön. Sagen Sie aber Ihrer Mutter, wenn sie diese Tabletten einnimmt, darf sie nicht Auto fahren.
HANNO	Danke, sag ich ihr. Wiedersehen!
	[street noises as Hanno heads for home]
HANNO	Hallo, Mutti! Hier sind die Tabletten.
MUTTER	Danke! Hast du die Sonnencreme für dich auch gekauft?
HANNO	Ach, so was Blödes! Nein, die Sonnencreme hab ich vergessen.
MUTTER	Na ja, Junge. Was man nicht im Kopf hat ...
HANNO	... muss man in den Beinen haben. Also, ich gehe jetzt in die Drogerie in der Schillerstraße. Das ist doch nicht so schlimm.

Quiz 6-2B Kapitel 6 Zweite Stufe

I. Listening

A. ÄRZTIN	Nun, was fehlt Ihnen heute?
ERIK	Mir tut der Arm weh.
ÄRZTIN	Nun, lassen Sie mich mal schauen.
ERIK	Aua!
ÄRZTIN	Tut das weh?
ERIK	Und wie!
ÄRZTIN	Ja, wir wollen natürlich eine Röntgenaufnahme machen. Ich befürchte, dass Sie sich den Arm gebrochen haben. Tut sonst was weh?
ERIK	Ja, mein Fuß.
ÄRZTIN	Ach ja. Ich seh's. Sie haben sich auch den Fuß verstaucht. Dafür brauchen Sie einen Verband. Und zwei Tage nicht laufen. Und um den Arm bekommen Sie einen Gipsverband. Nehmen Sie Aspirin gegen Schmerzen. Vermeiden Sie die Sonne und trinken Sie auch keinen Kaffee. Schlecht für den Magen! Ach ja, und mindestens drei Wochen dürfen Sie nicht baden gehen. Der Gips darf nicht nass werden.
ERIK	Drei Wochen! Aber ich gehe nächste Woche in Urlaub, nach Frankreich. Wir wollten einen Strandurlaub machen an der atlantischen Küste!
ÄRZTIN	Ja, das tut mir furchtbar Leid!

Quiz 6-3B Kapitel 6 Dritte Stufe

I. Listening

A. KATJE	Du, Werner, meine Tante hat mich nach Köln eingeladen, zum Karneval. Wir gehen sogar auf einen Maskenball.
WERNER	Prima, Mensch!
KATJE	Aber sag mir doch, was ich bloß für ein Kostüm anziehen soll.
WERNER	Du solltest dich vielleicht als Clown verkleiden. Deine wilden roten Haare passen ausgezeichnet dazu.
KATJE	Ach, nee!
WERNER	Clown passt dir nicht? Dann gehst du am besten als die englische Königin Elisabeth. Die war auch rothaarig.
KATJE	Dann muss ich mir aber unbedingt ein tolles Ballkleid mieten. Das ist mir doch zu teuer.
WERNER	Ja, so ein Kostüm ist dir wahrscheinlich auch zu steif und unbequem. Ich weiß was! Du solltest als Fuchs gehen! Wir können dir eine Fuchsmaske basteln. Das kostet auch nicht viel. Und du hast doch diesen rotbraunen Trainingsanzug vom Schwimmclub. Wir basteln einen buschigen Schwanz hintendran. Dann siehst du echt lustig aus.
KATJE	Gar nicht so schlecht. Meine Haare sind ja so fuchsrot-braun.

I. Listening

A.

EMIL	Mutti! Mutti!!
MUTTER	Emil! Was ist denn Kind? Oh je! Schon neun Uhr!
EMIL	Ja, Mutti. Komm doch mal in die Küche!
MUTTER	Hast du Hunger?
EMIL	Nein. Ich habe schon gegessen.
MUTTER	Wer hat dir denn das Frühstück gemacht?
EMIL	Das Frühstück habe ich mir selbst gemacht.
MUTTER	Du hast dir ein Ei gekocht?
EMIL	Eigentlich nicht.
MUTTER	Und was ist bloß mit deinen Haaren? Die sehen ganz steif aus, Emil.
EMIL	Nach dem Frühstück habe ich mir die Haare gewaschen. Mit dem neuen Shampoo.
MUTTER	Ach so. Die sind ja voller Seife. Nicht so schlimm. Und hast du dich denn auch gebadet?
EMIL	Ja klar. Ich habe mir den Hals gut gewaschen, Mutti. Und die Ohren auch.
MUTTER	Prima! Aber was ist denn hier auf deinem Hemd? Das sieht ja wie Zahnpasta aus, oder?
EMIL	Stimmt. Ich habe mir die Zähne geputzt, und dann habe ich mir die Haare gekämmt. Habe ich alles ganz allein gemacht. Aber jetzt komm doch endlich in die Küche!
MUTTER	Gut, ich komme schon. Was ist denn dort?
EMIL	Ja ... weißt du ... ich wollte schon Eier kochen, aber die Eier sind mir aus den Händen gerutscht, und die Katze hat sie gefressen. Ihr geht es jetzt bestimmt ganz schlecht.

B.

MICHAEL	Was fehlt denn eurem Hund?
BEATE	Eigentlich nichts.
MICHAEL	Doch, doch. Er ist verletzt. Er hinkt ganz offensichtlich. Er hat sich bestimmt das Bein verletzt.
BEATE	Also, welches Bein hat er sich denn verletzt?
MICHAEL	Das rechte Vorderbein. Siehst du das nicht?
BEATE	Polo, komm her, Polo! Nun, schau mal, Michael! Auf welchem Bein hinkt er jetzt?
MICHAEL	Auf dem linken.
BEATE	Na, siehst du. Du hast vorher gesagt, er hat sich das rechte Bein verletzt.
MICHAEL	Das ist aber ganz komisch. Vielleicht tun ihm beide Beine weh.
BEATE	Glaube ich nicht. Laufen kann er ganz prima. Und Ball spielen.
MICHAEL	Wie kommt denn das?
BEATE	Unser Polo ist ein super Hund, aber er spielt ein bisschen Theater. Er hat sich letzte Woche wehgetan. Er ist gegen das Fahrrad von meinem Bruder gelaufen. Polo hat ein paar Mal gebellt. Dann hat mein Bruder ihn in die Arme genommen und ihn getröstet und liebkost und so weiter. Und das hat Polo sehr gut gefallen. Jetzt versucht er immer wieder, unsre Aufmerksamkeit auf sich zu lenken.
MICHAEL	Der ist ein ganz intelligenter Hund, finde ich. Manche Menschen machen das auch mit den Wehwehchen.

Answers to Listening Activities in Quizzes 6-1B, 6-2B, 6-3B

ANSWERS Quiz 6-1B

I. Listening
A. (10 points: 2 points per item)
1. F
2. T
3. T
4. F
5. T

ANSWERS Quiz 6-2B

I. Listening
A. (6 points: 2 points per item)
1. a
2. b
3. b

ANSWERS Quiz 6-3B

I. Listening
A. (10 points: 2 points per item)
1. F
2. T
3. T
4. F
5. T

Answers to Chapter Test Listening Activities • Kapitel 6

I. Listening Maximum Score: 29 points

A. (15 points: 3 points per item)   B. (14 points: 2 points per item)
1. d
2. c
3. a
4. e
5. b
6. b
7. b
8. a
9. b
10. b
11. a
12. a

Listening Scripts for Midterm Exam

I. Listening

A.

ANNA	Du, ich habe morgen Vormittag keine Zeit. Kannst du bitte Tante Lisa und ihren Sohn vom Bahnhof abholen? Sie kommen um 9 Uhr 35 an, Bahnhof Friedrichstraße.
BERND	Kann ich machen. Aber wie soll ich sie erkennen? Im Bahnhof Friedrichstraße sind ja immer sehr viele Menschen. Wie sehen sie aus?
ANNA	Ich habe sie auch schon seit 8 Jahren nicht mehr gesehen. Aber Tante Lisa ist ziemlich groß, 1,70 bis 1,75, glaube ich, und schlank mit dunkelbraunen Haaren und braunen Augen.
BERND	Also, ungefähr deine Größe.
ANNA	Ja, eine ziemlich große Frau.
BERND	Und wie sieht dein Cousin aus?
ANNA	Von ihm hat uns die Tante ein Bild geschickt. Schau her.
BERND	Ganz schön dick ist der Junge!
ANNA	Ja, auf diesem Bild schon. Aber das ist auch alt. Sie hat geschrieben, dass er ziemlich schlank geworden ist. Auf jeden Fall hat er blonde Haare und braune Augen. Und er ist jetzt — warte mal — 20 Jahre alt.
BERND	Und deine Tante, so mitte 40?
ANNA	Ich glaube ja, so um die 45 herum, denke ich.

B.

ANDREAS	Was schenken wir der Oma bloß zu Weihnachten?
BEATE	Gute Frage! Was schenkt man einer Frau, die alles hat? Omas Haus ist doch überfüllt mit Sachen, die ihr verschiedene Leute geschenkt haben.
CHRISTOPH	Am besten etwas, was nur wir ihr schenken können.
ANDREAS	Na, Bilder von uns „Kindern" hat sie ja schon genügend.
BEATE	Und ganz viele selbst gebastelte Sachen auch. Außerdem sind wir ja nicht mehr in dem Alter, in dem man schlecht gemachte Handarbeiten verschenkt.
CHRISTOPH	Stimmt. Ja, was hat sie eigentlich gern? ... Ihren Garten, den Mopshund, im Sommer das Wandern ...
ANDREAS	Und Fotografieren ... Vielleicht ein Album für ihre Fotos?
BEATE	Lieber nicht. Fotoalben kauft sie sich selbst, wenn sie welche braucht.
CHRISTOPH	Musik hat sie gern. Sie hört sogar unsere Hausmusik auf der Blockflöte ganz gern.
BEATE	Na, so schlecht spielen wir ja auch nicht!
ANDREAS	Moment! Ich habe eine Idee. Wir üben ein Stück ein — sagen wir mal eins von Telemann, den hört sie doch sehr gern. Und dann nehmen wir das auf eine Kassette auf und schenken sie ihr. Was meint ihr dazu?
BEATE	Prima Idee, du!
CHRISTOPH	Da müssen wir aber viel üben. Aber für unsre Oma, na, es geht schon. Gefällt ihr doch bestimmt besser als Pralinen.
ANDREAS	Finde ich auch.

C.

REPORTER	Darf ich dich fragen, was du für deine Gesundheit tust?
MARIANNE	Ja, gerne. Nur tue ich eigentlich nicht besonders viel. Ich rauche nicht und trinke keinen Alkohol, aber ich bin keine Gesundheitsfanatikerin.
REPORTER	Ja, aber, was isst du zum Beispiel? Ernährst du dich vernünftig?
MARIANNE	Oh ja, meine Mutter sorgt schon dafür. Wir essen viel Salat zu Hause und frisches Obst auch. Und Fleisch gibt es selten, und wenn, dann nur mageres. Außerdem trinken wir Magermilch und essen überhaupt keine Butter. Wir kaufen nur Margarine aus Sonnenblumenöl, und wir essen den kalorienreduzierten Streichkäse. Aber vegetarisch essen, das wollen wir eigentlich nicht so gern.

REPORTER   Das finde ich aber schon sehr gut, was ihr macht. Und treibst du Sport?

MARIANNE   Ja, aber nur, weil es mir Spaß macht und auch hier in der Schule, in der Sportstunde natürlich. Und dann spiele ich auch sehr gern Tennis und Handball. Und ich schwimme viel, zwei- oder dreimal in der Woche — meistens im Hallenbad.

REPORTER   Nun, das freut mich aber wirklich sehr. Und wie kommst du zur Schule? Fährst du mit dem Rad?

MARIANNE   Nein, ich fahre mit dem Bus. Aber nach der Schule und am Wochenende fahre ich viel mit dem Rad. Wenn es etwas zu besorgen gibt, dann fahre ich mit dem Rad. Und auch nur deshalb, weil es mir Spaß macht.

REPORTER   Also, du tust doch eine ganze Menge für deine Gesundheit! Vielen Dank für das Interview.

Answers to Midterm Exam Listening Activities

I. Listening Maximum Score: 30 points

A. (10 points: 2 points per item)

1. c
2. a
3. a
4. a
5. b

B. (10 points: 2 points per item)

6. b
7. c
8. d
9. d
10. a

C. (10 points: 2 points per item)

11. c
12. c
13. b
14. d
15. a

Listening Scripts for Quizzes 7-1B, 7-2B, 7-3B

Quiz 7-1B Kapitel 7 Erste Stufe

FRAU G.	Ich möchte bitte das Zimmer wechseln. Nummer 301 habe ich jetzt.
MANAGER	Ja, sicher. Also, was gefällt Ihnen an dem Zimmer nicht?
FRAU G.	Erstens kommt viel Lärm von der Straße herauf. Es gab fast die ganze Nacht Verkehr. Ich habe sehr schlecht geschlafen.
MANAGER	Dann ziehen Sie bestimmt ein Zimmer auf der Hinterseite des Hotels vor. Das kostet natürlich etwas mehr, aber dafür haben Sie einen schönen Blick auf den See hinaus. Es ist auch viel ruhiger. Kein Verkehrslärm.
FRAU G.	Ist die Luft auch besser? Die Luft war sehr stickig.
MANAGER	Sehen Sie, Zürich ist doch eine Großstadt. Aber wenn Sie die Luft vom See her bekommen, ist sie bestimmt frischer.
FRAU G.	Und was kostet ein Zimmer auf der Seeseite?
MANAGER	Nur zwanzig Prozent mehr als ein Zimmer auf der Straßenseite. Wirklich ganz preiswert. Und Sie können dort bei offenem Fenster schlafen.
FRAU G.	Zwanzig Prozent mehr? Das ist mir eigentlich zu teuer, aber ...
MANAGER	Es gefällt Ihnen bestimmt!

Quiz 7-2B Kapitel 7 Zweite Stufe

I. Listening

CHRISTA	Also, ausgezeichnet war das Frühstück, wie immer hier. So viele Eier und Brötchen, wie man will. Und der Saft schmeckt ganz gut.
JOSEF	Das Essen schmeckt mir.
PAVEL	Mir auch. Ich habe schon wieder zu viel gegessen. Nun, sag mal, was wollen wir heute tun?
JOSEF	Was gibt's denn bloß zu machen? Hier ist nichts los! Auf der Terrasse oder im Garten herumsitzen macht mir keinen Spaß. Karten haben wir schon tausendmal gespielt. Langweilig ist das hier.
PAVEL	Wir können bis zum See wandern.
CHRISTA	Da waren wir doch schon. Da ist auch nichts los. Oder hast du denn was gesehen, was man dort machen kann? Ist da vielleicht ein Badestrand oder eine Wurstbude oder Paddelboote? Oder irgendwas Vernünftiges?
PAVEL	Eigentlich hat das Leben in einer Großstadt seine Vorteile. Ich möchte gern mal wieder ins Kino gehen oder in ein Café.
CHRISTA	Und ich wünsche mir wenigstens einen Brief von zu Hause! Schon vierzehn Tage hier und noch immer keine Post. Man könnte direkt Heimweh bekommen.
JOSEF	Das finde ich auch.

Quiz 7-3B Kapitel 7 Dritte Stufe

I. Listening

ANNA	Nachtruhe ab 22 Uhr steht hier geschrieben. Die Gäste sollen sich nach 22 Uhr so ruhig wie möglich verhalten.
MARK	Hoffentlich heißt das, dass keine Motorräder die Straße auf und ab rasen dürfen. Mich stört das auch tagsüber.
ANNA	Ja. Hier steht sogar: Nach 22 Uhr dürfen nicht mal PKWs durchfahren.
MARK	Freut mich. Verkehrslärm gehört ja nicht auf den Campingplatz.
ANNA	Ich kann dir nur zustimmen. Weiter steht hier: Die Duschen in den Baderäumen werden zwischen 21 Uhr und 6 Uhr abgestellt. Also muss ich mich etwas früher unter die Dusche stellen als zu Hause.
MARK	Ach, das ist doch nicht so schlimm. Also, kein Verkehrslärm, keine Motorräder, nachts keine Autotüren oder Kofferraumdeckel zuschlagen. Sonst noch etwas?
ANNA	Und Autoradios und Kofferradios um 22 Uhr ausmachen.
MARK	Ausmachen? Ganz?
ANNA	Ja, klar! Auch wenn du es ganz leise stellst, können es alle noch hören.
MARK	Na ja. Vielleicht hast du Recht.

TESTING PROGRAM • SCRIPTS & ANSWERS

I. Listening

A.

SIMONE Was wünschst du dir eigentlich im Leben, Holger?

HOLGER Ja, eine praktische Ausbildung, vielleicht als Elektrotechniker, aber das darf nicht allzu lange dauern. Und dann noch einen Job mit einem guten Einkommen.

SIMONE Und wo willst du wohnen?

HOLGER Ich möchte mein eigenes Haus haben, mit einer Terrasse oder einem Balkon und einem kleinen aber hübschen Garten. Ach ja, und eine sehr moderne Küche in ganz leuchtenden Farben. Alles soll sehr modern sein. Und du? Was hast du vor? Was wünschst du dir?

SIMONE Ich weiß nicht recht, was ich machen will. Ich möchte doch irgendwas unternehmen, denke ich, gegen Armut vielleicht, oder vielleicht etwas für die Umwelt tun. Ich bin nicht ganz sicher. Vielleicht setze ich mich dafür ein, dass Völker Krieg vermeiden und friedlich miteinander leben. Die Umwelt und Frieden unter den Menschen sind sehr wichtig für mich.

HOLGER Du denkst zu idealistisch. Was kannst du bloß als Einzelmensch tun, um die Welt besser zu machen? Kriege und Armut hat es schon immer gegeben, seit es Menschen gibt.

SIMONE Ja, ich stimme dir schon zu, aber man soll doch nicht immer so materialistisch denken. Ich meine, ein Haus zu haben und Sicherheit, das ist nicht alles im Leben, oder?

B.

JENS Wo möchtest du eigentlich am liebsten wohnen?

BÄRBEL Am allerliebsten in einem ganz kleinen Dorf in den Bergen. Ich wünsche mir ein Bauernhaus, wo die Leute oben im ersten Stock wohnen und Kühe unten im Stall sind. Und das Haus hat ein ganz schräges Dach mit Dachfenstern und einen Balkon mit bunten Blumentöpfen.

JENS Und das gefällt dir? Du willst lieber in den Bergen in einem Dorf leben als in der Stadt?

BÄRBEL Eigentlich ziehe ich Ruhe und gesunde Luft vor. Du nicht?

JENS Mir gefällt so was Langweiliges nicht. Meine Eltern haben ein Ferienhaus in Appenzell — in den Bergen. Wir fahren oft in den Ferien dahin, aber da ist nie was los. Ich wünsche mir eine Eigentumswohnung in Zürich mit einer Sauna im Haus, natürlich. Meine Wohnung soll auch einen Balkon haben, aber mit Blick auf die Stadt, nicht auf die Kuhweide.

BÄRBEL Ja, aber ich finde Zürich nicht so gut. Hier ist mir einfach zu viel los.

JENS Also gut. Dann lieber in Genf. Mit Blick auf den Genfer See. Die Stadt ist wenigstens international.

BÄRBEL Dann musst du aber Französisch lernen.

JENS Stimmt. Dann ziehe ich eben Hamburg vor — mit Blick auf den Hafen. Dort ist echt was los!

BÄRBEL Und wie viele Zimmer soll deine Wohnung haben?

JENS Hmm ... lass mal schauen. Aha: ein großes Wohnzimmer, mit Stereo-CD-Anlage und Video und so weiter. Und ein Schlafzimmer für mich und noch eins für die Gäste. Und dann muss ich noch einen Hobbyraum haben. Ja, und einen Raum für meine Kunstsammlung.

BÄRBEL Deine Kunstsammlung?

JENS Klar! Ich möchte dir doch was zeigen, wenn du zu Besuch kommst!

Answers to Listening Activities in Quizzes 7-1B, 7-2B, 7-3B

ANSWERS Quiz 7-1B

I. Listening
A. (8 points: 2 points per item)

quieter	✔	better air	✔
view of the mountains		a larger bed	
cheaper		view of the lake	✔

Reason: Es ist ihr zu teuer.

ANSWERS Quiz 7-2B

I. Listening
A. (10 points: 2 points per item)
1. yes
2. no
3. no
4. d
5. a

ANSWERS Quiz 7-3B

I. Listening
A. (6 points: 2 points per item)
1. T
2. F
3. T

Answers to Chapter Test Listening Activities • Kapitel 7

I. Listening Maximum Score: 30 points

A. (10 points: 2 points per item)
1. c
2. a
3. d
4. c
5. b

B. (20 points: 2 points per item)
6. a
7. a
8. b
9. a
10. a
11. a
12. a
13. b
14. c
15. d

Listening Scripts for Quizzes 8-1B, 8-2B, 8-3B

Quiz 8-1B Kapitel 8 Erste Stufe

I. Listening

A.

MUTTER	Bärbel, du hast ja deine Jacke nicht an. Die gefütterte. Wo ist die denn?
BÄRBEL	Zu Hause. Die Jacke passt nicht so richtig zu dieser Hose, Mutti.
MUTTER	Aber es ist doch richtig kalt heute. Und bei dem Wind! Was machen wir denn bloß? Ach, ich weiß was. Oma hat ihre Wolljacke gestern im Auto liegen gelassen. Die kannst du anziehen.
BÄRBEL	Oh Mutti! Omas Jacke? Die kann ich doch unmöglich zu meinem Outfit anziehen!
MUTTER	Doch, kannst du. Sonst erkältest du dich.
BÄRBEL	Aber die Jacke ist türkisblau und meine Hose ist olivgrün. Und mein Sweatshirt auch! Und außerdem ist so eine Jacke gar nicht mehr modern. Aus den siebziger Jahren ist sie!
MUTTER	Keine Ausreden, nun. Du ziehst dir jetzt die Jacke an! Hier ... So, jetzt ist's besser.
BÄRBEL	Mutti, da kommt gerade ein Junge aus meiner Klasse, der Max. Er hat mich schon gesehen — mit der Jacke. So ein Pech!
MUTTER	Das schadet doch nichts. Guten Tag, Max!
MAX	Guten Tag, Frau Holzmann! Tag, Bärbel! Wie siehst du aber heute fesch aus! So bunt und witzig habe ich dich noch nie gesehen. Passt dir doch prima. Wo hast du denn diese scharfe Jacke her?
BÄRBEL	Ja, diese Jacke? Hmm ...

Quiz 8-2B Kapitel 8 Zweite Stufe

I. Listening

A.

FRAU	Wenn Sie sich echt für Mode interessieren, dann wissen Sie bestimmt schon, welche Farben, Stoffe und Stoffmuster zusammenpassen und ein fesches Outfit machen. Heute aber beraten wir die jungen Herren, die weniger Interesse für Mode haben und trotzdem gut aussehen wollen.
	Wenn Sie zu einer konservativen Hose ein weißes oder hellblaues Hemd tragen, so sehen Sie monoton und uninteressant aus. Auch der konservative Herr soll heute ein gestreiftes oder kariertes Hemd in einer Kontrastfarbe dazu wählen. Darüber tragen Sie am besten eine gepunktete oder mehrfarbig bedruckte Krawatte. Die Socken dürfen auch nicht immer eintönig schwarz, dunkelblau oder grau sein, aber sie sollten doch zur Krawatte passen. Aber nicht unbedingt feuerrot oder knallgelb.

Quiz 8-3B Kapitel 8 Dritte Stufe

I. Listening

A.

ANNA	Wie findest du diesen Hosenanzug?
KATRIN	Steht dir gut! Ich finde ihn echt toll: viele Reißverschlüsse und mit Kapuze am Blouson. Kauf dir den Anzug doch!
ANNA	Ich weiß nicht. Eigentlich trage ich Steghosen lieber als diesen Stil. Was für Schuhe muss man bloß dazu tragen?
KATRIN	Am besten Stiefel mit hohen Absätzen, nicht wahr?
ANNA	Stiefel habe ich aber gar nicht. Hmm. Wie sieht die Hose von hinten aus? Ist sie mir nicht zu eng?
KATRIN	Nein, sie ist überhaupt nicht zu eng. Und die Gesäßtaschen sitzen genau richtig!
ANNA	Echt? Ja, ich glaube, die Hose passt gut. Aber das Hemd dazu ist aus Seide. Das muss man zur Reinigung bringen, oder? Was meinst du?
KATRIN	Oh je! Kauf dir ja nichts, was du nicht in die Waschmaschine tun kannst.
ANNA	Schade. Na ja, mir ist dieser Anzug auch ein bisschen zu teuer. Ich suche mir lieber was Preiswerteres aus.
KATRIN	Ja, suchen wir doch eine Kapuzenjacke aus Leinen oder Baumwolle. Naturfasern ziehe ich schon vor, aber echte Seide ist doch zu unpraktisch, oder?

I. Listening

A.

DIETER	Tag, Anja! Was hast du mitgebracht?
ANJA	Guck, Dieter, ganz schöne Sachen: ein T-Shirt, das mir zu eng geworden ist, ein Sweatshirt mit Aufdruck, einen Pullover ...
DIETER	Schicker Pullover! Den willst du weggeben?
ANJA	Ja. Der ist halt aus reiner Wolle — mit der Hand gestrickt. Kannst du auch nur mit der Hand waschen. Das will ich eben nicht mehr.
DIETER	Und was hast du sonst noch?
ANJA	Ein Trägerhemd, fast neu ist das, und einen Spitzenrock. Madonna-Mode ist ja nicht mehr in. Dann ein Paar Sandalen mit hohen Absätzen. Und noch ein Paar Kniestrümpfe für den Winter.
DIETER	Und Helmut. Hast du was Schönes?
HELMUT	Jawohl! Bei mir habe ich diese Krawatte gefunden — steht mir gar nicht, ist aber aus echter Seide, und eine Badehose und zwei Jeanshosen, beide abgeschnitten. Und dieses Käppi aus Leder. Fesch, nicht?
DIETER	Mensch, aber, wo denkst du bloß hin? Wer in Rumänien soll denn dieses Zeug anziehen? Mindestens die Hälfte von euren Sachen ist ganz unmöglich!
HELMUT	Wie meinst du das?
ANJA	Ja. Wie?
DIETER	Die Leute drüben brauchen praktische, haltbare Kleidung. Was soll so ein armer Junge, der friert, mit diesen abgeschnitten Jeans, oder einer seidenen Krawatte? Und was kann ein armes Mädchen mit diesem Madonna-Outfit anfangen?
ANJA	Ich stimme dir zwar zu, Dieter, aber die Leute drüben wünschen sich doch auch schöne Klamotten, oder?
HELMUT	Außerdem ist mein Käppi doch sehr praktisch — und auch fesch. Ich finde, ein rumänischer Junge hat lieber dieses Käppi als so eine langweilige Wollmütze, wie du sie trägst, Dieter.
ANJA	Finde ich auch!

B.

LISA	Schau mal, Vati, was ich heute gekauft habe!
VATER	Schöne Schuhe, Lisa. Aber ich wusste gar nicht, dass du Basketball spielst. Ist das dein neustes Hobby?
LISA	Spiele ich doch nicht. Die Schuhe sind für den Alltag. Basketball-Schuhe sind jetzt große Mode. Und so schön bequem!
VATER	Ach so. Und das Wollhemd? Ist das auch neu? Oder hast du das von deinem Bruder?
LISA	Nein. Das ist mein Hemd. So karierte Wollhemden sind auch Mode — mit einem T-Shirt darunter — für Mädchen oder Jungen, ganz egal.
VATER	Hmm. Ich habe eine Frage, Lisa. Wie kommt es eigentlich, dass diese Unisex Mode daraus besteht, dass Mädchen in Herrensportkleidung rumlaufen? Von hinten siehst du fast aus wie dein Bruder, nur hat der längere Haare als du.
LISA	Ja, Vati, die Jugend von heute ist doch nicht so dumm. Röcke, Unterröcke, Strumpfhosen und Schuhe mit hohen Absätzen sind unbequem, unpraktisch und auch ungesund. Du siehst mich auch nicht im Sakko und mit einer Krawatte herumlaufen, nicht wahr?
VATER	Das stimmt schon. Und ich kann dir sagen, eine Krawatte ist der unbequemste Kleidungsartikel, den es für Männer gibt — und so völlig unnötig! Aber weißt du was? Die Marlene Dietrich hat Sakkos getragen, damals als dein Großvater noch jung war.
LISA	Nun, das ist schon fünfzig Jahre her, Vati! Die Schüler und Schülerinnen auf meiner Schule wollen ja keine verrückten oder extravaganten Klamotten anziehen. Uns ist die Mode nicht egal, aber wir lassen uns nicht von den Filmstars und von den Modeschöpfern in Paris sagen, was uns am besten passt.
VATER	Das freut mich eigentlich.

Answers to Listening Activities in Quizzes 8-1B, 8-2B, 8-3B

ANSWERS Quiz 8-1B

I. Listening

A. (10 points: 2 points per item)
1. T
2. F
3. F
4. T
5. T

ANSWERS Quiz 8-2B

I. Listening

A. (6 points: 2 points per item)
1. a
2. b
3. a

ANSWERS Quiz 8-3B

I. Listening

A. (6 points: 2 points per item)
1. a
2. d
3. d

Answers to Chapter Test Listening Activities • Kapitel 8

I. Listening Maximum Score: 30 points

A. (10 points: 2 points per item)   B. (20 points: 2 points per item)

A.		B.			
1.	b	6.	b	11.	b
2.	d	7.	b	12.	a
3.	a	8.	a	13.	b
4.	a	9.	a	14.	b
5.	d	10.	a	15.	a

Listening Scripts for Quizzes 9-1B, 9-2B, 9-3B

Quiz 9-1B Kapitel 9 Erste Stufe

I. Listening

A.
GESA	Wie lange hast du dieses Jahr Urlaub?	
ULF	Leider nur drei Wochen. Eigentlich zwanzig Tage. Warum fragst du? Willst du was vorschlagen?	
GESA	Ja, schon. Ich bin dafür, dass wir dieses Jahr mal nicht an die Nordsee oder nach Österreich in die Berge fahren. Dieses Jahr möchte ich etwas ganz anderes machen.	
ULF	Na, und was schlägst du denn vor?	
GESA	Ich möchte was ganz Einmaliges unternehmen, am liebsten nach Ägypten fliegen und mir die Pyramiden und den Nil einmal ansehen. Weißt du, das habe ich mir schon immer gewünscht.	
ULF	Dann machen wir das doch mal. Keine schlechte Idee, finde ich.	
GESA	Dann könnten wir von Alexandrien aus eine kleine Schiffsreise auf dem Mittelmeer machen — ein paar Tage auf einer griechischen Insel verbringen — und dann von Malta nach Frankfurt zurückfliegen.	
ULF	Wahrscheinlich ist es aber im Sommer heiß. Immerhin, ich bin dafür, dass wir dieses Jahr deine Traumreise machen. Doch möchte ich nächstes Jahr wieder nach Tirol.	

Quiz 9-2B Kapitel 9 Zweite Stufe

I. Listening

A.
HUGO	Also, wohin fahren wir dieses Jahr? Wieder nach Sylt? Oder lieber an die Ostsee? Hannah, was schlägst du vor?	
HANNAH	Ich fahre zwar sehr gern an die Nordsee, aber vielleicht doch dieses Jahr lieber ans Mittelmeer. Ich habe einen Reiseprospekt vom Club Mediterranean™ bekommen — die haben eine tolle Auswahl von Resorts im Süden — in Tunesien, Algerien und Marokko und auch auf Sardinien, Kreta und einigen anderen Inseln.	
ARNDT	Und was gibt's dort zu tun? Ich möchte eigentlich mal Tauchen lernen oder Schnorcheln.	
HANNAH	Ja, Arndt, kannst du. Und Windsurfen auch. Und die Hotels haben fast alle auch Saunas und Fitnessräume — und Diskotheken. Also wird sich keiner von uns langweilen, meine ich.	
HUGO	Ich bezweifele, dass ich meine Ferien in Diskotheken verbringen werde, aber Golfplätze — gibt es dort welche?	
HANNAH	Das weiß ich nicht, aber ich kann mich bei dem Club Med™ in Paris erkundigen, wenn ihr dafür seid, dass wir so ein Resort besuchen.	
ARNDT	Ich bin auf jeden Fall dafür. Auf Sylt gibt es fast keine Leute in meinem Alter. Die reisen ja alle in den Süden hin, nach Spanien oder Portugal.	
HANNAH	Eben.	

Quiz 9-3B Kapitel 9 Dritte Stufe

I. Listening

A. 1.
STUDENTIN	Entschuldigen Sie, bitte, können Sie mir sagen, ob es hier in der Nähe ein Café gibt?	
PASSANT	Klar doch. Sehen Sie das Rathaus? Wenn Sie hier die Farbstraße ein Stück weitergehen, kommen Sie an das Hormoldhaus. Gehen Sie daran vorbei, und dann sehen Sie gleich rechts das Café. Es liegt zwischen dem Hormoldhaus und dem Schloss.	
STUDENTIN	Danke schön!	
PASSANT	Bitte, bitte.	

2.
STUDENTIN	Entschuldige, bitte! Kannst du mir sagen, wie ich von hier zum Reisebüro komme?	
STUDENT	Ja. Also, geh hier die Hauptstraße bis zur Pfarrstraße entlang. Dann biegst du in die Pfarrstraße ein und gehst zwei Straßen weiter. Da siehst du rechts so ein altes Fachwerkhaus. Das ist das kleine Bürgerhaus. Das Reisebüro liegt auf der linken Seite, gegenüber vom Bürgerhaus.	
STUDENTIN	Vielen Dank!	
STUDENT	Bitte. Nichts zu danken.	

Listening Scripts for Chapter Test • Kapitel 9

I. Listening

A.

HILDA Wir freuen uns schon sehr auf das Bach Fest, aber wir wissen noch nicht, was wir sonst noch machen sollen. Was schlägst du vor?

MIKE In Oregon? Ja, also ich komme aus Oregon. Da kannst du den ganzen Sommer verbringen und noch immer nicht alles gesehen haben. Wie lange bleibt ihr eigentlich?

HILDA Wir landen am 26. Juni in Portland und fliegen am 17. Juli von Banff in Kanada zurück. Wir wollen nämlich die Staaten und Kanada in 3 Wochen bereisen und so viel wie möglich sehen.

MIKE Die Zeit ist wahnsinnig knapp. Aber, wenn das so ist, dann schlage ich als Erstes vor, ihr mietet euch ein Auto und nehmt eure Campingsachen mit. Doch am besten bucht ihr die Campingplätze schon im Voraus, denn ich glaube nicht, dass zu der Jahreszeit noch viele Plätze frei sind.

HILDA Und hast du eine Idee wo?

MIKE Ich habe ganz viele Ideen. Von Eugene aus sollt ihr unbedingt an den Pazifischen Ozean fahren.

HILDA Ich fahre gern ans Meer. Kann man in Oregon surfen? Ich habe das noch nie gemacht.

MIKE Das schon, aber ich bezweifle, dass du so schnell surfen lernst. Doch ihr könnt eine Tagesfahrt mit einem Fischerei-Boot machen und angeln und auch am Sandstrand nach Muscheln suchen.

HILDA Und was sonst noch?

MIKE Na, ihr fahrt eben die Küste entlang bis in den nördlichen Teil vom Staate Washington, und dann durch den Olympic National Park. Dort könnt ihr ein bisschen bergsteigen — auf den Mount Olympus, macht euch bestimmt Spaß. Und weiter nach Port Townsend, dann mit der Autofähre nach Victoria in Kanada.

HILDA Und die Fahrt lohnt sich? Macht Spaß?

MIKE Das könnt ihr mir glauben! Vergesst ja nicht die Kamera! Diese Küste ist ganz anders als die Nordsee oder die Ostsee in Deutschland.

B.

KLAUS Hast du das Hotel heute angerufen?

REGINA Ja, aber leider sind sie schon die erste Julihälfte ausgebucht. Der Manager hat mir ein anderes Hotel im Ort vorgeschlagen, das noch Zimmer frei hat ... heißt La Paloma, und kostet ungefähr dasselbe.

KLAUS Liegt es auch gleich am Strand?

REGINA Ja, mit Blick aufs Meer. Das Hotel hat einen Fernsehraum, eine Liegewiese, Zimmertelefon und Lift.

KLAUS Na. Fernsehraum und Liegewiese interessieren mich so gut wie gar nicht. Hat das Hotel einen Pool? Oder einen Tennisplatz?

REGINA Das bezweifle ich sehr. Aber es liegt gleich neben dem Minigolfplatz, sagt der Manager.

KLAUS Für ältere Leute ist das bestimmt ganz schön, aber ich glaube nicht, dass ich meinen Urlaub mit Faulenzen vertun möchte. Ich bin dafür, dass wir es erst mit ein paar anderen Hotels versuchen.

REGINA Aber, was soll ich bloß machen? Der Ort ist bekannt für seine Segel- und Windsurfmöglichkeiten, und die Touristen buchen schon Monate im Voraus. Das ist nun leider so, Klaus.

ANSWERS Quiz 9-1B

I. Listening

A. (12 points: 2 points per item)
1. F
2. T
3. T
4. F
5. T
6. F

ANSWERS Quiz 9-2B

I. Listening

A. (8 points: 2 points per item)
1. T
2. T
3. T
4. F

ANSWERS Quiz 9-3B

I. Listening

A. (6 points: 3 points per item)

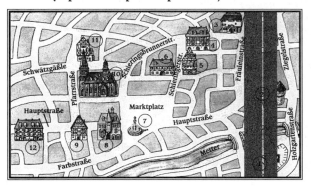

Answers to Chapter Test Listening Activities • Kapitel 9

I. Listening Maximum Score: 30 points

A. (16 points: 2 points per item)　**B.** (14 points: 2 points per item)

1. b
2. a
3. b
4. b
5. a
6. a
7. b
8. a

9. a
10. b
11. a
12. b
13. b
14. a
15. a

Listening Scripts for Quizzes 10-1B, 10-2B, 10-3B

Quiz 10-1B Kapitel 10 Erste Stufe

I. Listening

INTERVIEWER	Ich möchte Sie nun für unsere Umfrage zur Hilfe ziehen. Darf ich Sie fragen, was Sie im Fernsehen schauen?
HERR WEGLI	So, was wir schauen? … Nachrichten, natürlich, und sonst so einiges im Dritten Programm. Wir mögen es nicht, wenn alle 15 Minuten Werbung kommt, wissen Sie?
FRAU WEGLI	Das stimmt. Die mögen wir gar nicht, die Werbung.
HERR WEGLI	Und meine Frau hier, sie schaut gerne Spielshows, nicht wahr?
FRAU WEGLI	Ja, die sind manchmal ganz lustig.
INTERVIEWER	Also, was meinen Sie, wie viele Stunden läuft bei Ihnen normalerweise der Fernseher pro Tag? eine Stunde? zwei Stunden? drei oder mehr?
HERR WEGLI	Das weiß ich nicht. Hast du eine Ahnung?
FRAU WEGLI	Normalerweise? Nun, vielleicht zwei Stunden. Mehr nicht.
INTERVIEWER	Und der Junge? Was schaut er am liebsten?
HERR WEGLI	Dies ist der Udo. Udo ist unser Enkelsohn. Der ist jetzt bei uns zu Besuch. Freut uns doch immer, wenn er kommt.
INTERVIEWER	Tag, Udo. Schaust du auch gern Spielshows?
UDO	Ach, nein! Ich schaue Sportsendungen — eigentlich finde ich Eurosport ganz gut. Und MTV™ finde ich toll. Bei mir läuft der Fernseher drei Stunden oder mehr. Das können Sie mir glauben!
INTERVIEWER	Also, herzlichen Dank allerseits.

Quiz 10-2B Kapitel 10 Zweite Stufe

I. Listening

LOTTE	Mensch! Schon wieder Pech! Das gibt es doch nicht!
WILLIE	Kann ich dir helfen? Ich kenne doch diesen Computer. Was willst du eigentlich damit machen?
LOTTE	Na, irgendwie habe ich etwas Falsches gemacht, und jetzt hänge ich fest. Ich will einfach raus.
WILLIE	Also, zuerst Control-break drücken. Hier, lass mich das machen! Also, jetzt haben wir den Fehler gefunden. Nun, weißt du, ob du am Anfang F1 eingeschaltet hast?
LOTTE	Ja, natürlich. Ich meine doch, dass ich jetzt auf mein Printout schauen soll. Da kann ich wahrscheinlich den Fehler sehen.
WILLIE	Nein, gucken wir lieber auf den Monitor. Zeig mal! So, was hast du hier gemacht? Was soll das?
LOTTE	Ich muss eine Kalkulation machen.
WILLIE	Du bist in Mathe schon so weit? Und wofür steht dieses X?
LOTTE	Für die Nummer, die ich hier unten angegeben habe.
WILLIE	Ich meine nicht, dass das logisch ist. Der Computer versteht das bestimmt nicht so.
LOTTE	Doch, soll er. Lass mich mal ins Buch schauen. Gibst du es mir bitte?
WILLIE	Hier, bitte.
LOTTE	Nun, guck doch. Hier ist die Aufgabe und dort das Rechenbeispiel.
WILLIE	Hmm … das ist doch alles ziemlich kompliziert. Wofür steht dieses Y?
LOTTE	Das verstehst du auch nicht? Dann lässt du es mich lieber alleine versuchen, denn Mathe verstehe ich wenigstens schon.

Quiz 10-3B Kapitel 10 Dritte Stufe

I. Listening

INTERVIEWER	Ja, und jetzt werde ich dich etwas Persönliches fragen: Was willst du alles machen, wenn du in deinen Zwanzigern bist?
HEIKE	Hmm … Also, ich werde zuerst studieren, glaube ich, und dann einen guten Job bei einer soliden Firma finden. Dann werde ich mir wohl einen Sportwagen und fesche Klamotten kaufen.
INTERVIEWER	Und sonst noch etwas?
HEIKE	Ja, ich werde mein Leben ganz groß genießen. Reisen werde ich auch — nach New York und San Francisco, und nach Hawaii, da habe ich einen Brieffreund. Ich werde ihn besuchen und dort surfen.
INTERVIEWER	Und wie steht's mit dir, Rolf? Was wirst du wohl machen?
ROLF	Ich möchte gerne eine Reise um die Welt machen und vielleicht ein oder zwei Jahre in den USA studieren. Ich glaube, dass ich heiraten werde, aber erst mit 27 oder 28.
INTERVIEWER	Und du, Julia, was wirst du wohl machen?
JULIA	Ich werde an der Uni Medizin studieren, denn ich möchte Ärztin werden.

I. Listening

A.

INTERVIEWER   Als im November 1989 die Berliner Mauer fiel, ging das Echo rund um den ganzen Erdball. Aber wie hat es Sie persönlich getroffen?

REINER   Wir — meine Frau, meine Kinder und ich — wir waren außer uns vor Freude. Zuerst haben wir es kaum glauben können, aber schon im Dezember haben wir zu Weihnachten eine Reise in den Westen — nach Hamburg — gemacht. Das war das erste Mal, dass unsere Kinder, sie waren damals 18 und 20, überhaupt im Westen waren. Ich muss sagen, meine Frau und ich haben geweint, so schön war es!

INTERVIEWER   Ist es aber beruflich nicht schwierig für Sie gewesen?

REINER   Na, klar. Man hatte nämlich alles in der Fernsehindustrie doppelt eingerichtet — einmal in der BRD und noch einmal in der DDR — und unsre Studios im Osten waren natürlich nicht so modern und technisch hoch entwickelt. Jetzt legen wir die Studios zusammen, und das bedeutet, dass manche Kollegen, also Freunde von mir, dadurch arbeitslos sind — und ich jetzt zeitweise auch.

INTERVIEWER   Sie drehen jetzt hier in Köln einen Film, nicht wahr? Finden Sie, dass Sie hier im Westen freier arbeiten können?

REINER   Zum Teil schon, aber wissen Sie, für einen Fernsehregisseur ist es nicht so ganz anders als es im Osten war. Auch hier bekomme ich das Drehbuch vom Studio und habe mich ziemlich daran zu halten. Nur sind es hier mehr die kommerziellen Interessen, die entscheiden, ob ein Film produziert wird oder nicht. Das ist für das Studio sehr wichtig.

INTERVIEWER   Ist Ihnen der Stoff, ich meine, also sind die gegebenen Themen Ihnen nicht sympathischer als die, die in der DDR bevorzugt wurden?

REINER   Na ja, meistens haben wir so harmlose Themen behandeln müssen, wissen Sie, so Liebes- oder Heimatfilme. Aber ab und zu haben wir Filme gemacht, die mir außerordentlich gut gefallen haben — Filme mit interessanten und auch wichtigen Themen.

B.

GISELA   Ein Auto wirst du kaufen? Bist du schon achtzehn? Und wo hast du so viel Geld her, wenn ich fragen darf?

JACK   Wir dürfen schon ab 16 fahren. Ich habe den Führerschein schon seit Monaten, und ich habe durch meinen Sommerjob eine ganze Menge Geld gespart.

GISELA   Und was für ein Auto wirst du dir kaufen? Einen Ford™? Der ist aber auch teuer, oder?

JACK   Nein, nein. Ich werde mir einen ganz alten VW™ kaufen, einen Käfer.

GISELA   Ich meine aber, dass es die gar nicht mehr gibt. VW™ produziert seit Jahren keine Käfer mehr, und sie sind nach und nach alle alt geworden, also nicht mehr verkehrsfähig.

JACK   Hier bei uns sind die Käfer, also VWs™, zu Oldtimern geworden. Man repariert sie selbst, baut vielleicht einen neuen Motor ein, kauft sich neue Sitzschoner und ein paar bunte Aufkleber, und schon hat man ein tolles Auto, das noch jahrelang hält.

GISELA   Und Fahrvergnügen abgibt, nicht wahr?

JACK   Eben. Und sobald ich mehr Geld habe, werde ich mein Auto schön lackieren lassen — in ganz witzigen Farben — und es auf Oldtimer-Autoausstellungen zeigen.

GISELA   Bei uns in Deutschland könntest du so was nicht machen.

JACK   Warum denn nicht?

GISELA   Weil der Gebrauchtwagenmarkt solche alten Autos nicht anbieten darf. Das ist einfach so. Wir müssen unsere Autos regelmäßig vom TÜV überprüfen lassen, und der ist wahnsinnig streng. Alles, was nicht hundertprozentig in Ordnung ist, muss sofort zur Reparatur. Sonst darfst du das Auto nicht mehr fahren. Also werden die Reparaturkosten schon bei sechs- oder acht Jahre alten Autos sehr hoch.

JACK   Wie schade! Mein Käfer macht mir noch viel Spaß, besonders wenn er beim Anfahren so laut dröhnt.

GISELA   Hoffentlich hat eure Polizei einen Sinn für Humor!

Answers to Listening Activities in Quizzes 10-1B, 10-2B, 10-3B

ANSWERS Quiz 10-1B

I. Listening
A. (10 points: 2 points per item)
1. news and game shows
2. public TV / **Drittes Programm**
3. less advertising
4. sports and MTV
5. Udo

ANSWERS Quiz 10-2B

I. Listening
A. (6 points: 2 points per item)
1. T
2. F
3. F

ANSWERS Quiz 10-3B

I. Listening
A. (10 points: 2 points per item)
1. T
2. F
3. T
4. T
5. F

Answers to Chapter Test Listening Activities • Kapitel 10

I. Listening Maximum Score: 30 points

A. (15 points: 3 points per item)   B. (15 points: 1 ½ points per item)

A.	B.	
1. a	6. a	11. a
2. c	7. a	12. a
3. b	8. b	13. a
4. d	9. b	14. b
5. b	10. a	15. b

Listening Scripts for Quizzes 11-1B, 11-2B, 11-3B

Quiz 11-1B Kapitel 11 Erste Stufe

I. Listening

A.

JENS Nun bist du also in Berlin, atmest die berühmte Berliner Luft! Was machen wir zuerst? Würdest du gern eine Stadtrundfahrt machen — dir die Denkmäler und bekannte Gebäude ansehen? Oder würdest du lieber gleich nach Potsdam hinausfahren und dir Schloss Sanssouci angucken?

HENNING Am liebsten würde ich jetzt ein bisschen zu Fuß gehen.

JENS Na, wie wär's denn, wenn wir mit der U-Bahn ein paar Stationen weiterfahren, bis zum Zoo? Dann können wir am Ku'damm entlangspazieren.

HENNING Meinst du den Kurfürstendamm, den eleganten Boulevard im Westen von Berlin?

JENS Ja, eben. Dort ist es immer ganz lebhaft. Später können wir uns in ein Straßencafé setzen und Passanten anschauen, wie in Paris — ganz amüsant ist das.

HENNING Das wäre nicht schlecht. Aber wie ist das mit dem Dialekt hier? Oma hat mir erzählt, die Berliner haben einen komischen Dialekt, den ich kaum verstehen werde, und dass sie auch keinen Humor haben.

JENS Na ja, die haben schon die berühmte Berliner Schnauze — reden ganz schnell und etwas frech und lassen sich nichts gefallen! Aber Humor haben sie doch.

HENNING Ich würde ganz gern ein paar echte Berliner kennen lernen.

JENS Daran habe ich schon gedacht. Heute Abend gehen wir in eine Diskothek und treffen einige Freunde von mir.

Quiz 11-2B Kapitel 11 Zweite Stufe

I. Listening

A.

UDO Ach du, mir tun die Füße weh! Ich bin ja ziemlich robust, aber so vieles an einem Tag besichtigen, das schaffe ich in meinem Alter nicht mehr.

BÄRBEL Ach was! Du bist doch erst 41, und wir müssen das alles schaffen, denn übermorgen geht's wieder nach Hause. Nun sag mal, was würdest du heute Abend gern essen? Wie wär's mit etwas Indischem? Das haben wir noch nicht versucht. Oder möchtest du lieber noch mal mexikanisch essen?

UDO Nein, lieber nicht! Diese scharf gewürzten Speisen verderben mir doch den Magen, du!

BÄRBEL Hmmm. Bulgarisch haben wir schon probiert, russisch auch. Und gestern Abend ägyptisches Essen ... das würde ich gern mal kochen lernen: dieses gegrillte Lamm mit Reis vielleicht. Chinesisch können wir bei uns in der Nähe bekommen.

UDO Ich bin dafür, dass wir heute Abend etwas Einheimisches essen. Ich habe gehört, dass das Restaurant hier um die Ecke guten Fisch hat. Fisch würde mir schmecken, mit Pellkartoffeln.

BÄRBEL Wir sind aber nicht an der See hier. Der Fisch wird bestimmt nicht so frisch sein wie bei uns.

UDO Na, dann gehen wir einfach in ein gutbürgerliches Restaurant und bestellen einen Braten, oder meinetwegen ein Eintopfgericht, irgendwas Herzhaftes.

BÄRBEL Ja, warte mal. Es soll hier in der Gegend ein Restaurant für Berliner Spezialitäten geben. Lass mich doch mal in den Reiseführer schauen!

Quiz 11-3B Kapitel 11 Dritte Stufe

I. Listening

A.

THOMAS Was würdest du eigentlich für ein deutsches Brötchen geben, so eine richtig frische Semmel, noch warm von der Bäckerei?

MAGDA Hör doch auf, Mensch! Lass mal! Das Essen hier schmeckt mir ganz gut. Meine Gastmutter gibt sich viel Mühe mit dem Kochen und macht leckere Gerichte. Nur würde ich doch gern mal eine richtig deftige Suppe essen, wie meine Großmutter sie immer kocht!

THOMAS Du, wir spielen ein Fantasiespiel. Wir bestellen uns in Gedanken unser Lieblingsessen von zu Hause. Also, was würdest du zuerst nehmen?

MAGDA Zuerst die Suppe — Linsensuppe mit Karotten drin und Zwiebeln und kleinen Stücken geräucherter Wurst.

THOMAS Und ich möchte als Vorspeise irgendein Fischgericht — vielleicht Lachs oder geräuchertes Forellenfilet. Nun, als Hauptspeise?

MAGDA Mmm ... weißt du, für mich einfach ein Jägerschnitzel mit frischen Champignons und Zwiebeln — und dazu Spätzle oder Bratkartoffeln und einen knackigen, gemischten Salat!

THOMAS Lecker! Mir läuft das Wasser im Munde zusammen, wenn ich das höre. Also, was würde ich nehmen? Schweinebraten mit Rotkohl und Kartoffelklößen — und ganz viel Soße. Aber richtige Thüringer Klöße müssen das sein, aus rohen Kartoffeln. Nicht aus gekochten Kartoffeln und bestimmt nicht aus der Packung.

MAGDA Nein, fertig aus der Packung schmeckt das Essen gar nicht.

THOMAS Nun, was würdest du zum Nachtisch nehmen?

MAGDA Ach, ich weiß nicht. Schlag was vor!

THOMAS Wie wär's mit einem Stück Coconut Pie?

MAGDA Nach dem großen Essen? Und ich dachte, du willst deutsches Essen haben?

THOMAS Ja, schon, aber darf ich mir nicht das aussuchen, was mir von jedem Land am besten schmeckt?

Listening Scripts for Chapter Test • Kapitel 11

I. Listening

A.

AGNES Also, wir sprechen gleich mit dem Koch. Wir müssen uns jetzt entscheiden, wie das Hochzeitsessen aussehen soll. Ich denke mir das Menü eigentlich so: als Vorspeise Melone mit rohem Schinken ...

HENRY Rohen Schinken — ungekochtes Schweinefleisch?? Nein, das würde ich nicht machen. Meine Gäste würden überhaupt kein rohes Fleisch essen! Wie wär's mit geräuchertem Lachs mit sauren Gurken?

AGNES Also gut. Zuerst geräucherten Lachs mit Gurken. Dann die Suppe. Da hätte ich gern eine Fischsuppe gehabt, da wir aber jetzt den Fisch als Vorspeise servieren ...

HENRY Ja, also ich würde sagen, lieber eine leichte Hühnersuppe.

AGNES Einfach eine Bouillon?

HENRY Schon, aber mit Kräutern und Eiereinlage, bitte!

AGNES Das ist mir recht. Als Hauptgericht müssen wir unbedingt die Spezialität des Hauses bestellen: Jägersteak mit Champignons in Rotweinsoße. Das schmeckt wirklich köstlich und wird auch sehr schön angerichtet, weißt du?

HENRY Meinst du? Und was wird als Beilage serviert?

AGNES Röstkartoffeln, denke ich, und grüner Salat mit Sauerrahmsoße.

HENRY Röstkartoffeln passen gut zum Jägersteak mit Champignons, aber ich bezweifle, dass man die Sauerrahm-Salatsoße dazu nehmen sollte.

AGNES Warum denn nicht?

HENRY Na ja, du hast gesagt, sie würden das Steak in Rotweinsoße servieren. Also, Rotweinsoße und Sauerrahmsoße passen nicht gut zusammen! Am besten soll uns der Koch eine leichte Salatsoße machen aus Öl und Zitronensaft.

AGNES Vielleicht wäre es besser, wenn du selbst hingehen würdest, um mit dem Koch zu sprechen.

HENRY Warum denn? Du hast doch alles ganz gut geplant, meine ich, mit ein paar Änderungen wird das ein ausgezeichnetes Essen.

AGNES Es gibt aber auch noch Obst und Käse als Nachtisch und die ganzen Getränke! Mit den Weinen kennst du dich wohl besser aus als ich, nicht wahr?

HENRY Hmm ... du hast vielleicht Recht. Also, gut. Ich fahre schon morgen früh zum Restaurant hin. Ich werde das schon in allen Details mit dem Koch besprechen können.

B.

GERD Hallo, Omi! Ich soll jetzt fürs Wochenende einkaufen gehen, aber Mutti hat keine Liste gemacht, und ich weiß nicht so recht, wie viel ich von den verschiedenen Lebensmitteln einkaufen soll.

GROSSMUTTER Also, was will denn die Mutti alles kochen?

GERD Heute Abend belegte Brote natürlich und eine Suppe, sagte sie.

GROSSMUTTER Bei Aufschnitt würde ich pro Person hundert Gramm Wurst rechnen — ebenso viel Käse. Und Suppe als Hauptgericht, hmm ... da rechnet man so einen halben Liter pro Person.

GERD Okay. Und für morgen? Da soll es Schweinerückensteak geben — das ist heute im Sonderangebot, ganz preiswert — und Salzkartoffeln natürlich und grüne Bohnen — ja, und zum Nachtisch frisches Obst.

GROSSMUTTER Vom Schweinerückensteak bring bitte 125 Gramm pro Person. Und als Beilage bring bitte ein halbes Pfund, also 250 Gramm Kartoffeln pro Person. Und von den Bohnen ein bisschen weniger, so 200 Gramm für jeden sollten reichen.

GERD Und wie viel Obst?

GROSSMUTTER Na, das kannst du dir schon denken, Kind, dass es darauf ankommt, was für Obst du kaufst. Bei Weintrauben oder Pflaumen reichen 125 Gramm pro Person schon aus, aber wir brauchen für jeden mindestens einen Apfel oder eine Birne.

GERD Ja, klar.

GROSSMUTTER Sag mal, wie wär's, wenn wir zusammen einkaufen gehen? Ich hätte auch gern ein Schweinerückensteak für Sonntag.

GERD Klar, Omi! Ich komme gleich vorbei.

Answers to Listening Activities in Quizzes 11-1B, 11-2B, 11-3B

ANSWERS Quiz 11-1B

I. Listening

A. (16 points: 4 points per item)
1. c
2. b
3. c
4. F

ANSWERS Quiz 11-2B

I. Listening

A. (6 points: 2 points per item)
1. b
2. a
3. d

ANSWERS Quiz 11-3B

I. Listening

A. (6 points: 2 points per item)
1. c
2. d
3. b

Answers to Chapter Test Listening Activities • Kapitel 11

I. Listening Maximum Score: 30 points

A. (15 points: 1½ points per item)
1. a
2. a
3. b
4. b
5. a
6. b
7. a
8. a
9. b
10. b

B. (15 points: 3 points per item)
11. b
12. b
13. c
14. c
15. a

Listening Scripts for Quizzes 12-1B, 12-2B, 12-3B

Quiz 12-1B Kapitel 12 Erste Stufe

I. Listening

A.   HENRY   Wohin möchtest du am liebsten reisen?

AGNES   Ich würde gern mal an die Küste der Normandie fahren. Das soll sehr schön sein — und romantisch. Wir könnten an den Klippen entlang wandern, vielleicht mit einer Fähre auf eine Insel hinausfahren. Und die Küche in der Normandie ist natürlich etwas ganz Besonderes.

HENRY   Hmm. Und wie ist dein Französisch?

AGNES   Es geht schon. Als Schülerin war ich ein Jahr auf einem Internat in der Schweiz, bei Lausanne.

HENRY   Ich spreche nicht so gern Französisch. Eigentlich würde ich Skandinavien vorziehen, sagen wir mal Norwegen. Da würdest du auch schöne Klippen bewundern können, und die Bedienung kann meistens Englisch.

AGNES   Aber in Norwegen warst du schon mehrere Male, nicht wahr?

HENRY   Eben. Da kenne ich mich aus. In einer stillen Bucht dort segeln oder schwimmen ist herrlich, sag ich dir. Wenn du willst, können wir meinetwegen auf einer Insel wohnen.

AGNES   Ist Norwegen im Juni nicht noch ziemlich kalt?

HENRY   Das kann sein — das weiß ich nicht genau. Ich schlage vor, wir fliegen nach Marokko und suchen uns ein schönes Hotel mit einem Swimmingpool. Da habe ich einen Geheimtip vom Reiseclub Mediterranean™ — eine ganz preiswerte Pauschalreise, inklusive Bedienung. Und das Personal soll Französisch und Englisch sprechen.

AGNES   So geheim ist dieser Marokko-Reisetip gewiss nicht, Henry. Das ist eben so eine Massenreise mit überbuchten Flügen und überfüllten Hotel-Restaurants, wo du Schlange stehen musst, wenn du bloß eine Tasse Kaffee trinken willst. Ich will doch lieber alleine mit dir mit dem Auto fahren — ans Meer!

Quiz 12-2B Kapitel 12 Zweite Stufe

I. Listening

A.   VATER   Udo, iss doch deine Pasta! Das Hauptgericht kommt bald.

UDO   Ich warte auf die Soße. Spaghetti ohne Soße schmeckt mir nicht.

VATER   Das sind keine Spaghetti. Das sind Fettucine. Und die Soße ist schon drauf: Olivenöl mit Champignons, Anschovis und Parmesan Käse. Und nimm den Ellbogen bitte vom Tisch, Udo!

UDO   Eigentlich hätte ich lieber eine Pizza.

VATER   Pizza ist süditalienisch. Wir sind hier in Mailand, im Norden von Italien.

UDO   Trotzdem. Ich habe von einer aus meiner Klasse gehört, dass es ein sehr gutes Pizza-Lokal hier gleich beim Bahnhof gibt. Die Pizza soll ausgezeichnet sein.

VATER   Na, sieh mal. Jetzt bringt uns der Ober die Teller mit dem Hauptgericht. Grazie, Signore. Bellissimo!

UDO   Das sieht doch aus wie ein ganz gewöhnliches Wiener Schnitzel.

VATER   Schmeckt aber ganz anders. Das ist Scalloppini a la Milanese. Das wird dir bestimmt besser schmecken als Pizza.

UDO   Woraus besteht das denn?

VATER   Udo, ich bezweifle, dass der Herr deine Frage versteht.

BEDIENUNG   Doch. Das ist Kalbfleisch — ein Kotelett mit Semmelbröseln und Käse in Butter überbacken. Aber wenn du lieber eine Pizza essen würdest, darf ich dir unsere Hauspizza vorschlagen?

VATER   Sie sprechen aber ausgezeichnet Deutsch!

BEDIENUNG   Ich studiere in München und komme nur in den Ferien hierher zu meinen Verwandten, um bei dem Ansturm von deutschen Touristen auszuhelfen. Ja, wie wär's nun mit der Pizza?

UDO   Danke — aber ich glaube, ich probiere die Scalloppini — sieht doch lecker aus!

MUTTER   Das ist toll, Udo. Und übrigens, nimm den Ellbogen bitte vom Tisch!

Quiz 12-3B Kapitel 12 Dritte Stufe

I. Listening

A. BERTRAM   Heinemanns haben uns auf eine Fete eingeladen. Was ziehst du an?

HELGA   Es kommt darauf an, was für eine Fete es ist. Soll ich mich lieber salopp oder elegant anziehen? Ziehst du den sportlichen Look vor?

BERTRAM   Also, Heinemanns feiern ihre Silberhochzeit, 25 Jahre! Da die meisten Gäste etwas älter sind, werden sie sich höchstwahrscheinlich gut anziehen. Die Fete findet in einem Hotel-Restaurant statt — im Hotel Adler.

HELGA   Das hättest du mir doch gleich sagen können! Trägst du denn Fliege oder Krawatte?

BERTRAM   Nur Sakko und Krawatte.

HELGA   In diesem Fall brauche ich kein langes Abendkleid tragen. Also, ich könnte den schwarzen Faltenrock anziehen, den ich sonst trage, wenn ich im Orchester Flöte spiele, und dazu kaufe ich mir eine neue Bluse, in einer hellen Farbe, vielleicht eine seidene Bluse mit kurzen Ärmeln. Was meinst du?

BERTRAM   Prima! Es wird bestimmt eine tolle Fete, denn im Hotel Adler gibt's immer gutes Essen.

I. Listening

A.

FRED   Weißt du, was ich gern machen würde? Nach Mexiko fahren!

MAX   Kein schlechter Vorschlag. Wie denkst du dir das? Sollen wir in die Hauptstadt fliegen — nach Ciudad Mexico? Oder nach Acapulco?

FRED   Nein, nein. Wir fahren mit dem Auto — mit meinem. Dann können wir überallhin fahren, sogar bis nach Yucatan. Die Kultur in Yucatan würde mich ganz besonders interessieren. Ich habe gehört, dort kann man superbillig in einer Hütte direkt am Strand wohnen und sich ein wenig mit den Mexikanern anfreunden. Vielleicht kann man auch im Meer fischen.

MAX   Wäre das nicht fürchterlich heiß, jetzt im Sommer? Und man hat mir gesagt, dass es dort Ungeziefer gibt und giftige Schlangen, und so was.

FRED   Ach wo! Du hast doch nicht vor Insekten Angst, oder? Und wir würden natürlich eine Sonnenbrille aufsetzen und einen breiten Hut und uns ganz dick mit Sonnencreme einschmieren.

MAX   Und was essen wir? Ich habe gehört, man soll dort kein frisches Obst essen und überhaupt kein Leitungswasser trinken.

FRED   Das schadet nichts. Leitungswasser trinkst du sowieso nicht sehr gern. Cola gibt es doch bestimmt auch.

MAX   Ja, Cola gibt es überall auf der Welt. Und die alte Kultur würde mich doch interessieren. Gab es dort nicht vor den Spaniern schon diese Pyramiden? Warte mal, ich hole meinen Reiseführer. Chichen Itza heißt doch diese historische Stadt, nicht wahr? Aber ich glaube nicht, dass sie an der Küste liegt.

FRED   Max, die Kultur meine ich doch gar nicht! Die Geschichte und die Vorgeschichte sind mir ja egal. Das müssen wir in der Schule lernen! Jetzt sind aber Ferien!

B.

PAT   Was soll ich denn alles mitnehmen? Reicht dieser Koffer? Ich muss viel mitnehmen, nicht wahr?

LUISE   Der Koffer ist zu groß, Pat. Wo willst du den im Zugabteil abstellen? Er passt gar nicht in die Gepäckablage über den Sitzplätzen.

PAT   Ich dachte, wir würden die Koffer hier aufgeben und in den Gepäckwagen bringen lassen.

LUISE   Dann müsstet ihr an jedem Bahnhof eure Koffer aufgeben und am nächsten Bahnhof abholen. Das dauert zu lange. Deine Klassenkameraden machen das bestimmt nicht. Außerdem, wenn du den großen Koffer schleppen würdest, würdest du Schwierigkeiten haben, ihn in den Bus hineinzukriegen, wenn ihr zur Jugendherberge fahrt. Oder du müsstest ihn tragen, wenn ihr zu Fuß geht.

PAT   Was soll ich bloß machen?

LUISE   Ich würde einfach eine Reisetasche nehmen. Am besten eine Schultertasche.

PAT   Aber wo packe ich alle die Sachen hin? Ich brauche ein Kleid, die guten Schuhe, diese weite Hose, die beiden Pullover, den Trainingsanzug, den Regenschirm, die ...

LUISE   Wozu brauchst du das Zeug denn? Ihr fahrt doch nur für acht Tage. Ich würde einen Schlafanzug mitnehmen, zwei oder drei T-Shirts, eine Jeanshose und natürlich Unterwäsche, eine Haarbürste ... und die Zahnbürste!

PAT   Was würdest du anziehen? Für die Reise, meine ich.

LUISE   Ganz einfach: Jeans, ein T-Shirt, Turnschuhe und eine praktische Jacke mit Kapuze, falls es regnet. Und vergiss nicht, einen Pausenbrotbehälter mitzunehmen!

PAT   Einen Pausenbrotbehälter!?

LUISE   Na ja. Wahrscheinlich nehmt ihr jeden Tag von der Jugendherberge belegte Brote mit. Wenn du keinen gut schließenden Pausenbrotbehälter hast, dann riechen deine Klamotten lange nach Wurst und Käse!

TESTING PROGRAM • SCRIPTS & ANSWERS

Answers to Listening Activities in Quizzes 12-1B, 12-2B, 12-3B

ANSWERS Quiz 12-1B

I. Listening

A. (8 points: 2 points per item)
1. a. coast (of Normandy) / Agnes
   b. Norway / Henry
   c. Morocco / Henry
2. the weather / too cold

ANSWERS Quiz 12-2B

I. Listening

A. (8 points: 2 points per item)
1. because there is no sauce
2. pizza / Wiener Schnitzel
3. veal
4. he studies in Munich

ANSWERS Quiz 12-3B

I. Listening

A. (10 points: 2 points per item)
1. salopp (*casual*) / elegant
2. at a hotel restaurant
3. a pleated black skirt and new blouse
4. jacket and tie
5. The food is supposed to be very good.

Answers to Chapter Test Listening Activities • Kapitel 12

I. Listening Maximum Score: 30 points

A. (15 points: 3 points per item)
1. c
2. d
3. a
4. b
5. c

B. (15 points: 1 1/2 points per item)
6. a
7. a
8. b
9. a
10. b
11. a
12. b
13. b
14. a
15. a

Listening Scripts for Final Exam

I. Listening

A.

TINA   Du, Anna, ich bin Samstagabend zu einer Fete eingeladen, bei Elke.

ANNA   Elke Meier? Prima! Die gibt doch tolle Partys, nicht wahr? Was wirst du anziehen?

TINA   Das ist es eben. Ich weiß es echt nicht.

ANNA   Also, zieh doch die neue Jeans mit den vielen Reißverschlüssen an!

TINA   Ja, aber was dazu? Das weite Hemd mit dem Ringelmuster bestimmt nicht — viel zu salopp. Dann habe ich noch das weiße Trägerhemd, aber das passt schlecht zu dieser Jeans.

ANNA   Madonna ist sowieso nicht mehr in Mode. Zieh dir doch das rot-weiß gestreifte Hemd mit den Sternchen an — dein USA-Hemd, mein ich.

TINA   Aber dieses Hemd habe ich leider schon öfters zur Schule getragen.

ANNA   Weißt du, was ich machen würde? Du hast doch vorgestern von deiner Nachhilfeschülerin 50 Mark bekommen, nicht wahr? Ich würde mir was Neues kaufen.

TINA   Kann ich nicht. Ich muss ein Geschenk mit auf die Fete nehmen. Elke hat Geburtstag. Dafür werde ich mindestens 25 Mark ausgeben müssen. Kannst du mir nicht etwas zum Anziehen leihen, Anna? Bitte!

ANNA   Ach ne! Also, Schwesterchen, von mir kriegst du gar keine Klamotten mehr zum Anziehen. Das letzte Mal, als du meine seidene Bluse in der Diskothek anhattest, hast du Cola darauf geschüttet. Die Reinigung hat das nicht mehr rausgekriegt. Wie das Loch reingekommen ist, weiß ich noch immer nicht. Nein, nein!

TINA   Aber Anna, dein Hemd mit dem Giraffenaufdruck würde doch ganz prima zu meiner neuen Hose passen!

B.

11. So weit ist es ja nicht. Also, gehen Sie hier über die Wienerstraße. Da sehen Sie schräg gegenüber von uns die Pragerstraße. Das ist eine Fußgängerzone. Gehen Sie die Pragerstraße immer weiter geradeaus, über die Waisenhausstraße und den Külz-Ring bis zum Altmarkt. Sie gehen dann über den Marktplatz geradeaus, und auf der anderen Seite des Marktplatzes in die Schlossstraße. Gehen Sie in die Schlossstraße hinein, und da werden Sie die schon sehen. Die steht mitten auf dem Neumarktplatz.

12. Also, sehen Sie da drüben die Pragerstraße? Sie gehen die Straße entlang, bis Sie zum Altmarkt kommen. Auf der rechten Seite werden Sie dort die Kreuzkirche sehen. Gehen Sie an der Kirche vorbei und gleich danach biegen Sie nach rechts in die Kreuzstraße ein. Das werden Sie bald links sehen, an der Ecke, gegenüber vom Rathaus.

13. Gehen Sie zuerst die Wiener Straße rechts runter. Dann biegen Sie nach links in die Gellertstraße ein und gehen weiter geradeaus auf der Dr.-Richard-Sorger-Straße, bis Sie zur Hauptallee kommen. Da gehen Sie nach rechts und dann geradeaus. Da direkt vor Ihnen ist der Eingang.

14. Gehen Sie vom Hauptbahnhof in der Wiener Straße nach links in die Leningrader Straße. Die gehen Sie immer geradeaus bis Sie zur Pillnitzer Straße kommen. Sie biegen dann rechts in die Pillnitzer Straße ein. Gleich auf der linken Seite ist sie.

15. Gehen Sie die Wienerstraße links hinunter. Dann biegen Sie nach rechts in die Reitbahnstraße ein. Sie gehen dann immer geradeaus und weiter geradeaus auf der Dr.-Otto-Nuschke-Straße, bis Sie zum Postplatz kommen. Vom Postplatz aus sehen Sie den schon direkt vor Ihnen.

TESTING PROGRAM • SCRIPTS & ANSWERS

C.

KATHY	Bitte, bedient euch, doch! Magda, noch ein bisschen Brathendl? Brustfleisch und Flügel sind leider alle, aber „Drumsticks" gibt's noch in Mengen.
MAGDA	Danke, Kathy. Das hat aber geschmeckt. Und wie! Ich habe mich wirklich satt gegessen. Aber sag doch mal, wie machst du eigentlich diese „Baked Beans"?
KATHY	Tja, die werden im Ofen gebacken, ganz ganz langsam, mit Melasse. Das ist so ein Nebenprodukt von Zucker. Und der Geheimtip: ein wenig Senf daruntermischen.
HENNO	Nun, euer amerikanischer Senf ist ein bisschen schärfer als der bei uns, glaube ich jedenfalls.
MAGDA	Schmeckt aber echt herzhaft. Findest du nicht, Henno?
HENNO	Ja, stimmt. Übrigens sprichst du ausgezeichnet deutsch, Kathy.
KATHY	Meinst du?
HENNO	Doch. Doch.
KATHY	Na, es geht schon. Viel schlechter als vor 10 Monaten, als ich zu Magda in die Klasse gekommen bin, dürfte es ja eigentlich nicht sein.
MAGDA	Na, siehst du, Kathy. Du bist schon so lange hier, dass du keine Komplimente mehr akzeptieren kannst. Früher hast du immer nur danke gesagt und süß gelächelt.
KATHY	Lächeln kann ich immer noch. Ja, und nun wollen wir endlich dem Henno zum bestandenen Abitur gratulieren. Auf dein Wohl, Henno!
MAGDA	Zum Wohl!
KURT	Prost, Henno! Gratuliere!

Answers to Final Exam Listening Activities

I. Listening Maximum Score: 30 points

A. (10 points: 1 point per item)
1. a
2. a
3. b
4. a
5. a
6. b
7. a
8. b
9. b
10. b

B. (10 points: 2 points per item)
11. d
12. b
13. c
14. a
15. b

C. (10 points: 2 points per item)
16. b
17. c
18. d
19. a
20. b